2022 개정교육과정에 따른

삶을 가꾸는 중학교

진로독서
가이드북

중학교 진로독서 가이드북
CONTENTS

이 책의 특징과 활용 방법

사회변화가 복잡하고 빨라지면서 직업 세계의 변동 또한 하루가 다르게 심화되고 있다. 이에 따라 진로교육의 중요성은 더욱 강조되고 있으며, 사회적으로 공감대를 얻고 있다. 학교 교육에서도 이러한 사회변화에 부응하여 진로교육을 강화하였고 2011년부터 〈진로와 직업〉 과목이 중고등학교에 개설되어 운영되고 있다.

『진로독서 가이드북』은 〈진로와 직업〉 과목과 자유학기제 등 진로교육을 제대로 지도하기 위해 마련한 책이다. 초등학교 159권, 중학교 142권, 고등학교 162권 등 모두 463권의 도서를 진로 주제 및 영역별로 나누어 진로독서 대상 도서를 선정하였다. 선정한 도서로 교과 정보, 진로 정보를 분석하여 실었고, 진로 탐색, 진로 토론, 진로독서 활동 내용을 설계하여 약식 지도안 형태로 제시하였다.

독서기반 진로교육을 올바르게 진행하고자 하는 선생님께서는 이 책에 수록된 진로 계열별 도서와 진로 정보, 다양한 진로독서 활동들을 참고하여 학생들을 지도하면 좋겠다. 학부모님께서도 자녀들이 책을 통해 직업 세계에 대한 다양한 진로접근 기회를 얻고, 목표하는 진로에 이를 수 있는 귀한 정보를 얻을 수 있을 것이다. 학생들은 직업에 대한 올바른 가치관으로 진로에 대한 다양하고 꼭 필요한 정보를 이 책을 통해 얻을 수 있을 것이다.

1. 집필 방향

(1) 진로와 교과별 단원학습에 알맞은 도서를 엄선하여 도서목록으로 선정하였고, 실제 진로 지도와 교과수업에서 활용이 가능하도록 집필하였다.

(2) 다양한 교과와 진로에 알맞게 선정된 도서로 〈진로독서 수업지도안〉을 개발하여, 실제 학교 현장에서 진로와 교과를 연계하여 독서교육을 실시할 수 있도록 집필하였다.

(3) 〈진로독서 수업지도안〉은 '한국표준직업분류'의 진로 정보와 2022 개정교육과정의 교과 정보를 제시하고, 선정도서를 소개한 뒤에, '진로 탐색', '진로 활동' 등 세 부분으로 구분하여 수업의 실제에 활용할 수 있도록 집필하였다.

(4) 진로독서 대상 도서 중에서 진로(주제) 영역별 대표도서를 선정하여 상세한 〈진로독서 수업지도안〉을 설계하여 3단계로 제시하였다. 1단계는 '책 이야기', 2단계는 '질문하고 토론하고', 3단계는 '진로 이야기'로 구성하여 진로독서 활동을 풍부하게 할 수 있도록 설계하였다.

2. 대상 도서 선정 범위

대상 도서는 학생들의 진로 관심 직종과 시중의 도서 분포 상황을 고려하고 '진로 정보[한국표준직업 분류(KSCO)]'의 소분류를 기준으로 진로 관련 160여 권의 도서를 선정하였다.

(1) 각 출판사별 추천도서 중에서 진로 정보를 제공할 수 있는 도서를 중심으로 전체 목록을 정리한 후, 진로교육을 효율적으로 지도할 수 있는 도서를 선정하였다.

(2) 전국 초/중/고교에 근무하는 교사를 중심으로 도서선정위원을 위촉하여 전공 교과와 관련된 도 서를 선정하였고, 이를 진로 및 교육과정과 연계하도록 한 후, 검토위원의 검토를 거쳐 양질의 도 서를 선별하여 추천도서 목록을 완성하였다.

(3) 독서 수준 및 지적 수준이 낮은 어린이들과 독서 능력이 우수한 어린이들을 모두 고려하여 선정 하였기에 각 학년에 비해 수준이 다소 높거나 낮은 도서도 포함되었으며, 원칙적으로 각급 학교 및 직업별 중복을 피하여 선정하였다.

(4) 진로와 직업 등에 대해 직접적으로 정보를 제공하는 도서가 비교적 많은 부분을 차지하고 있지 만, 문학 작품은 그 속에 등장하는 인물의 직업 또는 가치관과 관련지어 독자의 미래를 탐색할 수 있는 책은 대상 도서로 선정하였다.

3. 대상 도서 선정 기준

초등학교는 자기이해, 관계적응, 교육, 문학, 인문, 사회, 과학수학, 공학, 환경, 의약학, 예체능 등 11 개의 주제 영역으로 구분하여 대상 도서를 선정하였다. 중학교는 교육, 문학인문, 사회, 과학, 공학, 의약 학, 예체능 등 7개 진로 영역으로 구분하였고, 고등학교는 교육, 인문, 사회, 자연, 공학, 의학, 예체능, 등 7개 진로 영역으로 구분하여 아래와 같은 선정 기준으로 대상 도서를 선정하였다.

(1) 한국표준직업분류의 대/중/소/세분류를 제시할 수 있는 도서

(2) 2022 개정교육과정에 따른 교과 학습과 관련된 도서

(3) 학생들의 자아실현 및 소질 계발에 도움을 주는 도서

(4) 꿈과 희망을 주는 내용이나 성장의 이야기가 담긴 도서

(5) 지식 습득 및 정서 함양, 건전한 윤리관 적립에 도움이 되는 도서

(6) 교과 수행평가 및 체험학습에 활용될 수 있는 도서

(7) 사회와 소통하여 새로운 문화를 창조할 수 있는 도서

(8) 토의와 토론이 가능한 도서

(9) 문학, 인문, 사회, 과학, 예술, 철학 등 다양한 분야의 책을 선정하여 폭 넓고 깊이 있는 사고를 할 수 있는 도서

(10) 고대, 중세, 근대 등 선인들의 지혜를 배우고 현대인과 현대 문화에 대한 성찰이 이루어질 수 있 도록 시대별로 의미 있는 도서

(11) 세계에 대한 인식의 폭을 넓힐 수 있도록 다양한 문화의 특성이 반영되어 있는 도서

4. 편집 및 제작 과정

이 책은 지난 2013년에 연구 개발 출판한 〈진로독서 가이드북〉의 연구 결과를 이어 11년 만에 개편하여 출판하게 된 책이다. 사실 이 책의 연구 출판은 지난 2002년 교육인적자원부의 '학교도서관 활성화 종합 방안' 사업에서 비롯되었다. 교육인적자원부(현 교육부)에서는 학교 독서교육을 정착하기 위해 학교도서관 활성화가 필요하다고 판단하였고 학교도서관에 넣을 교과별 추천도서목록 개발 사업을 우리 법인에 위탁하였다. 우린 이 연구 결과물을 바탕으로 2003년에『초/중/고 교과별 추천도서목록』을 개발하여 각각 1권씩 3권을 출판하였다. 그 후 2009년과 2010년에는 연구 결과를 확대하여『독서토론 가이드북』을 출판하였고, 2013년엔『진로독서 가이드북』을 출판하였으며, 금년에 다시 그동안의 연구 결과를 반영한 2024년 진로독서 가이드북 출판하게 되었다.

이『진로독서 가이드북』은 각급 학교 도서관에 양질의 도서 구입을 위한 정보를 제공하고, 학교 현장에서 진로, 교과와 연계한 독서교육과 실제적인 진로교육을 실시할 수 있도록 하기 위해 기획하였다. 이를 위해 먼저 한국 표준직업분류와 2022 개정교육과정을 분석하고 진로, 교과 단원 학습에 적절한 도서를 선정하였다. 그 후 진로별 도서 일람표를 만들고, 선정된 도서의 진로독서 수업지도안을 만들어 선생님들이 학교 현장에서 실제 진로교육을 할 수 있도록 집필하였다. 진로독서 수업지도안은 독서-매체-토론-논술 및 기타 활동 등을 통해 체계적인 진로 지도가 가능하도록 하였으며, 특히 학교 현장에서 진로독서 지도를 실시할 수 있도록 개발하였다.

도서는 직업 분류를 기준으로 하여 '대분류 · 중분류 · 소분류 · 세분류'로 나눈 뒤 '세분류'를 중심으로 분류한 후, 진로(주제) 영역별 도서로 나열하였다.

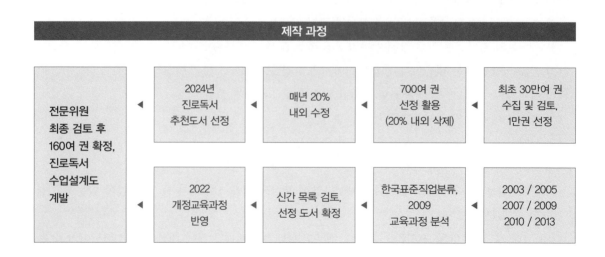

제작 과정

| 전문위원 최종 검토 후 160여 권 확정, 진로독서 수업설계도 계발 | ◄ | 2024년 진로독서 추천도서 선정 | ◄ | 매년 20% 내외 수정 | ◄ | 700여 권 선정 활용 (20% 내외 삭제) | ◄ | 최초 30만여 권 수집 및 검토, 1만권 선정 |
| | ◄ | 2022 개정교육과정 반영 | ◄ | 신간 목록 검토, 선정 도서 확정 | ◄ | 한국표준직업분류, 2009 교육과정 분석 | ◄ | 2003 / 2005 2007 / 2009 2010 / 2013 |

5. 활용 방법 및 기타 참고사항

(1) 도서 정보

☞ 순서 : 지은이 / 출판사 / 출판년도 / 쪽수 / 가격(원)

☞ 예시 : 독서토론 이야기 / 박이정 / 2019년 / 336쪽 / 16,000원

① 저자명(역자명)은 번역서일 경우 역자명을 밝혔으며 저자나 역자가 다수인 경우는 '○○○ 외'로 표기하였다.

② 출판 연도는 재판, 삼판 등으로 출판 연도가 다른 경우 가장 최근의 출판일을 명기하였다.

③ 전집물은 각각의 목록을 모두 제시하지 않고 묶어서(예: 태백산맥1-10) 표기하였으며, 출판년도, 쪽수, 가격은 제1권을 기준으로 작성하였다.

④ 같은 전집이라도 내용이 다른 경우는 각각의 목록을 제시하였다.
[예: 한국생활사 박물관 1) 선사생활관, 한국생활사 박물관 2) 고조선 생활관]

⑤ 쪽수와 가격은 매년 변동이 클 것으로 예상되나, 학교에서 도서 구입 예산 책정에 도움이 될 수 있도록 본 도서목록의 편집일(2023. 12)을 기준으로 기록하였다. 따라서 현장에서 도서 구입을 위해 목록을 작성하는 경우에 가격 변동을 꼭 확인해 보아야 한다.

⑥ 도서 이해를 위해 표지 이미지를 실었으며, 편집 사정으로 실물 이미지를 그대로 살리지 못하고 모두 같은 크기로 실었다.

(2) 교과 정보

※ 교과 정보 : ncic(국가교육과정정보센터) → 교육과정 자료실 → 교육과정 원문 및 해설서

☞ 순서 :	과목	학습내용 (고교는 성취기준)

☞ 예시 :	『사회』 3학년	지리영역 – 우리가 살아가는 곳

2022 개정교육과정을 반영하여 각 교과의 영역과 어떤 연계성이 있는지 밝혔다. 진로교육은 통합적 관점에서 이루어져야 하므로 여러 교과와 연계가 가능하며 진로교육의 범위 또한 개인의 전 생애에 걸친 진로발달과 관련되므로 폭넓게 접근할 필요가 있다. 따라서 최근 개정된 교육과정을 활용하여 여러 교과에서 흥미와 적성에 대한 발견, 이와 관련된 전공계열이나 전공과 등 미래를 설계하도록 도움을 주고자 하였다.

(3) 진로 정보

☞ 순서 : (대분류 / 중분류 / 소분류/ 세분류)에서 세분류 제시

☞ 예시 : 경영지원 관리자

한국표준직업분류를 기준으로 대분류 10개, 중분류 5개, 소분류 149개, 세분류 426개를 검토하여 도서별 내용이나 인물, 주제, 제재 등과 관련된 직업을 표시하였다. 한 권의 책을 다양한 직업과 관련지을 수 있는 경우에는 대표적이고 인상적인 직업을 안내하였다.

(4) 어떤 책일까

책에 대한 내용이나 구성, 특징 등을 간단히 소개하여 진로독서 지도에 대상도서가 어떤 역할을 하며 어떠한 의미가 있는지 알아보도록 하였다. 책을 통해 진로에 대한 간접경험을 하고 배경지식을 쌓을 수 있도록 안내했으며, 진로에 대한 막연한 인식을 가진 학생들이 대상 도서에 대한 호기심을 유발하여 자신의 진로와 적성에 관심을 갖고 이와 관련되 책을 찾아 읽어볼 수 있도록 맛보기 정도로 책 소개를 간단히 하였다.

(5) (진로 탐색) 무엇을 더 볼까

관련 매체를 소개하여 직업 탐색의 범위를 넓혀 보았다. 인터넷 사이트, 영화, 텔레비전 프로그램, 연극 등 여러 종류의 관련 매체를 통해 진로를 탐색하고 진로에 대한 정보를 얻을 수 있도록 했으며, 대상 도서와 밀접한 관련이 있는 다른 도서도 함께 소개하여 직업과 관련된 정보를 다양한 측면에서 얻을 수 있도록 도움을 주었다.

(6) (진로 토론) 무엇을 이야기해 볼까

책 속에서 토론 거리를 찾아 제시하였다. 학생 개개인이 지니고 있는 지식, 흥미, 능력, 성격 등을 파악한 후 자신과 잘 맞는 진로분야를 선택하는 것이 최선이겠지만 이러한 결정을 하기까지는 많은 어려움이 따른다. 따라서 토론모둠을 만들어 〈무엇을 이야기해 볼까〉에 나와 있는 토론 주제를 중심으로 이야기식 토론을 하거나 찬성, 반대의 의견으로 나눈 후 교차질의식 토론을 해본다면 자신의 가치관과 태도 등이 좀 더 분명하게 드러나므로 진로분야를 선택하는데 많은 도움이 될 것이다.

(7) (진로 활동) 무엇을 해 볼까

대상도서를 읽고 모둠끼리 토론을 한 후 글을 쓰거나 진로 활동을 할 수 있도록 다양한 발문을 제시하였다. 진로 쓰기 활동은 논술문, 설명문, 광고문, 기사문, 수필 등 다양한 글을 써봄으로써 문장력이나 글의 구성 능력 등 글쓰기 능력을 향상시킬 수도 있지만 무엇보다 자신의 가치관을 잘 드러낼 수 있다는 점에서 꼭 필요한 활동이다. 직업 선택은 자신이 갖고 있는 가치관과 밀접하게 관련되므로 다양한 진로 활동을 통해 보다 효과적인 진로 발달을 촉진할 수 있을 것이다.

진로와 독서교육

1. 진로교육의 변화

현대사회의 급격한 변화에 따라 직업의 세계는 다양화되고 전문화되어 개인의 진로선택과 결정은 점점 더 어려워지고 있다. 직업은 자아를 실현하는 한 방편이며, 자아실현을 통하여 성취감과 만족감을 추구할 수 있다. 따라서 진로를 선택하는 일은 한 사람의 삶의 방향과 질을 결정하는 중요한 일이라고 할 수 있다.

개정 교육과정은 디지털 전환, 기후환경 변화 및 학령인구 감소 등에 대응하여 미래사회에 필요한 역량을 함양하고 학습자 맞춤형 교육을 강화할 수 있도록 미래 교육 비전의 정립과 수업 및 평가 개선을 포함하는 교육과정 체제 전환을 강조하고 있다. 진로교육 또한 학습자 성향에 따라 학생 스스로 진로를 설정하고 개척해 갈 수 있도록 학습자의 삶과 연계한 진로교육 혁신의 필요성이 강조되고 있다.

미래 사회는 디지털 대전환에 따른 사회적 변화와 새로운 직업의 등장, 인기 있고 선호하는 직업군들의 변화 등 불확실한 미래 직업세계의 증대에 따라 학생들이 능동적으로 대응할 수 있어야 한다. 따라서 학생들의 소질과 적성을 바탕으로 미래 핵심역량을 키울 수 있는 내용적·방법적 측면에서의 진로교육의 변화와 이를 위한 학교의 교과 연계 진로교육이 더욱 필요하게 되었다.

진로교육의 큰 변화는 지금까지 자유학기제와 함께 중등 위주의 진로교육은 미래 사회변화와 전 생애에 걸친 진로교육의 필요성에 따라 자기이해 중심의 초등 진로교육의 강화와 국민 모두를 위한 진로교육 정책 추진이 필요하게 되었다는 점이 가장 큰 변화로 볼 수 있을 것이다.

진로의 주체자인 학습자는 스스로 삶의 목적의식을 가지고 자신의 진로와 적성을 바탕으로 자신의 삶과 학습을 주도적으로 설계하고 구성하는 능력으로, 미래 사회변화의 주체가 될 수 있도록 준비되어야 한다. 'OECD Education 2030'은 학생 행위 주체성(student agency) 및 변혁적 역량(transformative competencies)을 강조하며, 성장 마인드, 정체성, 목적의식, 자기주도성, 책임감 등 목표를 정하고 성찰하고 책임감 있는 행동으로 변화를 만드는 능력 신장을 통해 학생들은 자신과 타인 및 지구촌 구성원 전체의 웰빙을 향해 나아가는 법을 배울 필요가 있음을 강조하고 있다. 2022 개정교육과정 학교 전 교육과정을 통해 길러지는 범교과적이고 일반적인 역량으로 자기관리, 지식정보처리, 창의적 사고, 심미적 감성, 협력적 소통, 공동체 역량을 제시한 것과 같은 맥락이다.

(1) 초등 진로교육

2022 개정교육과정 적용 시기에 따른 진로 연계 가이드라인을 제시하였다.

〈표 1〉 가이드라인 예시

	초등 저학년	초등 중학년	초등 고학년
목표	학년군별 진로교육 목표 제시		
범주	나, 가족, 친척, 이웃	우리 지역	우리나라, 전세계
내용 예시	**(자기 이해)** 나의 소중함 알기, 자기·타인 존중 **(공동체의 직업)** 내가 속한 공동체(가족, 친척, 이웃) 직업 알기 **(일과 직업)** 어른들이 하는 일과 직업, 경제활동의 의미 이해하기	**(자기 이해)** 나의 장점과 특성, 감정 이해, 자기 탐구 **(지역의 직업)** 우리 동네·지역에 있는 어른들의 다양한 직업 이해 **(상상하기)** 나의 미래 모습 그려보기	**(자기 이해)** 발달단계, 흥미·적성·성격 등에 대한 이해 **(세계의 직업)** 우리나라와 전 세계 다양한 사람들의 일과 직업 이해 **(직업세계 변화)** 시대에 따른 직업세계의 변화 이해 및 미래사회 예측하기 **(계획수립)** 나의 진로발달 계획을 탐색하고 세워보기
구성	8~10차시 수업활동 제시	8~12차시 수업활동 제시	10~16차시 수업활동 제시

출처 : 진로교육활성화 방안(2023~2027), 교육부

(2) 전 생애적 진로교육

진로교육 대상을 전 생애로 확대하여 2024년부터 생애 주기별 진로개발 가이드라인을 마련한다.

〈표 2〉 생애주기별 진로교육 목표(예시)

초등	중등	고등	대학	성인
진로인식	진로탐색	진로설계	진로선택	경력관리, 재교육
진로개발 역량의 기초 함양	다양한 직업세계를 탐색하여 진로설계 준비	미래 직업세계에 대한 이해를 바탕으로 진로목표 수립 및 진로 설계	인턴십 등 실제 직업세계 경험과 전문적인 지식과 이론 학습을 통한 진로선택	자신의 진로에 맞게 경력을 관리하고, 심화된 실무지식 습득

출처 : 진로교육활성화 방안(2023~2027), 교육부

(3) 국민 모두를 위한 진로교육

저출산·고령화, 디지털 대전환, 급속한 기술 발전 등 정책 환경 변화에 따른 직업세계 변화를 반영한 전 국민 대상 진로교육의 필요성이 대두되었다.

〈표 3〉 전 국민의 맞춤형 진로설계 지원

대응 전략	추진 과제
학교 진로교육 내실화	1. 학생 자기주도적 진로개발 1-1 초등 진로교육 강화 / 1-2 진로수업·상담 내실화 1-3 진로교육 담당자 역량 강화
미래사회 대응 역량 강화	2. 미래 역량을 기르는 진로교육 2-1 신산업분야 진로교육 강화 / 2-2 창업가정신 함양 교육 확대 2-3 진로교육정보망 통합 및 고도화
지역사회의 진로교육 지원 역량 강화	3. 지역사회가 주도하는 진로교육 3-1 진로체험지원센터 기능강화 3-2 지역 연계 진로·창업 체험 프로그램 운영 3-3 진로교육 시각지대 해소
진로교육 대상을 전 생애로 확대	4. 전 생애에 걸친 진로교육 4-1 국가진로교육센터 기능강화 / 4-2 대학 진로교육 내실화 4-3 성인 진로 개발 역량 강화 지원

출처 : 진로교육활성화 방안(2023~2027), 교육부

2. 진로독서

미래 사회의 변화에 대응하기 위한 학교에서의 진로교육은 학생들에게 다가오는 사회에 적응하고 자신의 삶을 주도적으로 이끌어낼 수 있도록 다양하고 새로운 사고력 증진에 도움이 되는 진로탐색으로 이루어져야 한다. 진로탐색은 여러 유형으로 이루어지고 있다. 그 중 독서를 기반으로 하는 자기 주도적 진로탐색이 우선되어야 한다.

진로란 '앞으로 나아가는 길'이란 사전적 의미에서처럼 개개인이 자신의 일생을 통해 이루려하는 일의 총체를 의미하는 것이다. 독서는 책을 통해 삶 읽기를 하는 것이다. 독서행위는 이처럼 인간의 삶과 깊이 연관되어 있다. 진로독서 수업의 시작은 자신의 삶과 관련된 책을 고르는 것이다. 독자는 책을 읽으면서 다양한 방법을 사용하여 의미를 만든다. 이는 의미를 '찾는' 것이 아니라 책과 상호작용하면서 독자가 능동적으로 의미를 '구성하는' 것이다. 의미구성은 지식을 쌓는 것과 이해를 증진시키는 것을 말

한다. 자신의 적성을 구체적으로 발현시키고 다양한 진로탐색의 기회를 얻기 위해서는 여러 분야의 책을 폭넓게 읽고, 책을 통해 세상에 대한 이해와 탐색의 시간을 충분히 갖는 것이 필요하다. 책 속에 담긴 사상과 가치관을 발견하고, 책 속에서 여러 정보를 얻음으로써 자신의 경험과 사고력을 확장할 수 있으며, 진로를 개척할 수 있는 능력을 기를 수 있기 때문이다.

진로독서는 자신의 삶의 방향, 사명의식을 가질 수 있도록 내적동기를 강화시켜 준다. 이는 삶의 가치, 꿈과 비전을 통해 역경을 이겨내고 인생을 성공적으로 살아 갈 수 있는 사람으로 성장하게 하는 필수 요소이다. 진로에 대한 올바른 가치관과 자신의 진로에 대한 깊이 있는 탐색활동인 진로독서가 학교 교육에서 더욱 강조되어야 한다.

(1) 초등 진로독서 지도 방법

교수 전략	교수학습 과정
대상도서 설명 및 학습목표 제시	이 책은 평생 새를 사랑하며 연구해 온 새 박사 원병오 선생님이 살아온 이야기를 친근한 말투로 엮은 책입니다. 원병오 선생님은 여섯 살 때부터 아버지와 함께 새 공부를 시작하고 그 후에도 어린 시절의 꿈을 이루기 위해 노력합니다. 전쟁을 비롯한 온갖 어려움을 겪으면서도 새를 연구하고 조사하고, 보호하는 일을 멈추지 않습니다. 가장 아끼는 새인 '북방쇠찌르레기'의 다리에 가락지를 달아 북으로 보내고, 그를 통해 전쟁 때 헤어진 아버지의 소식을 듣게 되는 모습은 가슴 뭉클하게 다가옵니다. 원병오 선생님의 모습을 통해 어려운 환경 속에서도 자신이 이루고자하는 꿈을 위해 노력하는 것이 얼마나 중요한 것인지 알게 될 것입니다. 또한 우리가 새들을 비롯한 천연기념물을 왜 보호해야하는지, 어떻게 노력해야하는지 생각해보는 기회가 될 것입니다. 원병오 선생님처럼 새를 연구하는 직업을 가진 사람을 '조류학자'라고 하는데 우리나라 표준직업분류에 의하면 '생명과학연구원'에 속합니다. 오늘은 생명과학연구원이라는 직업과 관련된 여러 가지 활동을 해보겠습니다.
문제탐구 및 해결	• 다음을 주제로 토론을 해봅시다. 1. 연구를 위하여 새를 잡아 박제하는 것은 옳은 일이다. 2. 천연기념물로 지정된 새를 새장 안에서 보호하며 키우는 것은 바람직한 일이다. • 다음 문제 중 한 가지를 골라 글을 써 보세요. 1. 원병오 박사가 공부를 계속 하는 동안, 가족들의 많은 희생이 있었다. 원병오 박사의 입장이 되어 부인에게 고마운 마음을 전하는 편지를 써 보자. 2. 몸에 좋다면 무엇이든 잡아먹는 사람들에게 동물을 보호해야하는 이유를 알리는 글을 써 보자. 3. 천연기념물을 보호하기 위해 우리가 할 수 있는 일에는 무엇이 있는지 방안을 제시하는 글을 써 보자.
적용 및 발전	• 원병오 박사와 같은 생명과학연구원이 하는 일은 무엇인가요? • 과학 교과와 관련하여 어떤 활동을 할 때 가장 흥미를 느끼나요? • 과학 교과와 관련된 직업에는 어떤 것들이 있나요? 생각나는 직업을 모두 써 보세요. • 여러분은 생명과학연구원이 하는 일에 얼마나 흥미를 느끼나요? ① 매우 그렇다. ② 그렇다. ③ 보통이다. ④ 그저 그렇다. ⑤ 전혀 아니다.

(2) 중학 진로독서 지도 방법

차시	단계	영역	활동 목표
1	시작하기	일과 보람	프로그램의 목적을 알고, 일을 하면서 얻는 보람에 대해 알 수 있다.
2~4	자신에 대한 이해	장점 탐색	자신의 특성을 이해하고 장점이 무엇인지 탐색할 수 있다.
		성격 탐색	자신의 성격을 파악하여 장래희망과 관련지을 수 있다.
		적성탐색	자신의 적성을 알아보고 적성에 맞는 직업이 무엇인지 알 수 있다.
5~7	직업 세계에 대한 이해	직업의 소중함	직업의 소중함을 이해하고 직업이 없으면 어떤 어려움을 겪어야 하는지 알 수 있다.
		일에 대한 편견 버리기	직업에 대한 편견을 버리고 자신에게 알맞은 일을 찾아 보람을 느끼는 것이 중요함을 알 수 있다.
		다양한 직업 세계 탐험	직업의 종류가 얼마나 많으며 직업에 대한 분류가 어떻게 이루어지는지 알 수 있다.
8	교육과 직업에 대한 이해	공부와 직업의 관계	원하는 직업을 갖기 위해서는 어떤 공부를 해야 하는지 직업과 교육의 관계를 알 수 있다.
9	진로체험	각 직업별 가상체험	직업인이 되었다고 가상하고 미리 직업인으로서의 활동을 체험한다.
10	진로의사 결정	합리적인 진로 의사 결정	합리적인 의사결정 방법에 따라 문제를 해결할 수 있다.
11	진로계획 및 준비	나의 미래 상상하기	장래의 희망을 이루기 위해 무엇을 준비해야 하는지 계획을 세우고 나의 미래를 상상할 수 있다.
12	프로그램 정리	진로 계획 발표	자신의 진로 계획을 여러 사람 앞에서 발표할 수 있다.

(3) 고등학교 진로독서 지도 방법

목록	항목	나에게 적용하기
1장	나의 생애 설계	• 생애주기 곡선 그리기 • 15년 후 자신의 모습 스케치 하기 • 꿈을 이루기 위한 15년 계획 세우기
2장	자기 이해	• 지금의 나는 어떤 사람인가? 　- 적성, 흥미, 학습 능력, 가치관 　- 신체 조건과 환경 　- 꿈을 이루기 위한 의지의 정도
3장	진로 의사 결정	• 나의 의사결정 장애물 알아보기 　- 내적 요인 　　(자신감 결여, 변화에 대한 두려움, 잘못된 결정이나 실패에 대한 두려움) 　- 외적 요인 　　(가족의 기대, 가족에 대한 책임, 문화적 사고 방식, 성별에 따른 사고 방식)
4장	직업 및 학과 정보 탐색	• 직업 정보 탐색 　- 관심 직업 정보 찾기 　- 관심 직업 관련 사진 및 신문 기사 찾기 • 학과 정보 탐색 　- 자신에게 알맞은 학과 찾기 　- 관심 학과에 관한 정보 찾기 　- 진학 준비 방법과 입시 요강 수집
5장	대학 입시 등 진로 준비	• 지원 대학 결정 　- 지원 대학 모집 요강 정리 　- 지원 대학 성적 분석 　- 자기소개서 쓰기 연습

3. 진로독서 가이드북 개발

　진로독서의 대상도서는 교육부의 진로교육 목표와 성취기준인 자기이해, 일과 직업세계의 이해, 진로 탐색, 그리고 진로 디자인과 준비의 4개핵심 영역을 다루는 도서를 말한다. 그중에서 자기이해와 일과 직업의 세계를 중점적으로 다루는 도서를 독서자료로 선정하였다.

　진로독서는 텍스트의 내용이 진로와 직·간접적으로 관련되거나 수렴, 확산이 가능한 도서를 통해 학생들의 진로에 도움을 주는 독서 프로그램을 의미한다. 또한 학교 진로교육 기반인 자기이해, 직업세계의 이해, 진로정보의 탐색, 진로 준비 및 계획 등을 위해 도서를 활용하는 것을 진로독서라 한다. 따라서 진로독서는 텍스트 내용이 진로와 관련되거나 접목시킬 수 있는 문학, 비문학 관련 도서를 통해 진로교육의 목표 달성을 위한 독서교육활동을 말한다.

(1) 진로 비전도서

진로 비전도서는 책을 읽어가면서 진로교육의 출발인 자기 이해와 자기 발견 즉, 자아정체감, 자아존중감 등 자신의 고유한 특성을 이해하고 발견할 수 있는 독후활동이 가능한 도서를 말한다. 독자의 시각에서 책과 소통하면서 '나'를 이해하고 직업의 가치관 및 자아정체성을 발견할 수 있으며, 나아가 직업 멘토들의 이야기를 직·간접적으로 체험하여 자신의 진로에 대한 비전과 직업의 가치와 비전을 발견할 수 있도록 돕는 도서를 말한다. 진로 비전도서의 텍스트 내용에 따른 선정기준은 다음과 같다.

1) 책 속 인물의 삶과 텍스트의 내용을 통해 꿈과 비전을 찾을 수 있는 도서
2) 자기 이해와 자신의 고유한 특성을 찾아갈 수 있는 도서
3) 책을 통해 직업의 의미, 직업 가치관으로 수렴, 확산이 가능한 도서
4) 직업 멘토의 이야기를 통해 진로에 대한 내적동기를 강화할 수 있는 도서

(2) 진로 탐색도서

진로 탐색도서는 다양하고 방대한 직업에 대한 정보를 텍스트로 담고 있는 책을 읽으며 자신의 진로에 대한 진로 로드맵을 위한 독후활동이 가능한 도서를 말한다. 진로 탐색도서는 직업 세계에 대한 이해와 직업 준비과정들이 포함된 진로진학 정보 및 직업정보에 대한 내용들을 다루는 독서자료를 말한다. 진로 탐색도서의 텍스트 내용에 따른 선정기준은 다음과 같다.

1) 진로에 필요한 다양한 정보를 다룬 내용의 도서
2) 직업정보 탐색 및 분석이 가능한 도서
3) 다양한 직업세계와 미래 직업세계의 전망이 가능한 도서
4) 진로진학 관련 정보를 내용으로 담고 있는 도서

독서자료 선정의 고려 대상은 자료적 지배의 기준이 되는 도서의 내용, 형식 측면과 수용성의 기준이 되는 독자의 수용 측면을 들 수 있다. 독자의 수용 측면은 다시 인지적 측면과 정의적 측면으로 나눌 수 있다.

인지적 수준이란 독서자료가 지닌 내용이 독자의 인지적 발달 수준에 적합해야 한다. 어휘가 독자의 학년이나 발달단계에 알맞은 것이어야 하며, 내용의 범주에 있어서 적절한 깊이와 폭을 갖추고 있어야 하고 구성이 학년과 연령 수준에 알맞아야 한다.

정의적 수준은 제재 면에서 흥미를 중심으로 태도와 욕구, 관심, 희망 등 독자의 정의적 발달 특성을 고려해야 한다. 정의적 수준의 기준은 재미가 있는 것, 건전한 흥미와 요구에 상응한 내용, 독자의 생활경험에 비추어 적절한 것, 유익한 유머를 담고 있는 내용, 자료의 내용이 독자들의 관심사와 지식을 넓

혀주는 것 등을 들 수 있다.

이와 같이 의미 있는 진로탐색 독서활동이란 텍스트의 내용이 자신의 삶과 연관 지을 수 있는 의미 있는 상황이어야 한다. 따라서 독자 개개인에게 의미 있는 진로독서자료 선정은 책을 통해 올바른 가치관의 발달과 행동 변화에 발전을 가져올 수 있는 진로독서교육의 매우 중요한 요인이 된다.

(3) 자아 성취지향 가치관

가치는 인간 행동을 강력하게 설명해 주는 잠재성을 가지며, 가치는 인간 행동의 표준 또는 기준이다. 가치관이란 개인이나 집단이 명시적 또는 묵시적으로 바람직하게 여기는 것으로 가능한 행위의 양식, 수단, 목표를 선택하는데 영향을 주며 집단이나 사회문화를 이해하는 핵심이다.

(4) 진로성숙도

진로성숙은 수퍼(Super) 직업성숙을 소개한 이후 미국에서 광범위하게 개념을 연구하게 되었고, 그 결과 진로성숙이란 개념이 보다 포괄적인 상위개념으로 정착되기에 이르렀다. 수퍼는 진로성숙도란 진로의 발달수준을 뜻하는 것으로 직업을 알아보고 준비하고 자리 잡고 조사하고 직업에서 물러날 때까지의 발달과업에 대해 대처해 나가는 태도적, 인지적 준비도라고 하였다. 따라서 진로성숙도를 한 개인이 속해 있는 연령단계에서 이루어야 할 직업적 발달과업에 대한 준비도로 보았다.

〈표 7〉 진로성숙도 검사 내용

검사항목		하위영역	정의
진로성숙 태도	1	계획성	자신의 진로방향을 설정해 보고 직업결정을 위한 계획을 수립해 보는 태도
	2	직업에 대한 태도	직업이 갖는 의미와 중요성에 대한 올바른 인식 정도
	3	독립성	진로결정에 있어서 스스로 진로를 탐색하고 선택하려는 태도
	4	진로낙관성	미래사회의 직업 및 진로환경에 대한 낙관적이고 긍정적인 태도
진로성숙 능력	5	자기이해	능력, 흥미, 가치, 신체적 조건, 환경적 제약 등 개인이 진로선택에서 고려해야 할 개인적 특성을 이해하는 능력
	6	정보탐색	자신의 진로와 관련된 정보를 활용할 수 있는 능력
	7	합리적 의사결정	자신의 진로를 합리적으로 선택할 수 있는 능력
	8	희망직업에 대한 지식	자신이 관심을 갖는 직업에 대해 구체적인 정보를 알고 있는 능력
진로성숙 행동	9	진로탐색 및 준비행동	자신의 진로를 적극적으로 탐색하고 준비하는 능력

출처 : 한국청소년상담복지개발원(2019)

4. 진로독서 프로그램 개발

(1) 초/중학생 진로독서박람회 적용

1) 목적
- 언제, 어디서나, 누구나 지원하는 맞춤식 찾아가는 진로독서 캠프 운영
- 학년발 취약시기, 방학 등 전환기의 단기간 집중적인 진로탐색 기회 제공으로 자신의 진로를 체계적으로 고민할 수 있는 기회 마련
- 책 속 다양한 삶을 만나며 자기 이해 및 진로탐색 기회 제공
- 학생의 적성, 소질을 창의적으로 계발하고 지속적으로 발전시킬 수 있는 역량 제공
- 함께 책을 읽고 '이야기식 독서토론'과 '독서새물결 독서토론'을 적용하여 독서기반 진로교육 실현

2) 운영 방침
- 신청 기관 및 학교 상황에 따라 시간 협의 및 조정하여 진행
- 교육 지원을 희망하는 학교의 신청을 받아 맞춤식 교육 프로그램 운영
- 나의 진로를 만나는 재미있고 유익한 진로독서 캠프 운영 지원
- 우리 법인의 전문 강사요원(초중고교 전현직 교사, 진로독서 코칭 전문가, 법인이 배출한 대학생 멘토)을 전담팀으로 지정하여 운영
- 주제 영역별 독서토론 소모임(12명)과 전체 발표 토론(진로독서박람회) 형식으로 진행

3) 세부 프로그램
- 주제 특강 1시간, 주제 영역별 독서토론 5시간(영역별 주강사 1명)
- 마지막 차시는 나의 진로 주제 발표 및 1대100 토론으로 운영

교육목표	독서를 기반으로 한 진로 연계 독서 활동을 통해 사고력을 확장하고 능동적으로 진로 탐색을 할 수 있다.		
대상 도서	학교 자체 선정 도서 또는 법인 선정 도서 (아래 추천도서 참고)		
차시	주제	세부내용	비고
1 09:00–09:40	주제 특강	– 독서 기반 학생 활동 – 진로 독서 토론 방법 및 발문 생성 – 질문으로 하는 독서법	특강 후 소모임 이동

2-4 09:50~12:10 (중간 휴식 20분)	책틀 꿈틀 Ⅰ (Disscusion)	– 독서 발문 작성 – 이야기식 독서 토론 •1단계 – 책 문 열기 •2단계 – 책 이야기 나누기 •3단계 – 인간 삶과 사회 적용하기	소모임 주제별 강사 진행
	책틀 꿈틀 Ⅱ (Debate)	– 독서새물결 독서토론 •독서 토론 논제 만들기 •찬반 토론지 개요 작성 •팀별 교차질의식 독서토론 진행(1) •팀별 교차질의식 독서토론 진행(2) (찬반과 팀 교체 토론)	
12:10~13:00	점심 시간		
5-6 13:00~14:20	진로독서박람회 토론	– 1대100 독서토론 •학생 활동지 작성 및 발표 준비 •주제 영역별 1개팀 발표 및 질의 응답 – 나의 진로 발표회 •나의 진로 설계하기 •진로 발표 및 소감 말하기	전체 모임

4) 초등 대상 도서 운영 계획

* 제시한 도서에서 선정하여도 되고 학교별 필요한 도서를 선정하여도 됨

* 다양한 대상 도서는 진로독서 가이드북(개정본)을 참고하시면 됩니다.

	주제 영역	주제 도서(예시)
1	교육	우리 선생님 최고 (하이타니 겐지로/논장) 학교 가기 싫은 선생님 (박보람/노란상상) 파랗고 빨갛고 투명한 나 (황성혜/달그림)
2	문학	5번 레인 (은소홀/문학동네) 장복이, 창대와 함께 하는 열하일기 (강민경/현암주니어) 해리엇 (한윤섭/문학동네)
3	인문	어린이를 위한 정치란 무엇인가 (이은재/주니어김영사) 일곱 빛깔 독도 이야기 (황선미/이마) 생각이 크는 인문학 ① 공부 (호아킴 데 포사다/한국경제신문)
4	사회	단독 취재, 어흥 회장의 비밀 (백연화/크레용하우스) 법 만드는 아이들 (옥효진/한국경제신문) 와글와글 어린이 경제 수업 (김세연/다림)
5	과학	두 얼굴의 에너지, 원자력 (김성호/길벗스쿨) 누가 숲을 만들었을까? (샐리 니콜스/키즈엠) GMO 유전자 조작 식품은 안전할까? (김훈기/풀빛)

6	공학	공학은 세상을 어떻게 바꾸었을까? (황진규/어린이나무생각) 김대식 교수의 어린이를 위한 인공지능 (김대식 외/동아시아사이언스) 발명과 특허 쫌 아는 10대 (김상준/풀빛)
7	의약학	꼴찌, 세계 최고의 신경외과 의사가 되다 (그레그 루이스 외/알라딘북스) 미래가 온다 바이러스 (김성화 외 1/와이즈만북스) 리틀 의사가 꼭 알아야 할 의학 이야기 (양대승/교학사)
8	예체능	레오나르도 다 빈치 30 (폴 해리슨(김은영) / 아울북) 나를 찾아가는 힙합 수업 (김봉현 / 탐) 메시, 축구는 키로 하는 것이 아니야 (이형석 / 탐)

5) 중학 대상 도서 운영 계획

* 제시한 도서에서 선정하여도 되고 학교별 필요한 도서를 선정하여도 됨

* 다양한 대상 도서는 진로독서 가이드북(개정본)을 참고하시면 됩니다.

	주제 영역	주제 도서(예시)
1	교육	뉴 키드 (제리 크래프드/퀼트리북스) 독서토론 이야기 (임영규/박이정) 나무를 심은 사람 (장지오노/두레)
2	문학	클로버 (나혜림/창비) 아몬드 (손원평/창비) 동물농장 (조지 오웰/민음사)
3	인문	괴물 부모의 탄생 (김현수/우리학교) 이 정도는 알아야 하는 최소한의 인문학 (이재은/꿈결) 10대를 위한 정의란 무엇인가 (마이클 샌델/미래엔아이세움)
4	사회	난민, 멈추기 위해 떠나는 사람들 (하영식/뜨인돌) 꼰대 아빠와 등골 브레이커의 브랜드 썰전 (김경선/자음과모음) 청소년을 위한 돈이 되는 경제 교과서 (신동국/처음북스)
5	과학	십 대를 위한 미래과학 콘서트 (정재승 외/청어람미디어) 역사를 바꾼 17가지 화학 이야기 1, 2 (페니 르 쿠터 외/사이언스북스) 특종! 생명과학 뉴스 (이고은/북트리거)
6	공학	공대에 가고 싶어졌습니다 (서울대 공우/메가스터디북스) 우주 쓰레기가 온다 (최은정/갈매나무) 10대를 위한 교양 수업 3 (조성준 외/아울북)
7	의약학	10대를 위한 의학을 이끈 결정적 질문 (예병일/다른) 질병 정복의 꿈, 바이오 사이언스 (이성규/MID) 오싹한 의학의 세계사 (데이비드 하빌랜드/베가북스)
8	예체능	대중음악 히치 하이킹하기 (김상원 외/탐) 예술에 대한 여덟 가지 답변의 역사 (김진엽/우리학교) 10대와 통하는 스포츠 이야기 (탁민혁 외/철수와영희)

(2) 고등학교 진로독서박람회 적용 방법

1) 사업 목적 및 필요성

- 개정 교육과정의 적용 및 고교학점제의 단계적 이행 계획을 위하여 모든 학생의 소질과 적성, 진로에 맞는 학생 선택형 교육과정 운영의 역량이 강화됨에 따라 단위학교별 자율적 교육과정 운영의 필요성이 대두
- 고등학교 학생들의 소질과 적성, 진로에 맞는 다양한 학습기회를 보장하기 위한 진로 관련 활동 등이 단위 학교별로 운영되고 있지만 학생 성장 중심 활동을 위해서는 내실화된 독서 역량이 필요
- 학생들의 자주적이고 능동적인 자율 탐구 활동의 기반은 독서이며, 추후 학생의 진로를 위한 지속적인 주제 탐구의 심화를 위해서는 심층적인 독서 활동이 필요
- 최근 학교생활기록부에서 독서 상황이 제외됨에 상위 대학에서 우수 학생 선발을 위한 변별책으로 교과세부능력 특기사항에 독서를 기반으로 한 심층 탐구와 확장 활동 등이 더 중요

2) 학교별 프로그램 운영 방법

① 수업량 유연화에 따른 자율적 교육과정으로 운영
- 학습 몰입형 : 교과별 심화 이론, 과제 탐구 등 독서 발문, 이야기식 독서 토론, 교차질의식 독서 토론, 독서 논술문 작성 등의 심층적 독서 활동
- 프로젝트형 : 교과 융합 학습 등 주제 중심의 독서 토론 프로젝트 활동

② 창의적 체험활동의 진로활동 중 주제 탐구형 독서 활동으로 운영
- 학생의 진로 및 관심사에 따른 주제별 독서 토론 활동

③ 교육과정 취약시기 독서 캠프 특별 프로그램으로 운영
- 독서 토론 캠프 및 학생부 컨설팅 : 도서별 주제 특강, 교과 연계 심화 탐구 독서 활동, 교과 융합 독서 토론 및 독서 논술, 독서를 기반으로 한 학생부 컨설팅

※ 초중고교 학교 운영 환경과 일정 등에 따라 유연하게 변동 가능

3) 독서기반 진로독서박람회 운영 계획

○ 운영 개요 (8차시)
- 주제 특강 2시간, 진로부스별 독서토론 활동 6시간
- 대학연계 멘토링(학생부 컨설팅) 4시간

교육목표	독서를 기반으로 한 진로 연계 독서 활동을 통해 사고력을 확장하고 능동적으로 진로 탐색을 할 수 있다.
대상 도서	학교 자체 선정 도서 또는 법인 선정 도서 (아래 추천도서 참고)

차시	주제	세부 내용	비고
	주제 특강	− 독서 기반 학생 활동 − 진로 독서 토론 방법 및 발문 생성 (교차 진행)	특강 후 부스별 학생 이동
3−4 10:40~12:10	책틀 꿈틀 Ⅰ (Disscusion)	− 독서 발문 작성 − 이야기식 독서 토론 • 1단계 − 책 문 열기 • 2단계 − 책 이야기 나누기 • 3단계 − 인간 삶과 사회 적용하기 * 진로연계 도서 전시 및 박람회	부스별 강사 진행 (학생 활동지 작성)
12:10~13:00	점심 시간(부스별 도서 탐방)		
5−6 13:00~14:30	책틀 꿈틀 Ⅱ (Debate) 및 대학 연계 멘토링	− 교차질의식 독서토론 • 독서 토론 논제 만들기 • 1대100 토론하기 • 찬반 토론지 개요 작성 − 진로독서박람회 활동지 작성 (이때 입사관의 학생부 멘토링 실시) − 진로부스별 활동 내용 발표 준비	학생부 컨설팅과 병행 (입학사정관)
7−8 14:50~16:20	진로독서박람회 및 대학 연계 멘토링	− 부스별 진로 주제 발표(진로별 대표자) (진로영역 박람회 형식) − 발표 후 전체 대상 1대100 토론 − (학생부 연계) 학생 활동지 작성 및 발표 − 소감 나눔	전체 강당 (학생부 컨설팅과 병행)

○ 운영 방법

• 일일 박람회 유형으로 진행
• 진로 유형에 따른 부스를 설치하고 신청한 진로계열 부스로 이동하여 진로독서 토론 활동에 참여
• 각 부스에서는 교과 및 진로별로 해당 학교 교사들이 선정한 도서 목록 또는 법인이 선정한 도서와 관련한 독서 발문 작성, 이야기식 독서 토론, 독서새물결 독서토론, 1대100 독서토론, 독서 기반 학생부 컨설팅, 주제 발표 등으로 진행됨.
• 학교생활기록부 기록과 연계한 진로독서박람회 활동 전개 가능
• 참여 학생들은 사전에 희망 진로계열별 도서를 읽고 참여하고, 나누고 싶은 이야기(토론 주제)를 3가지 내외 준비하여 참석
• 사전에 제공할 활동지에 나누고 싶은 이야기(토론 주제)를 작성하고, 토론 주제에 대한 자신의 의

견을 근거를 들어 작성하고 참여하면 좋음(개인별 자유 선택 사항이며, 학생부 연계가 필요한 학생은 사전 활동지를 작성하고 참여하면 좋음)

- 학교 상황에 따라 부스 개수 및 활동 조정 가능
- 신청 학교(학생)는 사전에 참여할 진로계열별 학생을 선정하여 알려 주어야 하며, 대학연계 멘토링이 필요한 학생은 사전에 학생부 사본 제출
- 대학교 입학사정관의 대학연계 멘토링은 오후 4시간 동안 독서토론 활동, 주제 발표와 병행하여 진행 (한 학생당 15분 내외)
- 중3이나 고1 학생 등 학생부가 없는 경우는 진로연계 학생부 기록 초안을 지참하고 입학사정관 멘토링 가능

O 진로독서박람회 학생부 활용
- 진로 독서 박람회 활동에 대한 개별 포트폴리오 작성으로 학생 개개인의 진로 연계 심화 독서 활동(진로 확장 독서, 독서 발문 작성, 이야기식 독서 토론 활동, 토론지 작성, 쟁점식 교차질의식 독서 토론 활동 등)을 교과세부특기사항, 진로활동 등에 기록할 수 있음.
- 교과 수행평가와 연계하여 추후 연계 독서 활동 등의 프로젝트 수업 및 활동으로 지속. 확장하여 학생부에 기록할 수 있음.
- 수업량 유연화에 따른 교과목 융합 주제 중심 독서 활동으로 학습 몰입형이나 프로젝트형 활동으로 활용하고 학생부에 기록할 수 있음.

4) 대상 도서 운영 계획
- 대상 도서는 학교별 선정 가능
- 대상 도서는 진로독서 가이드북(개정본)과 홈페이지를 통해 계속 업데이트

부스		주제 도서
계열 1	교육계열	한나 아렌트, 교육의 위기를 말하다 (박은주/㈜빈빈책방) 아이들은 한 명 한 명 빛나야 한다 (앨린 코커릴/한울림) 가르칠 수 있는 용기 (파커 J. 파머/한문화)
계열 2	인문계열	언어는 인권이다 (이건범/피어나) 세계 최고의 여행기 열하일기 上 (박지원, 고미숙 외/북드라망) 역사의 쓸모 (최태성/다산초당)
계열 3	사회계열	청소년을 위한 광고 에세이 (정상수/해냄) 지리의 힘 1 (팀 마샬/사이) 죽은 경제학자의 살아있는 아이디어 (토드 부크홀츠/김영사)

계열 4	자연계열	모두의 내일을 위한 기후 위기와 탄소중립 수업 이야기 (한문정/우리학교) 오래된 미래 (헬레나 노르베리 호지/중앙북스) 특종 생명과학 뉴스 (이고은/북트리거)
계열 5	공학계열	뇌를 바꾼 공학, 공학을 바꾼 뇌 (임창환/MID) 공대에 가고 싶어졌습니다(서울대 공대 우수학생센터 공우/메가스터디북스) 인간은 필요 없다 (제리 카플란/한스미디어)
계열 6	의학계열	오싹한 의학의 세계사 (데이비드 하빌랜드/베가북스) 뇌는 어떻게 자존감을 설계하는가 (김학진/갈매나무) 아픔이 길이 되려면 (김승섭/동아시아)
계열 7	예체능계열	뮤지컬 인문학 (송진환, 한정아/알렙) 성공하는 스포츠 비즈니스 (박성배/북카라반) K-POP 케이팝 성공방정식 (김철우/21세기북스)

중학교 진로독서 가이드북

제1장

교육

◈ 교육 영역 소개 ◈

#교육 분야 소개

교육계열은 교육 일반, 유아교육, 특수교육, 초등교육, 중등교육 등으로 구성된다. 교육 일반은 학생들을 교육할 수 있는 수업 방식이나 각종 교육 이론과 정책 등을 탐구하고, 유아교육은 영유아기 아동들을 가르치는 분야이며, 특수교육은 신체적·정신적으로 불편한 학생들을 가르치는 분야이다. 초등교육은 초등학교 교사를 양성하기 위한 분야이고, 중등교육은 중학교와 고등학교 교사를 양성하기 위한 학문 분야이다.

#교육계열 미래 전망과 진로 독서

교육은 앞선 역사에서 축적된 모든 지식과 문화를 후세에게 전달하는 일이며, 인간의 무한한 가능성을 계발하여 새로운 지식과 문화를 창출하는 숭고한 일로 국가와 민족의 미래 운명을 결정하는 중대사이다. 이 목적을 달성하기 위해 교육계열은 이러한 중대사에 종사할 교사와 교육 지도자를 양성하고, 교육 일반과 교과 교육원리의 교수 및 연구에 종사할 학자를 배출함을 목표로 하는 계열이다. 교육계열은 교육 일반의 이론과 교육활동의 원리를 내용으로 하는 교직 이론 영역, 각 교과의 지식과 원리를 내용으로 하는 교과 교육 영역, 그리고 각 교과의 내용과 구성에 관한 교과 내용 영역 등을 기초로 학과 편제가 이루어진다. 유아교육학의 연구 분야는 유아의 신체, 인지, 사회, 정서, 언어 등 제 발달적 측면을 다루는 발달심리학, 발달 특성에 기초한 유아교육학, 일반교육학, 유아교육 과정 구성에 지지기반이 되는 교육철학, 아동사회학, 아동복지학 등이 있다.

교육부와 한국교육개발원의 학과 전공 분류 자료집(2022)에 따르면, 최근 인공지능, 지능형 로봇, IoT, 빅데이터, 바이오 등 과학기술의 발전으로 직업 세계에 많은 변화가 일어나고 있다. 또한, 다양한 분야의 기술이 융합하면서 교육 분야도 많은 변화가 요구되고 있다. 따라서 특수교육학 분야도 의학, 심리학, 과학, 철학, 생리학, 영양학, 사회학 및 교육학을 바탕으로 의료교육학, 치료교육학, 재활교육학, 정형교육학 분야 등으로 넓히고 있고, 인문교육 분야도 기초학문과 응용학문, 인문과학과 사회과학에 관한 폭넓은 지식을 쌓을 수 있는 종합 학문적인 성격을 띤다. 동서양의 철학·윤리와 각종 정치사회사상, 사회문제, 통일문제 등을 연구할 뿐만 아니라, 인문과학지식과 사회과학지식을 습득하여 이를 교육과 연결한다. 자연계 교육 분야는 가정교육, 건축교육, 물리교육, 수학교육, 생물교육 등 가정학, 건축학, 물리학, 생물학 등 관련 이론을 연구하는 분야이다.

교육 분야를 진로로 하는 학생들은 미래 사회를 창조해 나갈 학생을 양성한다는 사명감으로 제자를 대면하여 가르쳐야 하므로 경청과 표현력, 리더십, 통합능력, 의사소통 능력 등을 신장해 나가는 것이 필요하다. 따라서 이 책에서 제시하고 있는 다양한 진로 독서 활동을 통해 미래 역량을 키워나가는 것이 무엇보다 중요하다.

◈ 교육 도서 목록 ◈

순	영역	진로정보	교과정보	제목	집필자	비고
1	교육	다문화 교사	사회	New Kid(뉴 키드)	박여울	대표
2	교육	유치원 교사	사회	딥스 (자아를 찾은 아이)	박은영	대표
3	교육	교육정책기획자	사회	10대를 위한 공정하다는 착각	박여울	
4	교육	교사/교육학자	국어	나무를 심는 사람	임희종	
5	교육	중등 교사	사회	난장이가 쏘아올린 작은 공	박은영	
6	교육	초등 교사	사회	내 생애의 아이들	박은영	
7	교육	유치원 교사	도덕	내가 정말 알아야 할 모든 것은 유치원에서 배웠다.	박은영	
8	교육	교육연구직	국어	독서토론 이야기	강민정	
9	교육	대학 교수	도덕	모리와 함께한 화요일	박은영	
10	교육	영재교육담당교원	사회	바보 빅터	박은영	
11	교육	교육학자	사회	삶으로 가르치는 것만 남는다	임희종	
12	교육	교육학연구원	도덕	성공하는 사람들의 7가지 습관	박은영	
13	교육	진로상담교사	진로와 직업	연금술사	박은영	
14	교육	교육전문가	도덕	연어	임희종	
15	교육	중등 교사	도덕	우리들의 일그러진 영웅	임희종	
16	교육	중등 교사	국어	죽이고 싶은 아이	강민정	
17	교육	교육전문가	사회	창가의 토토	임희종	
18	교육	교육학자/정치가	도덕	탈무드	임희종	
19	교육	카운슬러	도덕	회복탄력성	박여울	

I. New Kid(뉴 키드)

도서정보	제리 크래프트(조고은) / 보물창고 / 2020년 / 256쪽 / 17,500원	
진로정보	교육 – 다문화 교사	
교과정보	사회	다양한 문화의 이해 – 다문화사회와 학교

도서소개 #어떤 책일까?

　　유색인종인 주인공 조던이 부유층 자녀들이 다니는 명문 사립학교에 입학하면서 벌어지는 여러 가지 사건들을 유쾌하지만 묵직하게 다룬 책이다. 학교 내에서 인종으로 인해 그리고 부의 차이로 인해, 때로 소외되고 차별받고 혼란을 겪기도 하지만 주인공은 진정한 친구들을 만나며 성장하며 적응해 간다.

　　우리나라도 여러 가지 사유로 다문화사회로 진입하였으며, 특히 학교에서는 다양한 문화적, 인종적 배경을 가진 친구들을 쉽게 만날 수 있다. 이 책은 한국 사회에서 다문화 청소년으로 살아가야 하는 이들에게 용기를 주고, 더불어 살아가야 하는 모두에게 가르침을 주는 책이라고 할 것이다.

진로탐색 #무엇을 더 볼까

관련매체 : 인종차별 예방 – 학교편

관련도서 : 『선량한 차별주의자』(김지혜, 창비)

진로토론 #무엇을 이야기해 볼까

1. 다문화 배경을 가진 친구들이 겪는 어려움은 어떤 것이 있을까?
2. 인종적, 종교적 차이로 인한 분쟁이 계속되는 이유는 무엇일까?
3. 사회적 배려 대상자들을 위한 혜택은 역차별이 될 수 있다. (찬반토론)
4. 우리 사회에 존재하는 차별에는 어떤 것이 있을까?
5. 나와 사회 경제적 배경이 다른 사람들과는 친구가 될 수 없다. (찬반토론)

진로활동 #무엇을 해 볼까

1. 이 책에 나오는 등장인물들처럼 많은 차별주의자가 스스로 행동에 대한 인식이 없는 경우가 많다. 그들을 일깨울 방안을 제시해 보자.
2. 교실에서 발생하는 차별 문제 해결 방안을 글로 써보자.
3. 차별이나 폭력을 없애는 데 도움이 되는 안전한 학교 공간을 디자인해 보자.

◈ 책 이야기 ◈

I. 책에 나오는 에피소드 중 가장 기억에 남는 것을 고르고 이유를 말해보자.

> 급식소에서 앤디가 드류를 괴롭히다가 자기 잘못으로 미끄러지고는 드류에게 잘못이 있다고 하고 롤리 선생님도 그렇게 생각하여 드류를 징계하려고 할 때 조던이 나서서 진실을 밝히고 다른 친구들과 교사들이 도와주는 장면이 가장 기억에 남으며, 그 이유는 진실을 밝히기까지 조던이 고민하지만 결국 용기를 내어 친구를 도왔고 또 진실을 지키는 일이 힘들지만 전혀 외롭지 않다는 것을 보여주었기 때문이다.

2. 책에는 의도의 여부는 알 수 없지만 부적절한 용어 사용으로 학생이나 친구들에게 상처를 주는 교사나 학생들이 나온다. 책에 나온 사례를 찾아서 정리하고 우리나라나 우리 학교에서 이와 유사한 사례를 찾아서 책의 사례와 비교해 보자.

> 유색인종 학생들에 대한 편견을 가지고 부적절하게 행동하는 대표적인 교사로 롤리 선생님이 나온다. 그녀는 유색인종 학생들이 이름을 엉터리로 부르거나 기억하지 못한다. 그리고 분쟁이 있는 경우 이유를 묻지도 않고 백인 학생들의 편만 든다. 그리고 유색인종 학생들의 생각이나 의견을 존중하지 않는다.

3. 조던의 어머니는 조던이 사회에 나갔을 때 아프리카계 미국인으로 겪게 될 차별을 이겨내고 성공하기 위한 게임의 규칙을 알기 위해 현재의 학교를 계속 다녀서 한다고 생각한다. 아버지는 이와 달리 모두가 그 규칙을 알 필요는 없고 조던이 불행하다면 학교를 옮길 수 있다고 생각한다. 두 사람의 생각 중 누구의 의견에 찬성하는지 자신의 의견과 그 이유를 적어 보자.

> 1. 조던의 어머니 의견에 찬성한다. 왜냐하면 어머니의 말대로 사회에 나가면 더 크고 많은 차별을 만날 것이기 때문에 학교에서 적응하고 이겨낼 힘을 기르는 것이 필요하기 때문이다.
> 2. 조던의 아버지 의견에 찬성한다. 왜냐하면 어린 시절에 너무 힘든 일을 겪다 보면 트라우마가 생길 수 있고, 그리고 인종차별은 개인이 이겨내야 할 문제가 아니라 사회 전체의 시스템과 사람들의 생각을 바꾸어야 하는 것이며, 그것을 이겨내지 못했다고 하여 개인이 부족하다고 생각하거나 스스로 자책해서는 안 된다고 생각하기 때문이다.

4. 드류나 조던과 같이 학교에서 어려움을 겪는 친구들을 어떻게 도울 수 있을지 생각을 나눠 보자.

> 교사, 학생, 학부모들에 대한 지속적인 교육이 필요하다고 생각하며, 다양한 문화를 체험할 수 있는 행사를 기획하여 타문화에 대한 열린 마음을 가질 수 있도록 해야 한다. 아울러 학업이나 적응에 어려움이 있는 학생들에게는 좋은 멘토를 붙여서 지속적인 도움을 줄 필요가 있다.

◈ 질문하고 토론하고 ◈

* 읽기 자료를 보고 질문에 답하며 생각한 내용들을 정리해 주세요.
* 주어진 질문 외 새로운 질문을 만들 수 있다.

<1>

<2>

[읽기자료]
'뉴 키드(New Kid)' p.218-p.221
제리 크래프트 지음/조고은 옮김
보물창고 (2020)

1. 위 자료는 대상 도서인 '뉴 키드'의 일부이다. 이 부분을 읽고 조던의 심정이 어떨지 적어 보자.

  개인적인 물건(만화를 그린 노트)을 주운 교사가 학생의 허락도 받지 않고 마음대로 읽은 후에 오히려 학생을 비난하는 상황이므로 조던은 굉장히 당황스럽고 화가 나고 속상할 것 같다.

2. 위 자료에 나타난 교사의 문제점이 무엇이라고 생각하는지 친구들과 토론해 보자.

  위에 나타난 교사는 학생의 노트를 마음대로 읽은 것에 대해 사과도 하지 않고, 오히려 자신의 인종차별적인 사고에 대한 반성은 없고 학생이 학교와 자신에 대해 불만을 품고 있다고 비난하고 있다. 제 생각이나 태도는 잘못이 없고 그것에 순응하지 않는 것이 잘못이라는 태도가 가장 큰 문제라고 생각한다.

3. 내가 조던이라면 위와 같은 상황에서 어떻게 대처할지 생각하고 말해보자.

  선생님에게 그동안 속상했던 점은 편지를 써서 전달한다. 말로 하다 보면 감정이 더 상하거나 격해질 수 있기 때문이다.

4. 우리 학교에도 이와 유사한 교사나 학생들에 의한 차별 사례가 있는지 알아보고 그 이유가 무엇인지와 해결책은 무엇일지 논의해 보자.

◈ 진로 이야기 ◈

1. 내가 교사가 되고 싶은 이유와 어떤 교사가 되고 싶은지 적어 보자.

2. 학생과 학부모의 교사에 대한 갑질로 학교 현장에서 어려움을 겪는 교사들이 많아지고 있다. 이런 어려움을 해결하기 위해 어떻게 하면 좋을지 자기 생각을 나누어 보자.

   교권 보호에 대한 학생과 학부모 대상의 충분하고 실질적인 교육이 필요하고, 사안 발생 시 학교에서 직접 대응하기보다는 교육청에서 제3자의 관점에서 객관적으로 처리할 필요가 있다. 또한 아동학대와 교권 보호 사이의 균형을 찾는 것이 필요하다고 생각한다.

3. 자신이 생각하는 바람직한 교사의 모습과 필요한 교사의 자질이 무엇인지 의견을 나누어 보자.

4. 우리나라도 다문화사회로 이미 진입하였고, 일부 학교에는 외국인 학생들도 많아지고 있다. 조던과 같은 학생들을 만났을 때 어떻게 도움을 줄 수 있을지 의견을 나누어 보자.

5. 책을 읽고 독후 활동을 한 후 나의 학교생활기록부에 기록하고 싶은 내용을 적어 보자.

2. 딥스(자아를 찾은 아이)

도서정보	버지니아 M. 액슬린(주정일 외 I) / 샘터 / 2022년 / 336쪽 / I7,000원	
진로정보	교육 - 유치원 교사	
교과정보	사회	인간과 사회생활 - 사회화

도서소개   #어떤 책일까?

　　6살인 딥스의 가정환경은 경제적으로 부유하고 부모님들이 사회적으로 매우 유능하다. 그러나 매우 불안정한 가정에서 자란다. 학교에 적응하지 못한 딥스는 정신지체아로 몰린다. 그때 액슬린 선생님을 만나 내면에 있는 상처를 놀이치료로 치유하고 건강한 자아를 형성하는 과정의 내용이다.

　　이 책은 문제아였던 아이가 건강한 자아를 형성하고 정상적으로 학교에, 사회에 적응하는 내용입니다. 교사의 역할에 대해서 유아교육의 흐름인 '놀이'를 통한 놀이치료에 대해서 그 중요성을 깨달을 수 있는 유아교육 관련 필독서이다.

진로탐색   #무엇을 더 볼까?

관련매체 : 유아교육과 진로
관련도서 : 『현직 교사가 알려 주는 심리 도서 50』(김선, 더디퍼런스)

진로토론   #무엇을 이야기해 볼까?

1. 학교에 적응하지 못하는 아이에 대해서 어떻게 생각했는지 말해보자.
2. 부적응하는 아이들을 위한 교사의 역할은 무엇일까?
3. 교육에서 부모의 역할이 중요한가? 교사의 역할이 중요한가?
4. 놀이 교육, 놀이치료에 대해서 어떻게 생각하나?
5. 여러분이 유치원 교사가 된다면 어떤 교사가 되고 싶은가?

진로활동   #무엇을 해 볼까?

1. 유아교육 관련 직업이나 직종을 찾아 발표해 보자.
2. 유아교육 교사가 지녀야 할 기초 소양은 무엇인지 조사해 보자.
3. 유아교육 교사로서 보람은 언제 느낄 수 있을까 생각해 보자.

◈ 책 이야기 ◈

I. 책 제목을 보고 든 생각과 느낌을 이야기해 보자.

2. 책에서 가장 흥미로웠던 부분은 어디였으며, 왜 그런지 말해보자.

3. 책을 읽으면서 이해가 되지 않거나 더 알고 싶은 부분은 없었는지 말해보자.

4. 딥스는 자아를 찾은 아이라고 한다. 딥스가 정상적인 아이가 될 수 있는데 가장 도움이 되었던 것은 무엇이었을까 말해보자.

◈ 질문하고 토론하고 ◈

1. TV '금쪽같은 내 새끼'라는 프로를 보면서 문제 아이들의 변화는 아이보다는 부모의 역할이 더 많다. 위 자료와 함께 느낀 점은 무엇인지 적어 보자.

2. 딥스는 아주 특이한 아이였다. 말도 거의 없고 아주 어색한 행동을 자주 하고 혼자 바닥에 있고 심지어 누가 관심을 보이면 고양이처럼 할퀴는 행동을 한다. 이런 행동으로 교사들은 당황하고 학부모님들의 원성에 퇴학시키기 전 마지막 놀이치료 전문가 '액슬린' 선생님에게 치료를 의뢰한다. 만약 선생님들이 딥스를 잘 관찰하지 않고 방치했거나 놀이치료를 받지 못했다면 딥스는 어떻게 되었을까?

3. 딥스는 치료받으면서 뇌의 손상도 없고 심지어 그의 부모님들은 아주 사회적으로 유능한 엘리트였다. 그러나 그는 심각한 정서적 불안정함을 보였다. 치료 과정에 딥스는 어머니가 낳기 전부터 불안한 상태에 있었고 아버지는 아이의 세계를 이해하지 못해 방에 자주 가두어 두었다.
처음으로 접하는 엄마와의 관계에서의 경험이 아이의 정서를 지배한다. 딥스와 같은 아이들에게 가장 필요한 것은 무엇이라고 생각하는지 말해보자.

4. 딥스는 놀이치료를 통해 변화되었고 결국 부모님과의 상담을 통해서 가정이 변화되고 딥스는 마음이 따뜻한 아이로 잘 자란다. 그럼 안정된 가정환경에서 자라지 못하는 아이들을 학교에서 어떻게 도울 수 있을까 생각해 보자.

◈ 진로 이야기 ◈

I. 유아들은 어떤 존재라고 생각하는지 말해보자.

2. 유아들을 가르칠 때 가장 중요한 게 뭐라고 생각하는지 말해보자.

3. 유아들에게 선생님은 어떤 존재일지 생각하고 말해보자.

4. 나는 어떤 선생님이 되고 싶은지 생각하고 말해보자.

5. 어떤 선생님을 아이들은 좋아할지 생각하고 말해보자.

3. 10대를 위한 공정하다는 착각

도서정보	마이클 샌델(신현주) / 미래엔아이세움 / 2022년 / 184쪽 / 13,000원	
진로정보	교육 - 교육 정책 기획자	
교과정보	사회	일상생활과 법 - 능력주의의 함정

도서소개 #어떤 책일까?

　　마이클 샌델 교수의 '공정하다는 착각'을 청소년들의 눈높이에 맞추어 10대를 위한 내용으로 정리한 책이다. '공정하다는 착각'에 나오는 내용을 그래픽으로 표현하고 핵심을 정리하여 쉽게 이해할 수 있게 구성하였다.

　　코로나 19 팬데믹 이후 전 세계적으로 빈부격차가 심화하면서 사회 분열이 심화하였고 사회안전망이 무너지면서, 능력이 있는 사람은 잘 살고 그렇지 못한 사람은 도태되고 있으며, 개인의 어려움은 능력을 기르지 못한 각 개인의 책임이라는 생각이 지배적으로 되었다. 이 책은 그런 능력주의에 대한 근본적인 의문을 제기하고 있고, 능력주의가 가장 공정하다는 우리의 믿음을 다시 한번 고민하게 만든다.

진로탐색 #무엇을 더 볼까

관련매체 : 위대한 수업 https://www.youtube.com/watch?v=aN7vZssuefI
관련도서 : 『10대를 위한 JUSTICE 정의란 무엇인가』(마이클 샌델, 미래엔아이세움)

진로토론 #무엇을 이야기해 볼까

1. 능력은 오로지 나의 힘으로 얻은 것일까?
2. 공정함의 기준은 과연 무엇일까?
3. 교육은 불공평을 해결할 수 있다. (찬반토론)
4. 대입 수시와 정시 중 어느 것이 더 공정한 평가일까?
5. 능력주의 사회는 공평한 사회일까?

진로활동 #무엇을 해 볼까

1. 입시를 공정하게 만들 수 있는 나만의 방법을 생각하여 발표해 보자.
2. 내가 성공하기 위해 나에게 필요한 능력이 무엇이라고 생각하는지 발표해 보자.
3. 교육부의 여러 가지 정책 중 학생의 관점에서 나에게 가장 도움이 되는 것이 무엇인지 조사해 보자.

4. 나무를 심은 사람

도서정보	장 지오노(김경온) / 두레 / 2018년 / 104쪽 / 10,000원	
진로정보	교육 - 교사, 교육학자	
교과정보	국어	희망을 심고 행복을 가꾸는 이야기

도서소개 #어떤 책일까?

　　『나무를 심은 사람』은 메마르고 황폐한 땅에 홀로 수십 년 동안 나무를 심어 생명이 숨 쉬는 숲으로 바꾸어 놓는 양치기 노인의 이야기이다. 장 지오노 작가는 오트-프로방스를 여행하다 끊임없이 나무를 심어 황폐한 땅에 생명을 불어넣고 있던 양치기에게서 큰 감명을 받아 작품 초고를 썼다. 그 후 약 20년 동안 다듬어 1953년 처음 발표한 이래 지금까지 25개 언어로 번역되어 세계적으로 널리 읽히고 있다. 공기와 물과 땅과 함께 뭇 생명이 고통받는 파멸의 시대, 생명을 사랑하며 가꾼 숭고한 이야기는 우리에게 감동을 줄 뿐 아니라 현대 문명이 나아가야 할 방향을 제시해 주고 있다.

진로탐색 #무엇을 더 볼까

관련매체 : 나무를 심은 사람(The Man Who Planted Trees,1987) 에니메이션
　　　　　　https://www.youtube.com/watch?v=gx5He0CsnAE
관련도서 : 『세종처럼』 (박현모, 미다스북스)

진로토론 #무엇을 이야기해 볼까

1. 책의 내용 중 가장 인상 깊게 읽은 대목을 메모하여 함께 나누어 보자.
2. 숲이 무성했던 마을이 황량한 바람만 부는 폐허의 땅이 된 이유는 무엇인가?
3. 양치기 노인 알제아르 부피에는 왜 매일 100개의 도토리를 계속 심었는가?
4. 베르공이 산들바람이 불고 물소리가 들리는 마을로 변화된 과정을 말해보자.
5. 1913년과 1935년 베르공 마을을 방문했을 때 모습을 비교하여 이야기해 보자.

진로활동 #무엇을 해 볼까

1. 작가 장 지오노는 이 작품 속에서 1차, 2차 세계대전을 언급하고 있다. 그 이유를 추론하여 정리해 보자.
2. 양치기 노인 한 사람으로 인해 폐허의 땅이 생명의 땅으로 변화되었다. 이처럼 리더 한 사람이 인류에게 희망을 준 사례를 한 가지씩 찾아 발표해 보자.

5. 난장이가 쏘아올린 작은 공

도서정보	조세희 / 이성과 힘 / 2000년 / 351쪽 / 13,000원
진로정보	교육 - 중등 교사
교과정보	사회	사회 변동과 사회 문제

도서소개 #어떤 책일까?

　　200쇄가 넘은 『난장이가 쏘아올린 작은 공』은 30년 전 서울의 철거촌에 취재를 갔다가 뚫려버린 담벼락 밑에서 철거반원들에 맞선 주민들 속에 섞여 있게 되었고 돌아오는 길에 문방구에서 공책을 사서 쓴 글이다.
　　1970년대 급속한 사회화 속에 사회적 약자인 난장이 가족을 통해 그 시대 절망적인 상황을 그대로 작품에 녹여 놓았다고 할 수 있다. 그러나 작가는 여전히 가난한 사람들은 날마다 자본에게 매를 맞고 착취당하고 있어 보인다고 말한다. 작가는 이 작품을 통해 어떤 세상을 꿈꾸고 뫼비우스의 띠와 클라인씨의 병을 통해서 자본가와 노동자의 구분이 없는 조화로운 세상을 꿈꾸고 있는 작품이다.

진로탐색 #무엇을 더 볼까

관련매체 : 진로상담 - 국어교사가 되려면
　　　　　　https://www.career.go.kr/mobile/counsel/view?seq=6245790
관련도서 : 『광장』(최인훈, 문학과 지성사)

진로토론 #무엇을 이야기해 볼까

1. 난장이는 왜 달나라에 가고 싶어 하나?
2. 난장이가 쏘아 올린 공은 무엇을 상징하나?
3. 작품 속에 있는 사회적 약자들에 대한 문제는 해결되었다. (찬반토론)
4. 난장이라는 작품을 통해 작가가 말하고자 하는 것은 무엇인가?
5. 왜 이런 문학 작품을 배우고 읽어야 하나?

진로활동 #무엇을 해 볼까

1. 국어 교사의 역할은 무엇인지 조사해 보자.
2. 국어 교사가 가져야 할 기초적 소양은 무엇인지 생각해 보자.
3. 국어 교사로서 문학 작품을 어떻게 가르쳐야 하는지 발표해 보자.

6. 내 생애의 아이들

도서정보	가브리엘 루아(김화영) / 현대문학 / 2006년 / 302쪽 / 9,000원	
진로정보	교육 - 초등 교사	
교과정보	사회	인간과 사회생활

도서소개 #어떤 책일까?

　　작가가 캐나다의 작은 시골 마을들을 돌아다니며 교사로 일했던 젊은 날의 추억을 담은 『내 생애의 아이들』은 여러 환경 속에서 자라는 아이들을 바라보는 앳된 여교사의 사랑과 따스함을 그렸다.

　　"이른 아침 교실에 서서 내 어린 학생들이 세상의 새벽인 양, 신선한 들판 위로 그 모습을 드러내는 모습을 바라볼 때면, 학교라는 함정 속에서 그들을 기다리고 있을 것이 아니라 그들에게로 달려가서 영원히 그들의 편이 되어야 옳을 것 같다는 느낌을 받는 것이었다." 직접 학생들을 찾아가는 그녀의 헌신으로 문화, 빈부, 신분 등 문제들을 해결하며 화합을 배우는 진정한 의미의 교실이 된다.

진로탐색 #무엇을 더 볼까

관련매체 : 떨리는 첫 출근 날, 무엇을 해야 할지 모르겠다면?
　　　　　https://www.youtube.com/watch?v=6REYOP8Chd4
관련도서 : 『이번 생은 교사로 행복하게』 (한민수, 미다스북스)

진로토론 #무엇을 이야기해 볼까

1. 제일 처음 만난 선생님은 누구인지 기억하나요?
2. 지금까지 만난 선생님 중에 누가 가장 기억에 남았나요?
3. 선생님은 학생에게 중요하다. (찬반 주제)
4. 자신이 선생님이 된다면 어떤 선생님이 되고 싶은가요?

진로활동 #무엇을 해 볼까

1. 선생님이 갖추어야 할 덕목을 조사해 발표해 보자.
2. 초등학교 교사와 중등학교 교사의 차이점을 조사해 발표해 보자.
3. 좋은 교사로서의 자신의 교사관을 작성해 보자.

7. 내가 정말 알아야 할 모든 것은 유치원에서 배웠다

도서정보	로버트 풀검(최정인) / 알에이치코리아 / 2018년 / 280쪽 / 18,000원	
진로정보	교육 - 유치원 교사	
교과정보	도덕	타인과의 관계

도서소개 #어떤 책일까?

어떻게 살 것인지, 무엇을 할 것인지, 어떤 사람이 될 것인지에 대한 해답이 들어 있는 『내가 정말 알아야 할 모든 것은 유치원에서 배웠다』는 유치원에 가면 배우는 기본적인 말들을 이야기한다.

"삶의 지혜는 대학원의 상아탑 꼭대기가 아니라 바로 유치원의 모래성 속에 있다."라는 구절이 있지만 아는 것과 아는 대로 사는 것은 다른 문제인 것을 깨닫도록 해준다. "잘 살기 위해 알아야 할 것이 있다면 무엇일까?" 이 책은 의미 있는 삶과 인생의 지혜는 무엇인지 생각하도록 한다.

진로탐색 #무엇을 더 볼까

관련매체 : 비상교육 피어나다 <자녀의 행복을 위해 '이것'만은 꼭 가르쳐주세요!>
https://www.youtube.com/watch?v=QMfYUu-7NRg
관련도서 : 『선생 박주정과 707명의 아이들』(박주정, 김영사)

진로토론 #무엇을 이야기해 볼까

1. 유치원에서 배운 것을 떠올려 보자.
2. 유치원에서 배운 것 중 가장 유익한 것은 무엇이라고 생각하나요?
3. 어떤 사람이 되고 싶은지 이야기 해 보자.
4. 우리가 살면서 꼭 배워야 하는 것은 무엇이라고 생각하나요?
5. 의미 있는 삶을 사는 데 꼭 필요한 것은 무엇이라고 생각하나요?

진로활동 #무엇을 해볼

1. 유치원생들에게 기본적으로 꼭 가르쳐야 하는 것은 무엇인지 말해보자.
2. 어떻게 가르쳐야 잘 가르칠 수 있는지 조사하여 발표해 보자.
3. 유치원 교사의 사명과 역할을 조사해 보자.

8. 독서토론 이야기

도서정보	임영규 / 박이정 / 2019년 / 336쪽 / 18,000원	
진로정보	교육 - 교육연구직	
교과정보	국어	독서토론 하기

도서소개 #어떤 책일까?

　　『독서토론 이야기』는 토론으로 교육 위기를 극복하자는 취지 아래 저자가 학교 안팎에서 독서토론을 지도한 경험과 생각을 아낌없이 나눈 이야기를 담고 있다.

　　독서토론을 위한 도서 선정 이야기, 토론 주제 이야기와 토론의 본질과 토론 방식에 관한 이야기뿐만 아니라 문학, 인문 사회, 과학, 예술 진로의 영역별로 학생들과 진행한 다양한 독서토론 경험을 생생하게 펼치고 있다.

　　독서의 꽃이라고 불리는 독서토론에 대해 한 번이라도 고민한 교사나 학생들에게 그야말로 가뭄의 단비가 되어줄 것이고, 독서토론에 대한 자신감과 용기를 북돋워 줄 것이다.

진로탐색 #무엇을 더 볼까

관련매체 : EBS독서력진단센터 이야기식 독서토론

　　　　　https://youtu.be/V3i-_AYPDcg?si=p8KcGJjhj23IOOF5

관련도서 : 『독서학교 이야기』 (임영규, 고래가숨쉬는도서관)

진로토론 #무엇을 이야기해 볼까

1. 독서토론에 참여한 경험을 나눠 보자.
2. 평소 책을 읽고 독서토론을 해 보고 싶다고 생각한 적이 있는가?
3. 책에서 소개한 것 중 가장 인상적인 독서토론 방식은?
4. 문학, 인문·사회, 과학, 예술·진로 영역 중 자신이 토론하고 싶은 영역은?
5. 독서토론 대회를 개최하는 이유는 무엇이라고 생각하는가?

진로활동 #무엇을 해 볼까

1. 각자 최근에 인상 깊게 읽었던 책을 2~3권 제시한 후, 독서토론 선정 기준에 맞게 독서토론 도서를 선정하고, 선정한 이유를 밝혀보자.
2. 독서토론을 진행하고 싶은 책을 하나 선정해서 적절한 독서토론 방식과 발문을 만들어 보자.

9. 모리와 함께한 화요일

도서정보	미치 앨봄(공경희) / 살림 / 2017년 / 280쪽 / 15,000원	
진로정보	교육 - 대학 교수	
교과정보	도덕	자신과의 관계 - 삶과 죽음을 도덕적으로 성찰

도서소개 #어떤 책일까?

　살아 있는 이들을 위한 열네 번의 인생 수업『모리와 함께한 화요일』은 루게릭병을 앓는 죽어가는 사회학 교수 모리 슈워츠와 바쁘게 살아가지만 뭔가 부족함을 느끼던 제자 미치가 대학시절 존경했던 교수의 소식을 듣고 매주 화요일마다 교수와 함께 인생에 관한 이야기를 나눈다.

　책에서는 나이가 드는 것은 단순한 쇠락이 아니라 성장이라고 말한다. 둘의 대화 주제는 세상, 가족, 죽음, 자기 연민, 사랑 등이다. 인생의 의미에 대해 생각해 보게 하고 진정한 삶의 가치가 무엇일지 생각하게 하는 책이다.

진로탐색 #무엇을 더 볼까

관련매체 : 존경받는 지도교수는 어떻게 지도할까
　　　　　 https://www.youtube.com/watch?v=CZn78KsV1W8
관련도서 :『내 아들아 너는 인생을 이렇게 살아라』(필립 체스터필드, 을유 문화사)

진로토론 #무엇을 이야기해 볼까

1. 가장 존경하는 분은 누구이고 왜 존경하는지 말해보자.
2. 죽음을 앞둔 사람에게 진짜 필요한 것은 무엇이라고 생각하나?
3. 인생에서 가장 중요한 것은 무엇이라고 생각하나?
4. 지금 나에게 가장 필요한 것은 무엇이라고 생각하나?
5. 나의 묘비명에는 어떤 것을 쓰고 싶은가?

진로활동 #무엇을 해 볼까

1. 교사와 교수의 차이점을 조사해 보자.
2. 존경하는 선생님이 계신다면 가상 인터뷰를 해 보자.
3. 내가 교수가 된다면 학생들에게 꼭 가르쳐야 하는 것은 무엇인가?

10. 바보 빅터

도서정보	호아킴 데 포사다 외 1(한국경제신문사편집부) / 한국경제신문사 / 2018년 / 263쪽 / 16,800원
진로정보	교육 – 영재교육 담당 교원
교과정보	사회	인간과 사회생활 – 차별과 갈등의 사례

도서소개 #어떤 책일까?

17년 동안 바보로 살았던 멘사 회장의 이야기 『바보 빅터』의 '빅터'는 학교에서 IQ가 가장 낮은 아이로 알려지면서 모든 아이에게 웃음거리가 된다.

이 책에서 빅터 아버지는 "누가 뭐래도 너는 세상에서 제일 똑똑한 아이다. 마음만 먹으면 무엇이든 할 수 있다."라며 격려한다. 하지만 현실에서는 "바보에게는 공부는 필요 없으니, 장사나 배우라."며 자퇴를 종용한다. 그러나 우연히 레이첼 선생님이 관심을 보이며 빅터를 만나보고 싶어 한다. 우연히 광고판에 있는 수학 문제를 풀어서 대기업에 들어가지만 끝내는 퇴직한다. 그러면서 자기 잠재력을 펼치지 못한 것은 세상이 아닌 자신이었음을 깨닫게 된다.

진로탐색 #무엇을 더 볼까

관련매체 : 17년간 무시 받던 바보 빅터에게 숨겨진 엄청난 능력 :
　　　　　https://www.youtube.com/watch?v=GShM-hCXhb8

관련도서 : 『난쟁이 피터』 (호아킴 데 포사다, 마시멜로)

진로토론 #무엇을 이야기해 볼까

1. 주변 사람들이 나에 대해서 뭐라고 평가하나요?
2. 주변 사람들에게서 들은 말들이 나에게 어떤 영향을 끼치나요?
3. 주변 사람들의 평판이 자신의 결정에 영향을 미친다. (찬반토론)
4. 자신은 자신에 대해서 어떻게 평가하고 있나요?
5. 자신은 다른 사람에 대해서 잘못 평가하고 있지는 않나요?

진로활동 #무엇을 해 볼까

1. 영재 교육 담당 교원이 되려면 어떤 자격이 필요할까 조사해 보자.
2. 일반교사와 영재 교육을 담당하는 교사의 차이점을 비교해 보자.
3. 영재학급과 영재교육원 역할의 차이를 발표해 보자.

II. 삶으로 가르치는 것만 남는다

도서정보	김요셉 / 두란노서원 / 2006년 / 280쪽 / 14,000원	
진로정보	교육 – 교육학자	
교과정보	사회	인간과 사회생활 – 학습자의 특성 이해

도서소개 #어떤 책일까?

저자는 한국 아버지와 미국 어머니 슬하 혼혈아로서 늘 친구들의 놀림을 받았다. 게다가 폭력을 서슴지 않은 무서운 아버지와 그런 아버지를 단 한 번도 말리지 않는 어머니를 보면서 슬픈 유년 시절을 보냈다. 결국 저자는 자신이 그런 가정에 태어난 것이 하나님의 실수라고 생각했다. 하지만 미국에 건너가 대학을 졸업할 때쯤, 자신이 한국인 2세와 선교사 자녀 문제를 위해 준비되었음을 깨닫게 된다. 이후 저자는 가정과 지역사회와 학교가 함께 참된 인간을 키우는 학교를 설립하여 운영했다. 이 책은 그 과정의 기록으로 어떻게 하면 학생들이 제대로 성장할 수 있을까? 지속적인 물음을 던지며 해답을 찾고 있다. 지식으로 가르치는 일을 넘어 삶으로 가르치는 일, 오늘날 학교의 과제이지 않을까?

진로탐색 #무엇을 더 볼까

관련매체 : 내 삶의 진솔함이 아이들과 만나야 변화가 시작된다
　　　　　https://www.youtube.com/watch?v=Ih4r_H-LlcQ
　　　　　'삶으로 가르친 것만 남는다'의 저자_만나고
　　　　　https://www.youtube.com/watch?v=IsUQuDP7sX0

관련도서 : 『삶으로 다시 떠오르기』(에크하르트 톨레, 연금술사)

진로토론 #무엇을 이야기해 볼까

1. 다른 것과 틀린 것을 구분하여 설명할 수 있는가?
2. 혼혈인을 위한 학교가 우리나라에 존재한다면 어떤 학교가 있는가?
3. 삶으로 가르치는 교사는 무엇을 어떻게 가르칠까?
4. '6살 이전에 가르치라'는 말은 무슨 뜻일까?
5. 이 나라의 교사로서 가르치는 자의 고민은 무엇일까?

진로활동 #무엇을 해 볼까

1. 이 책은 부모가 자녀를 제자 삼는 7가지 티칭 포인트를 제시하고 있다. 이에 대해 유대인의 자녀 교육법과 우리나라 자녀 교육을 비교하는 글을 써 보자.
2. 장애인과 비장애인이 함께 하는 통합교육을 비교해 보자.

12. 성공하는 사람들의 7가지 습관

도서정보	스티븐 코비(김경섭) / 김영사 / 2023년 / 604쪽 / 28,000원	
진로정보	교육 - 교육학 연구원	
교과정보	도덕	자신과의 관계, 타인과의 관계

도서소개 #어떤 책일까?

　　평생을 곁에 두고 싶은 책으로 『성공하는 사람들의 7가지 습관』을 들 수 있다. 인생목표와 비전, 내면의 혁신을 이끄는 자기 계발의 고전이다.

　　이 책에서는 습관이 운명을 바꾼다고 한다. 내면의 변화와 원칙 중심적 삶의 소중함을 밝힌 책이다. 1부는 패러다임과 원칙들, 2부는 개인의 승리, 3부는 대인관계의 승리, 4부는 자기 쇄신으로 구성되어 있다. 하루의 습관에서 평생의 목표와 태도까지 먼저는 자신의 삶을 주도하도록부터 끊임없이 쇄신하기까지를 이야기 하며 방법이 아니라 습관이라고 말하고 있다.

진로탐색 #무엇을 더 볼까

관련매체 : 스티비 코비의 성공하는 사람들의 7가지 습관 : 패러다임과 원칙
　　　　　https://www.youtube.com/watch?v=FFYLb6KJChw&list=PLHFijLE_
　　　　　R3t5EWaFCvsd051YChaRqZA-k

관련도서 : 『습관을 바꾸면 인생이 바뀐다』 (김시현, 다른상상)

진로토론 #무엇을 이야기해 볼까

1. 자신이 가지고 있는 좋은 습관과 나쁜 습관에 대해 말해보자.
2. 책에서 말하는 습관 중에 자신이 가지고 있는 좋은 습관이 있나요?
3. 습관은 인생을 변화시킨다. (찬반토론)
4. 가장 중요하고 필요한 습관은 무엇이라고 생각하나요?
5. 자신의 습관을 변화시키는 게 필요하다고 생각하나요?

진로활동 #무엇을 해 볼까

1. 교육학연구원이 하는 일은 무엇인지 조사해 보자.
2. 교육학연구원이 되는 데 필요한 적성은 무엇인지 작성해 보자.
3. 우리나라 교육의 문제점과 해결 방안을 글로 써 보자.

13. 연금술사

도서정보	파울로 코엘료(최정수) / 문학동네 / 2018년 / 278쪽 / 12,000원	
진로정보	교육 - 진로상담교사	
교과정보	진로와 직업	진로와 나의 이해

도서소개 #어떤 책일까?

　　자아를 찾아가는 양치기의 모험담, 경쟁에 지치고 자존감이 무너진 당신을 일으켜 세울 책『연금술사』이다.

　　"자네가 무언가를 간절히 원할 때 온 우주는 자네의 소망이 실현되도록 도와준다네." 라고 말하면서 '자아의 신화'에 대해 이야기한다. 진정 자신이 원하는 것이 무엇인지 스스로 질문하게 하는 책이다.

진로탐색 #무엇을 더 볼까

관련매체 : 신이 되고자 했던 사람들의 학문, 연금술의 진정한 목적은 무엇인가?
　　　　　https://www.youtube.com/watch?v=A2aLNXmiJqE

관련도서 : 『남에게 보여주려고 인생을 낭비하지 마라』
　　　　　(쇼펜하우어 소품집, 페이지2북스)

진로토론 #무엇을 이야기해 볼까

1. 연금술이 무엇인지 말해보자.
2. 책에서는 '자아의 신화를 살라'고 하는데 자아의 신화는 무엇인가?
3. 자신이 생각하는 보물을 찾아 떠나는 여행을 하고 있는지 말해보자.
4. 내 안의 보물을 현실로 만들 수 있다는 희망을 믿는가?

진로활동 #무엇을 해 볼까

1. 진로 상담교사가 학생들에게 왜 필요한지 글로 써 보자.
2. 진로 상담교사가 되려면 어떤 자격을 갖추어야 하는지 조사해 보자.
3. 학생들이 진로를 선택하는 데·있어서 진로 상담교사의 역할에 대해 발표해 보자.

I4. 연어

도서정보	안도현 / 문학동네 / 2017년 / 134쪽 / 10,000원
진로정보	교육 - 교육전문가, 교사
교과정보	도덕	자신과의 관계, 타인과의 관계

도서소개　#어떤 책일까?

　　연어의 모천회귀라는 존재 방식에 따른 성장의 고통과 간절한 사랑을 깊은 시선으로 그린 작품이다. 은빛 연어가 동료들과 함께 머나먼 모천으로 회귀하는 과정에서 누나 연어를 여의고 눈 맑은 연어와 사랑에 빠지고 폭포를 거슬러 오르며 성장해 가는 연어, 숨지기 직전 산란과 수정을 마치는 슬프고도 아름다운 운명이 시적이고 따뜻한 문체 속에 감동적으로 녹아 있다. 거슬러 오른다는 것은 지금 보이지 않지만 꿈을 찾아간다는 것일 터이다. 나 아닌 것들의 배경이 됨으로써 지금 여기서 너를 감싸는 것이 존재하는 이유가 된다는 은빛 연어의 깨달음은 우리 삶을 되돌아보게 하며, 그 겸허함을 닮게 만든다.

진로탐색　#무엇을 더 볼까

관련매체 : 연어가 거꾸로 강을 거슬러 오르는 이유는 무엇일까?
　　　　　https://www.youtube.com/watch?v=NELoBmrawfo
　　　　　연어 노래 원작자를 만난 고3 (Feat. 강산에)
　　　　　https://www.youtube.com/watch?v=v4u8N3Ik1F4&t=328s
관련도서 : 『어린왕자』 (생텍쥐페리, 열린책들)

진로토론　#무엇을 이야기해 볼까

1. 나 아닌 것들의 배경이 된다는 말은 무슨 의미일까?
2. 연어가 강물과 폭포를 거슬러 오르는 이유는 무엇일까?
3. 수평적 시선으로 바라본다는 것은 무슨 의미일까?
4. 모천에서 산란 후 곧 죽음에 이르는 연어의 생에 관해 이야기해 보자.

진로활동　#무엇을 해 볼까

1. 자기 삶과 관련지어 자신을 상징하는 물고기를 그려보자.
2. 연어의 일대기를 정리하여 여정 속의 장엄함과 존재의 아픔을 나눠 보고, '나의 여정'에 대한 짧은 글을 지어 보자.

15. 우리들의 일그러진 영웅

도서정보	이문열 / 알에이치 코리아 / 2020년 / 264쪽 / 15,000원	
진로정보	교육 - 정치철학자, 교육전문가, 교사	
교과정보	도덕	자신과의 관계, 타인과의 관계, 사회·공동체와의 관계

도서소개　#어떤 책일까?

　　『우리들의 일그러진 영웅』은 국민학교(지금의 초등학교)에서 벌어지는 힘 있는 아이와 힘없는 아이들 간의 폭력과 굴욕적인 복종을 통해 우리 사회의 권력에 대한 욕망과 실체를 상징한다. '엄석대'라는 인물을 통해 독재자의 횡포를 고발하면서도 그런 독재자를 옹호하고 따를 수밖에 없는 '한병태'의 인간적 고뇌를 세밀하게 묘사한다. 또한 새로 부임한 선생님과 반의 우등생들을 지식인에 빗대어 그들이 자유와 합리가 통용되는 새로운 질서, 즉 '민주주의를 만들어 나가는 것이 과연 가능한가?'라는 궁극의 물음을 던진다.

진로탐색　#무엇을 더 볼까

관련매체 : 영화 <우리들의 일그러진 영웅>
　　　　　https://www.youtube.com/watch?v=B8iM7oZK0A8
관련도서 : 『우상의 눈물』(전상국, 휴머니스트)
　　　　　https://www.youtube.com/watch?v=IXmzG0t4n9Y(청소년문학관)

진로토론　#무엇을 이야기해 볼까

1. 석대가 누리는 권력의 부당함을 한병태는 담임께 호소하지만, 담임선생님은 그런 석대의 폭력을 눈감아준다. 왜 그런가?
2. 새로운 담임선생님이 학생들에게 벌을 준 이유는?
3. 나는 엄석대인가, 한병태인가 토론해 보자.
4. 현재 우리 사회가 정의롭고 공정한지에 대해 이야기해 보자.

진로활동　#무엇을 해 볼까

1. 엄석대와 한병태 중 한 명을 선택하여 비판하는 글을 써 보자.
2. 작품의 시대적 배경인 1980년대 한국 사회의 모순과 부조리를 알아보자.

16. 죽이고 싶은 아이

도서정보	이꽃님 / 우리학교 / 2021년 / 200쪽 / 12,500원	
진로정보	교육 - 중등 교사	
교과정보	국어	문학 - 갈등의 진행과 해결 과정 파악

도서소개 #어떤 책일까?

　　『죽이고 싶은 아이』는 한 여고생의 죽음을 주변 인물들의 인터뷰를 통해 파헤치는 과정을 통해 독자들에게 진실과 믿음에 관한 이야기를 건넨다.

　　서은이가 죽고 단짝 친구인 주연이가 유력한 용의자로 지목되면서 주변 친구들, 부모, 양측 변호사, 언론 등은 자신들의 시각으로만 사건을 해석하면서 점차 주연이를 범인으로 몰아간다.

　　이 책을 통해서 독자들은 진실이 어떻게 왜곡되는지 실감하고, 언론을 비판적으로 받아들여야 한다는 미디어 리터러시의 필요성을 다시 한번 깨닫게 될 것이다.

진로탐색 #무엇을 더 볼까

관련매체 : 스릴 넘치는 범인 찾기 / 책밤
　　　　　 https://youtu.be/M2gULievRkA?si=jza9fsAtfUKjIMZz
관련도서 : 『세계를 건너 너에게 갈게』 (이꽃님, 문학동네)

진로토론 #무엇을 이야기해 볼까

1. 작품을 읽은 후 떠오르는 단어를 번개 토론 방식으로 말해보자.
2. 사람들은 왜 확실한 증거도 없이 주연이를 범인으로 몰아가는 것일까?
3. 서은이의 죽음에 관한 진실이 왜곡된 데에는 언론의 책임이 크다. (찬반토론)
4. 서은이의 죽음에 주연이도 법적 또는 도의적인 책임이 있다. (찬반토론)
5. 만약 비슷한 상황이 발생한다면 나는 주연이를 욕하지 않을 수 있을까?

진로활동 #무엇을 해 볼까

1. 우리 사회 '샤덴프로이데'(타인의 불행에서 느끼는 행복)에 대해 조사해 보자.
2. 네거티브 선거, 참사를 대하는 언론의 자세를 사례로 들고, 여론이나 언론의 선동에 흔들리지 않고 지혜롭게 상황을 판단하는 방법을 글로 써 보자.

17. 창가의 토토

도서정보	구로야나기 테츠코(권남희) / 김영사 / 2019년 / 349쪽 / 13,800원
진로정보	교육 - 교육전문가, 교사
교과정보	사회 인간과 사회생활 - 학습자의 특성 이해

도서소개 #어떤 책일까?

　　이 책은 남들과 조금 다르다는 이유로 '틀린' 아이가 돼버린 한 소녀가 자신을 있는 그대로 봐주는 선생님을 만나 성장한 이야기를 어린아이의 시선에서 풀어낸 책이다. 전교생 50명에 정해진 시간표도 없이 전철로 된 교실에서 공부하고, 수업 시간에 산책하고 강당 바닥을 오선지 삼아 음표를 그리는 학교, 수업이 끝나 집으로 돌아가는 게 아쉬워 다음 날 아침을 기다리게 하는 학교다. 여기에서는 자신을 훼손하거나 지어내지 않아도 되는 아이들, 그리고 그 존재를 있는 그대로 보듬는 어른의 순수한 이야기이다. 교육이 삶 속에서 어떻게 이루어져야 하는지 성찰하게 하는 작품으로, 오늘날 우리 학교와 비교하면서 잃었던 것을 재발견하는 계기가 되기를 바란다.

진로탐색 #무엇을 더 볼까

관련매체 : 토토의 이야기와 진로
　　　　　 https://www.youtube.com/watch?v=R-e3SIcn63o
　　　　　 일본의 전설이라 불리는 테츠코가 말하는 한류 사랑
　　　　　 https://www.youtube.com/watch?v=JNF1np2B93E
관련도서 : 『내가 무슨 선생 노릇을 했다고』 (이오덕, 삼인)

진로토론 #무엇을 이야기해 볼까

1. '토토'는 왜 '창가의 토토'가 되었을까? 캐릭터를 중심으로 이야기해 보자.
2. 고바야시 선생님이 세운 도모에 학교의 교육철학은 무엇인지 말해보자.
3. 교육의 미덕인 '기다림'에 대해 작품 이야기를 중심으로 논의해 보자.
4. 작품 속의 인물들을 바탕으로 '자기 주도성'에 대해 이야기해 보자.
5. 당시 일본의 상황을 연계하여 작가의 세계관을 주제로 토론해 보자.

진로활동 #무엇을 해 볼까

1. '도모에 학원'과 우리나라 대안학교의 유사점과 차이점을 조사해 보자.
2. 나의 삶 속에서 가장 영향을 준 선생님의 캐릭터를 그려보자.

18. 탈무드

도서정보	탈무드교육연구회(김정자) / 베이직북스 / 2023년 / 304쪽 / 18,000원	
진로정보	교육 - 교육학자, 정치가	
교과정보	도덕	사회·공동체와의 관계 - 삶의 가치 판단과 공동체 의식

도서소개 #어떤 책일까?

'탈무드'는 '지혜, 교훈'을 뜻하는 말이다. 5천 년 동안 쌓아온 유대인의 명철함과 가르침의 산물이며, 세계 곳곳으로 흩어진 유대 민족을 하나로 이어준 정신적 구심점이다. 유대인들의 종교적 생활은 물론 법적 규정, 판례집까지 포함되어 있어 유대민족의 생활양식을 이해하는 귀중한 자료이기도 하다. 위기의 순간마다 유대인을 하나 되게 하고 정신적·문화적 유산인 '탈무드'는 시대를 초월한 지혜와 학문의 중요성 그리고 공동체 의식의 중요성을 일깨우고, 현대를 살고 있는 우리에게도 인생의 나침반을 제공한다.

진로탐색 #무엇을 더 볼까

관련매체 : 탈무드 오디오북 https://www.youtube.com/watch?v=ybv5vQEiJ6A

관련도서 : 『토론 탈무드』 (양동일, 매일경제신문사)

진로토론 #무엇을 이야기해 볼까

1. 혀를 잘 사용하면 무엇이 좋고, 잘못 사용하면 무엇이 좋지 않을까?
2. 가장 감명받은 탈무드 일부 내용을 정리하여 1분 발표해 보자.
3. 유대인은 왜 끊임없이 탈무드를 공부할까?
4. 우리는 탈무드에서 무엇을 배울 수 있을까?
5. 유대인이 세계에서 가장 우수한 민족으로 평가받는 이유는 무엇일까?

진로활동 #무엇을 해 볼까

1. 탈무드 한 구절을 선정하여 친구에게 탈무드를 소개하는 강의안을 만들어 보자.
2. 탈무드 중에서 인상 깊게 읽은 내용을 옮겨 써 보자.
3. 자신의 진로와 관련된 탈무드 속 문장을 찾아 발표해 보자.

19. 회복탄력성

도서정보	김주환 / 위즈덤하우스 / 2019년 / 268쪽 / 14,800원	
진로정보	교육 - 카운슬러	
교과정보	도덕	자신과의 관계 - 회복탄력성 기르기

도서소개   #어떤 책일까?

　어려서부터 치열한 경쟁에 노출되면서 좌절을 경험하지만, 그것을 제대로 극복하지 못하고 분노조절장애로 본인뿐 아니라 다른 사람들에도 끔찍한 일을 저지르거나 혹은 세상으로부터 도피하여 숨어 버리는 은둔형 외톨이들이 점점 증가하는 현실에서 마음의 근력을 길러 회복탄력성을 높이고 실패를 극복하고 다시 시작할 수 있도록 도움을 주는 책이다.

　이 책은 스스로 회복탄력성 지수를 측정해 보고 그것을 높일 수 있도록 연습하는 방법도 알려주며, 아울러 회복탄력성을 높이는 데 꼭 필요한 자기조절능력과 대인관계능력을 높일 방법도 설명해 주고 있다.

진로탐색 #무엇을 더 볼까

관련매체 : 스티븐 호킹, 시련에도 웃을 수 있었던 비밀 '회복탄력성'
　　　　　https://www.youtube.com/watch?v=mycZ1HFo1U0
관련도서 : 『회복탄력성의 힘』 (지니 킴, 빅피시)

진로토론 #무엇을 이야기해 볼까

1. 오늘 나의 마음 점수는 몇 점이며, 그 이유는 무엇일까?
2. 나의 회복탄력성 지수는 얼마이며 어떻게 해석할 수 있을까?
3. 내가 만난 가장 큰 역경은 무엇이며 어떻게 극복하였는가?
4. 회복탄력성을 구성하는 요소 중 가장 중요한 것은 무엇일까?
5. 회복탄력성은 훈련으로 높일 수 있다. (찬반토론)

진로활동 #무엇을 해 볼까

1. 역경을 이겨낸 사람들의 사례를 찾아서 발표해 보자.
2. 나를 더 나은 사람으로 만들기 위한 실천 목록을 작성해 보자.
3. 내가 카운슬러라면 회복탄력성이 낮은 학생들을 도울 방안을 3가지 제시해 보자.

중학교 진로독서 가이드북

제2장

문학과 인문

◈ 문학과 인문 영역 소개 ◈

#문학과 인문의 정의

문학은 인간이라면 누구나 가지고 있는 자신만의 생각과 감정을 언어로 표현한 예술로서 시, 소설, 희곡, 수필 등이 이에 해당한다. 또한, 인문학은 인간과 인간의 문화, 인간의 가치와 인간의 자기 표현능력을 바르게 이해하기 위한 과학적인 연구 방법에 관심을 두고, 인간의 사상과 문화에 관해 연구하는 학문이라고 할 수 있다.

자신이 평소 문학 읽기를 즐겨하고, 철학, 역사, 사회, 종교 등과 같은 무형의 가치를 연구하고 이를 표현하는 일에 관심이 있다면, 인문 관련 희망 학과와 졸업 후의 진로, 관련 학과 개설 대학을 미리 확인해 보고 미래를 준비하면 좋을 것이다.

#문학과 인문의 종류와 가치

언어·문학 영역은 세계 여러 나라의 언어를 탐구하는 언어학과 언어를 매개로 하는 예술 활동 및 그 작품들을 다루는 문학 등을 연구하는 분야이다. 문학 연구는 인간의 경험과 사상을 이해하고 해석하는 데 도움을 주며 감정과 상상력을 자극하여 사회적인 문제나 인간의 삶을 폭 넓게 바라보는 시각을 가지게 할 수 있다.

인문과학 영역은 인류의 문화와 관련된 심리학, 역사학, 종교학, 철학 등을 탐구하는 학문이다. 인문과학 연구를 통해 인류 문화 전반의 지식을 습득할 수 있으며, 이를 통해 세상에 대한 다양한 시각과 이해를 갖게 되어 세상을 더 넓고 풍부하게 바라볼 수 있다.

#문학과 인문 영역의 미래 전망

국문학을 비롯한 세계 문학 등의 학과로 진학할 수 있고, 문학 관련 직업은 작가, 기자, 번역가, 사서, 출판기획전문가, 교사, 아나운서, 쇼핑호스트, 방송연출가, 광고 및 홍보전문가, 행사기획가, 대학교수, 인문과학연구원 등이 있다.

인문학 영역에 관심이 있는 학생은 문헌정보학, 문화·민속·미술사학, 역사고고학, 심리학 등의 학과로 진학할 수 있고, 인문학 영역 관련 직업은 사서, 작가, 기자, 출판기획자, 데이터베이스 관리자, 대학교수, 사회과학연구원, 인문과학연구원 등이 있다.

◈ 문학과 인문 도서 목록 ◈

순	영역	진로정보	교과정보	도서명	집필자	비고
1	문학과 인문	교육학자	도덕	괴물 부모의 탄생	이혜숙	대표
2	문학과 인문	인문과학 전문가	도덕	클로버	강민정	대표
3	문학과 인문	정치가/법조인	사회	10대를 위한 정의란 무엇인가	박여울	
4	문학과 인문	영화평론가	국어	14세 소년, 극장에 가다	박여울	
5	문학과 인문	SF소설가	국어	The Giver(기억전달자)	박여울	
6	문학과 인문	영문 번역가	사회	동물농장	박은영	
7	문학과 인문	유품정리사	도덕	떠난 후에 남겨진 것들	유연숙	
8	문학과 인문	영문 번역가	국어	맡겨진 소녀	박은영	
9	문학과 인문	번역가	도덕	번역의 말들	조아라	
10	문학과 인문	인문과학 전문가	사회	사람, 장소, 환대	강민정	
11	문학과 인문	작가	도덕	쓰기의 말들	조아라	
12	문학과 인문	작가	사회	아몬드	박은영	
13	문학과 인문	작가	국어	유시민의 글쓰기 특강	박은영	
14	문학과 인문	현대철학자	사회	이 정도는 알아야 하는 최소한의 인문학	김유미	
15	문학과 인문	과학철학자	과학	철학, 과학 기술에 다시 말을 걸다	김유미	
16	문학과 인문	AI 윤리감독관	정보	청소년을 위한 AI 최강의 수업	김유미	
17	문학과 인문	역사학자	사회	투명인간	강민정	
18	문학과 인문	출판 관련 전문가	도덕	편집의 말들	조아라	
19	문학과 인문	인문과학 전문가	국어	한 스푼의 시간	강민정	

I. 괴물 부모의 탄생

도서정보	김현수 / 우리학교 / 2023년 / 172쪽 / 16,800원	
진로정보	문학과 인문 - 교육학자	
교과정보	도덕	자신과의 관계, 타인과의 관계-청소년 이해 및 부모 역할

도서소개 #어떤 책일까?

　　2006년 6월 신주쿠의 한 구립 초등학교에서 벌어진 일과 2023년 7월 한국의 한 초등학교에서 비슷하게 안타까운 일을 이야기하고 있다. 일본과 홍콩의 사례와 연구를 분석하여 2010년대 중반부터 본격적으로 나타난 우리나라의 '괴물 부모 현상'을 해부하고 있다. 왜, 무엇을 위해 이런 행동을 하고, 어디에서 기원했는지를 다양한 전문가의 견해와 저자의 임상 경험을 바탕으로 정신의학적, 심리학적, 사회적 배경 분석을 하고 있다.

　　끝으로 교실의 비통함을 학교의 문제로만 국한하지 말고, 사회적 차원에서 해결하려는 노력이 필요하며 공동체의 긍정적인 변화를 위해 우리는 지금 어떤 선택을 할 수 있는지에 대해 생각하게 한다.

진로탐색 #무엇을 더 볼까

관련매체 : '잘하는 아이'보다 '좋은 아이'가 더 행복합니다,
　　　　　 김현수 정신과 전문의, 세바시 1699회
관련도서 : 『사춘기 마음을 통역해 드립니다』 (김현수, 미류책방)

진로토론 #무엇을 이야기해 볼까

1. 일본과 홍콩의 사례에 나타난 괴물 부모의 모습에 어떻게 생각하는가?
2. 좋은 부모는 어떤 모습을 갖추고 있을까?
3. 저출생 대책을 위한 부모 교육을 의무적으로 이수해야 한다. (찬반토론)
4. 공동체의 긍정적인 변화를 위해 규칙을 어기면 강력하게 처벌해야 한다. (찬반토론)

진로활동 #무엇을 해 볼까

1. 나이지리아 속담에 '한 아이를 키우기 위해서는 마을 전체가 필요하다.'라는 말이 있다. 마을에서 자녀 교육에 도움을 줄 수 있는 곳을 찾아 지도 위에 표시해 보자.
2. 주변에서 부모와 자녀가 갈등을 겪고 있는 상황을 살펴보고 도움을 받을 수 있는 기관이나 정책을 조사해 보자.

◈ 책 이야기 ◈

1. 표지를 보고 처음 든 느낌과 책을 읽은 뒤 느낌이 어떠했는지 이유와 함께 적어 보자.

2. 나라면 책의 표지를 어떻게 디자인했을지 그려보고, 의도를 이야기해 보자.

책 뒷면	책등	책 표지

3. 가장 인상적이었던 내용은 무엇이었는지 요약하여 적어 보고 그 이유에 대해 말해보자.

◈ 질문하고 토론하고 ◈

1. 위 자료를 보고 느낀 점은 무엇인가?

2. 강연자는 좋은 부모란 어른다운 부모이며, 어른다운 부모가 되는 세 가지 방법을 소개하고 있다. 이 중 가장 마음에 와닿는 방법은 무엇인가? 그 이유는 무엇인가?

3. 아이가 부모를 선택할 수 있다면 무엇을 기준으로 할 수 있을까? 이희영의 소설 『페인트』(창비, 2019) https://www.youtube.com/watch?v=5clHK278OIM 를 참고로 제 생각을 말해보자.

4. 공동체의 긍정적인 변화를 우선순위로 두지 않는 사람들을 만나 공동체 회복의 중요성을 설득하게 되었다. 근거로 들 수 있는 국내외 사례를 찾아 말해보자.

◈ 진로 이야기 ◈

I. 괴물 부모가 등장한 원인을 찾아보고 그 분야의 전문가가 쓴 글을 찾아 소개해 보자.

2. 이 문제를 해결하기 위해 제시된 다양한 방법 중 관심이 가는 것은 무엇인가?

3. 관심 있는 해결 방법을 정책으로 만들기 위해 도움을 받을 수 있는 분야나 학과, 직업군은 무엇인지 알아보자.

4. 상아로 만든 당구공 문제를 해결하기 위해 플라스틱이 등장했던 것처럼 하나의 문제해결 방법이 또 다른 문제를 불러오곤 한다. 3번에서 만든 정책이 시행되면 생길 수 있는 문제를 찾아보고 도움을 받을 수 있는 다른 직업군은 무엇인지 알아보자.

5. 앞선 과정을 반복하면서 내가 기를 수 있는 역량은 무엇인지 말해보자.

2. 클로버

도서정보	나혜림 / 창비 / 2022년 / 212쪽 / 13,000원
진로정보	문학과 인문 - 인문과학 전문가
교과정보	도덕	자신과의 관계 - 자신의 삶과 가치관 성찰

도서소개 #어떤 책일까?

『클로버』는 남루한 삶을 살아가는 소년 정인과 고양이로 둔갑한 악마 헬렐이 함께 일주일을 보내는 이야기다.

지옥에서 온 '악마'와 한국에 사는 평범한 '소년'이라는 두 인물의 교류 속에서 다양한 유혹으로 이뤄진 삶을 어떻게 헤쳐 나가야 하는가를 다시 한번 되새길 수 있는 작품이다. 『파우스트』, 『검은 고양이』 등의 명작을 모티브로 하여 써진 작품이므로 명작과 『클로버』를 비교해 가며 읽는 안목도 기를 수 있을 것이다.

각자의 고민을 안고 사는 청소년들에게 깊은 공감과 삶의 의미를 던져주는 작품이 될 것이다.

진로탐색 #무엇을 더 볼까

관련매체 : 소설 속 악마 헬렐이 권했던 음식 오토롤랑
관련도서 : 『파우스트』 (요한 볼프강 폰 괴테, 부북스)

진로토론 #무엇을 이야기해 볼까

1. 평소 고양이에 대한 이미지는 어떠한가?
2. 만약 학교에서 고양이를 키운다면 어떤 일이 일어날까?
3. 악마 헬렐이 고양이로 변신하는 설정을 한 이유는 무엇일까?
4. 악마 헬렐이 제안하는 것 중 가장 마음에 끌리는 제안은 어떤 것인가?
5. 악마 헬렐이 원하는 것을 모두 들어준다고 한다면 제안에 응한다. (찬반토론)

진로활동 #무엇을 해 볼까

1. 악마 헬렐이 제안했던 것 중에서 관련 직업을 찾아보고, 자신의 흥미와 적성에 맞는 직업을 생각해 보자.
2. 정인이가 악마의 제안에 대해 고민할 때 자신이 추구하는 삶의 가치를 발견했듯이 자신이 직업을 선택할 때 중요하게 생각하는 가치를 적어 보자.

◈ 책 이야기 ◈

1. 작가에 의하면 책 속에 등장하는 고양이로 변신한 악마 헬렐은 2차 세계대전 당시 독일 전함에서 키우던 함재묘 '샘'을 배경으로 하고 있다고 한다. 자신도 교실에서 고양이를 키우자고 담임선생님을 설득하려고 한다면 어떤 근거를 제시할지 생각해 보자.

2. 정인이는 할머니와 함께 힘들지만 꿋꿋하게 살아가고 있는데, 어떤 점이 제일 힘들어 보였는지 이야기해 보자.

3. 책 속 악마 '헬렐'은 정인이에게 다양한 제안을 하며 현실을 잊고 악마의 세계로 오라고 한다. 그 제안 중 가장 마음에 끌리는 제안은 어떤 것이고, 그 외 어떤 제안을 하면 마음이 흔들릴 것 같은지 이야기해 보자.

◈ 질문하고 토론하고 ◈

<클로버와 같이 읽을 수 있는 연계 읽기 자료>

[읽기자료]

파우스트(요한 볼프강 폰 괴테)

– 존경받는 학자인 파우스트가 악마 메피스토펠레스의 유혹에 넘어가 타락의 세상을 경험하다가 구원에 이르는 내용의 소설.

검은 고양이(에드가 엘런 포)

– 주인의 죽음의 비밀까지 밝혀내는 중요한 역할을 하는 검은 고양이가 등장하는 미국 고딕소설.

1. 파우스트, 검은 고양이와 클로버의 공통점과 차이점을 말하고 각각의 작품에서 악마와 고양이는 어떤 존재로 등장하는지 파악해 보자.

2. 악마 헬렐이 가난한 중학생 정인이에게 제안한 것처럼 나에게 현실을 벗어나 원하는 것을 모두 들어준다고 하면 받아들인다. VS 받아들이지 않는다.

3. 1950년대 이탈리아 석유 재벌 '진 폴 게티'는 납치범이 손자를 납치하고 돈을 요구하자, 손자가 14명이기 때문에 이번에 돈을 주기 시작하면 14번 다 돈을 주어야 한다는 이유로 거절한다. 우여곡절 끝에 손자는 돌아오지만 손자는 트라우마를 견디지 못해 자살한다. 자신이 '진 폴 게티'라면 어떤 선택을 했을까?

<진 폴 게티 손자 납치 사건 바탕 영화 '올 더 머니'>

<클로버의 나혜림 작가초청 강연회 내용 참고>

◈ 진로 이야기 ◈

1. 악마 헬렌이 제안했던 것 중에서 관심이 가는 것을 고르고, 관련 가치를 생각해 보자.

악마 헬렌이 제안했던 것	O / X	관련 가치
① 소설 속 악마 헬렌이 권했던 음식 오토롤랑 먹기		
② 화려한 호텔에서의 휴식		
③ 다양한 브랜드 운동화		
④ 비행기 퍼스트 클래스에서의 여행		
⑤ 고급 레스토랑에서 할머니와 식사		
⑥ 괴롭혔던 아이들에게 복수하기		

2. 악마의 제안에 대해 고민할 때 자신이 추구하는 삶의 가치를 생각했듯이 자신이 직업을 선택할 때 중요하게 생각하는 가치를 보기 중에서 세 가지 고르고, 이유를 밝혀보자. (보기에 없으면 자신이 직접 말해도 됨.)

자신이 추구하는 가치 고르기(세 가지)		
화목한 가정	영혼을 나누는 사랑	지식의 충족
금전적 여유	직업적 성공	눈에 띄는 외모
진정한 우정	없던 것을 만들어 내는 창의력	무엇보다 건강
리더십 발휘	봉사와 나눔	이름에 주어지는 명예
정의로운 세상 만들기	원하는 삶을 살 수 있는 자유	자신이 믿고 있는 신념

선택한 이유 :

3. 나에게 악마 헬렌의 유혹에서 벗어나 나의 영혼과 현실을 지켜내는 힘이 있는지 생각해 보고, 그것을 지키기 위해 어떤 노력을 하면 좋을지 이야기해 보자.

3. 10대를 위한 정의란 무엇인가

도서정보	마이클 샌델 외 1(신현주) / 미래엔아이세움 / 2014년 / 215쪽 / 12,000원	
진로정보	문학과 인문 - 정치가, 법조인	
교과정보	사회	개인의 자유와 공공선의 조화로운 실천

도서소개   #어떤 책일까?

　　하버드 대학교에서 마이클 샌델 교수가 강의한 정의에 대한 특강을 정리한 유명한 '정의란 무엇인가'를 10대 청소년에게 맞게 정리한 책이다. 고민하며 살펴보고 토론해야 할 19가지의 질문들이 그림과 함께 실려 있고 각 질문의 마지막에는 원저자인 마이클 샌델 교수의 설명이 정리되어 있다. 책에 나오는 질문들에 대해 고민하고 친구들과 토론하면서 답을 찾아가다 보면 개인의 자유와 공공선을 어떻게 조화롭게 실천하여 사회를 더 정의롭고 행복하게 만들 수 있을지 생각해 보게 될 것이다.

진로탐색 #무엇을 더 볼까

관련매체 : 책읽어드립니다 https://www.youtube.com/watch?v=fn-uYC8aiMs

관련도서 : 『10대를 위한 공정하다는 착각』 (마이클 샌델, 미래엔아이세움)

진로토론 #무엇을 이야기해 볼까

1. 자신이 생각하는 정의란?
2. 개인이 자유가 공공선보다 중요하다. (찬반토론)
3. 쾌락(행복)에도 질의 차이가 있다. 대중음악을 즐기는 사람은 클래식 음악을 즐기는 사람과 수준의 차이가 있다. (찬반토론)
4. 다수의 이익을 위해 소수는 희생될 수 있다. (찬반토론)
5. 어떻게 하면 정의로운 사회를 만들 수 있을까?

진로활동 #무엇을 해 볼까

1. 사회를 정의롭게 하도록 정책을 3가지만 적어 보고 설명해 보자.
2. 법조인이 정의를 구현하기 위해 반드시 가져야 할 덕목을 발표해 보자.
3. 자신의 진로 속의 정의 구현 방안을 적정기술과 연계하여 글로 써 보자.

4. 14세 소년, 극장에 가다

도서정보	이대현 / 다할미디어 / 2015년 / 272쪽 / 15,000원	
진로정보	문학과 인문 - 영화평론가	
교과정보	국어	문학 - 작품에 반영된 사회·문화적 상황 이해

도서소개 #어떤 책일까?

　　문화부 기자이며, 영화평론가인 필자가 엄선한 30여 편의 다양한 장르의 영화를 소개하는 책이다. 인간, 삶과 죽음, 가족 등 8개 주제로 영화를 나누어 소개하면서 14세 소년으로 대표되는 청소년들이 자기 생각을 정리하고 논리를 키울 수 있도록 구성되어 있다.

　　영화를 좋아하여 영화에 대한 글을 쓰거나 콘텐츠를 만들고 싶고 혹은 좋은 영화를 소개받고 싶다면, 그리고 영화를 보며 친구들과 학생들과 다양한 이야기와 토론을 하고 싶다면 꼭 읽어보아야 할 책이다. 관련된 추가 추천 영화도 간단히 소개되어 있어 앎의 폭을 더욱 넓힐 수 있도록 구성되어 있다.

진로탐색 #무엇을 더 볼까

관련매체 : 영화데이터베이스사이트 https://www.imdb.com/

관련도서 : 『스튜디오 지브리의 비하인드 스토리』 (오카다 도시오, 크루)

진로토론 #무엇을 이야기해 볼까

1. 가장 좋아하는 영화의 장르는 무엇인가?
2. 나의 인생 영화는 무엇이며 이유는?
3. 영화는 좋은 메시지를 주어야만 한다. (찬반토론)
4. 영화를 고를 때 평점을 참고하는가? 그렇다면 이유는?
5. 영화를 볼 때 가장 선호하는 방법은 무엇인가?

진로활동 #무엇을 해 볼까

1. 영화를 한 편 골라서 영화를 홍보하는 포스터를 디자인해 보자.
2. 영화평론가가 되어 한 편의 영화를 비평하는 글을 작성해 보자.
3. 영화산업의 문제점이 무엇인지 조사하여 발표해 보자.

5. The Giver (기억전달자)

도서정보	로이스 라우리(장은수) / 비룡소 / 2007년 / 310쪽 / 14,000원	
진로정보	문학과 인문 – SF소설가	
교과정보	국어	문학 – 작품에 반영된 사회·문화적 상황 이해

도서소개 #어떤 책일까?

이 책은 SF소설로 겉보기에는 유토피아처럼 보이지만 실제는 디스토피아에서 살아가는 사람들과 그곳의 문제점을 깨닫고 탈출하여 미지의 세상을 찾아가는 소년의 이야기를 그리고 있다.

모든 것이 주어져서 차별도 빈부격차도 없어 겉보기에는 완벽해 보이지만 실제로는 자신의 선택권이 하나도 없는 세상에서, Giver(기억전달자)라는 직업이 주어진 소년이 공동체의 기억을 전임자로부터 전달받으면서 자신이 속한 사회의 무서운 실체를 알게 된다. 특히 이 책을 통해 직업 선택을 비롯하여 개인이 자유를 가지는 것이 얼마나 중요한 것인지 알 수 있을 것이다.

진로탐색 #무엇을 더 볼까

관련매체 : The Life of Jonas https://www.youtube.com/watch?v=tQWmP-2RLzc
관련도서 : 『헝거게임』 (수잔 콜린스, 북폴리오)

진로토론 #무엇을 이야기해 볼까

1. 모든 것이 주어지는 안정된 사회라면 선택의 자유가 없어도 된다. (찬반토론)
2. 인간이 행복하기 위해서 가장 중요한 것은 무엇일까?
3. 기억을 빼앗긴 사회는 어떤 모습일까?
4. 가난, 전쟁, 편견 등도 사회에 필요하다. (찬반토론)
5. 과거와 현재는 어떤 관계가 있을까?

진로활동 #무엇을 해 볼까

1. 가장 인상 깊은 SF소설을 추천하고 그 이유를 말해보자.
2. 내가 만약 SF 소설가라면 내가 쓸 소설 주인공의 캐릭터를 생각하여 그려보자.
3. 내가 'Giver'라면 어떤 기억을 전달하고 싶은지 글로 써 보자.

6. 동물농장

도서정보	조지 오웰(도정일) / 민음사 / 2009년 / 159쪽 / 8,000원	
진로정보	문학과 인문 - 영문 번역가	
교과정보	사회	민주주의와 시민, 정치과정과 시민 참여

도서소개   #어떤 책일까?

　　당시 소년과 사회주의 정치 현실을 우화 형식으로 풍자한 소설『동물농장』은 1945년에 초판 되었다.

　　인간 주인인 존스는 러시아 황제 니콜라스 2세를, 혁명을 호소하는 늙은 돼지 메이저는 마르크스를, 독재자 나폴레옹은 스탈린을, 나폴레옹에게 축출당하는 스노볼은 트로츠키를 상징하고 있다.

　　혁명을 통해 정권이 바뀌지만 바뀐 정권에서도 여전히 국민은 속고 핍박당하는 모습을 보여주고 있다.

진로탐색   #무엇을 더 볼까

관련매체 : 사피엔스 스튜디오 <동물농장>

　　　　　　https://www.youtube.com/watch?v=E_nOGFdoZyo

관련도서 : 『직업으로서의 정치』(막스 베버, 문예출판사)

진로토론   #무엇을 이야기해 볼까

1. 스노우 볼이 말하는 주 3일만 일하고 싶은가? 나폴레옹이 주장하는 매일 일하고 배불리 먹고 싶은가?
2. 성실한 복서는 왜 죽었나? 그 죽음에 대해서 어떻게 생각하나?
3. 돼지들이 더 똑똑했더라면 상황은 어떻게 바뀌었을까 생각해 보자.
4. 처음 7계명과 변경시킨 7계명에 대해 자신의 생각을 말해 보자.
5. 용감한 것만으론 충분치 않다고 책에서 말하고 있다. 그럼 무엇이 더 필요한가?

진로활동   #무엇을 해 볼까

1. 한국의 영문 번역 수준이 높지 않다고 하는데 왜 그런지 이유를 조사해 보자.
2. 전문 번역인은 어떤 사람이 있는지 찾아 발표해 보자.
3. 전문적인 번역은 어떤 자격을 갖추어야 하는지 글로 정리해 보자.

7. 떠난 후에 남겨진 것들

도서정보	김새별 외	/ 청림출판 / 2020년 / 244쪽 / 14,500원	
진로정보	문학가 인문 - 유품정리사	
교과정보	도덕	자신과의 관계 - 삶과 죽음

도서소개 #어떤 책일까?

　　작가 김새별은 갑작스러운 죽음을 맞은 친구를 마지막까지 정성스럽게 보내 주는 장례지도사의 모습에 감명받아 장례지도사의 일을 시작했다가 고인의 유품을 정리하기 어려워하는 유가족을 돕는 '유품정리사'를 시작하게 되었다. 이 책은 25년 동안 1000번이 넘는 죽음을 마주하면서 현장에서 만난 안타까운 죽음과 삶의 흔적들에 대해 담담한 목소리로 전하면서 이 세상의 삶을 마치고 천국으로 이사하는 것을 돕는 '유품정리사'의 일과 일을 하면서 겪는 편견과 여러 고충에 대해 알려 준다. 사람들이 삶의 끝에 남긴 것들을 통해 삶과 죽음의 의미에 대해 다시 생각해 보게 하는 책이다.

진로탐색 #무엇을 더 볼까

관련매체 : [#EBS 다큐멘터리] 유품정리사-마지막을 도와드립니다
　　　　　 https://www.youtube.com/watch?v=jpQyFaLAw5M

관련도서 : 『죽은 자의 집 청소』(김완, 김영사)

진로토론 #무엇을 이야기해 볼까

1. 죽음과 관련된 일에는 무엇이 있을까?
2. 고인의 남겨진 물건들은 어떻게 정리하게 될까?
3. 유품정리사가 하는 일의 의미는 무엇일까?
4. 유품정리사 일을 할 때 어려운 점과 극복하는 방법은 무엇일까?
5. 누군가 내 유품을 정리 해준다면 부탁하고 싶은 말은 무엇인가?

진로활동 #무엇을 해 볼까

1. 유품정리사가 필요한 상황을 이야기해 보자.
2. 유품정리사가 갖춰야 할 성품과 자신의 성품을 적어 보자.
3. 유품정리사와 장례지도사를 비교해 보자.

8. 맡겨진 소녀

도서정보	클레어 키건(허진) / 다산책방 / 2023년 / 104쪽 / 13,000원	
진로정보	문학과 인문 - 영어 번역가	
교과정보	국어	문학 - 인간의 성장을 다룬 작품을 통해 문학의 가치를 내면화

도서소개 #어떤 책일까?

　　한 세대에 한 명씩만 나오는 작가라는 찬사를 듣는 클레어 키건이 쓴 작품 『맡겨진 소녀』에서 부모는 자녀가 많지만 자녀들에 대한 애정은 없다. 곧 출산을 앞둔 이유로 낯선 친척 집에 말없는 소녀를 맡긴다.

　　이 작품에서 "아저씨가 손을 잡자마자 나는 아빠가 한 번도 내 손을 잡아주지 않았음을 깨닫고, 이런 기분이 들지 않게 아저씨가 손을 놔줬으면 하는 마음도 든다. 힘든 기분이지만 걸어가다 보니 마음이 가라앉기 시작한다." 집에서는 경험해 보지 못한 감정들을 접하며 찬란한 여름을 보내고 집으로 돌아온 소녀는 떠나는 아저씨와 아주머니를 향해 있는 힘을 다해 뛰어가며 "아빠"를 부르며 끝난다.

진로탐색 #무엇을 더 볼까

관련매체 : 한국문화예술위원회: 번역의 문화, 문화의 번역
　　　　　　https://www.arko.or.kr/zine/artspaper2007_03/pdf/010.pdf
관련도서 : 『통역 번역사 도전하라』 (최정화, 넥서스)

진로토론 #무엇을 이야기해 볼까

1. 『맡겨진 소녀』의 원제목은 『말 없는 소녀』이다. 어떤 차이가 있나?
2. 이 작품에서 가장 인상 깊은 구절은 무엇이었나?
3. 소녀가 "아빠"라고 부르며 끝나는데 누구를 불렀다고 생각하나?
4. 이해되지 않는 문장이 있었는가?
5. "키건은 단어 하나 낭비하지 않는 작가다."라는 호평을 받는다.
　 여러분이 이 작가를 평한다면 어떤 작가라고 평하고 싶은가?

진로활동 #무엇을 해 볼까

1. 클레어 키건은 왜 한 세대에 한 명만 나오는 작가라고 극찬을 받을까?
2. 성공하는 번역가가 공통으로 가진 능력은 무엇이라고 생각하나?
3. 번역을 왜 문화의 번역이라고 하는지 설명문의 개요를 작성해 보자.

9. 번역의 말들

도서정보	김택규 / 유유 / 2022년 / 220쪽 / 14,000원	
진로정보	문학과 인문 - 번역가	
교과정보	도덕	자신과의 관계 - 직업의 의미와 가치

도서소개 #어떤 책일까?

　　이 책은 중국어 출판 번역을 전문으로 하는 25년 차 번역가인 '김택규' 번역가가 쓴 책이다. 따라서 이 책은 출판 번역에 관심이 있거나, 평소에 책이 어떤 과정을 거쳐서 번역되는지 알고 싶었던 청소년에게 추천한다.

　　이 책에서는 작가만의 시선으로 번역가의 여러 가지 모습을 보여주고 있다. 번역가의 삶, 번역가가 가져야 할 철학, 번역의 방향 등에 대해 진솔하고 재미있게 서술하고 있는 책이다.

진로탐색 #무엇을 더 볼까

관련매체 : 유튜브 채널 'YES24' 중 <외국 문학 번역은 어떻게 할까?>

관련도서 : 『번역: 황석희 - 번역가의 영화적 일상 에세이』 (황석희, 달)

진로토론 #무엇을 이야기해 볼까

1. 작가는 원문이 누락 한 의미가 있으면, 그것을 보충하여 의역해 주는 것이 번역가의 과제라고 말한다. 번역할 때 이국화(원문의 어휘와 문법을 그대로 살려서 직역하는 것)와 자국화(자연스러운 모국어 문체로 의역하는 것) 중 어떤 것이 적절할까?
2. 딥러닝 기반의 인공지능 번역이 출판번역가를 대체할 수 있을까?
3. 인공 지능 번역에 대체되지 않을 출판번역가가 되려면 어떤 능력을 갖춰야 할까?

진로활동 #무엇을 해 볼까

1. 이 책에서 작가는 번역가가 특히 인문서와 순수문학 작품을 번역할 때 품격을 갖춰야 한다고 말한다. 이러한 품격을 갖추기 위해 나는 어떤 노력을 할 수 있을까?
2. 기존에 번역된 책 중에 내가 다시 나만의 언어로 번역하고 싶은 책을 찾아보자.
3. 내가 활약하고 싶은 번역문의 주제(분야) 또는 장르를 떠올려 보자.

10. 사람, 장소, 환대

도서정보	김현경 / 문학과지성사 / 2015년 / 297쪽 / 16,000원	
진로정보	문학과 인문 - 인문과학 전문가	
교과정보	사회	인권과 기본권

도서소개 #어떤 책일까?

『사람, 장소, 환대』는 진정한 의미의 환대와 절대적 환대에 관해 이야기하며, 사람, 장소, 환대라는 세 개념을 중심으로 사회를 다시 정의하는 것을 목표로 삼는다.

저자는 사람과 장소는 근원적으로 연관된 개념으로 보며, 사람이 된다는 것은 자리 즉 장소를 갖는다는 것이며, 환대는 사람에게 이러한 자리를 주는 행위하고 본다.

사회의 구성원으로 함께 살아가야 하는 우리에게 절대적 환대의 의미와 가능성에 대해 깊이 있게 사고해 보는 계기가 될 것이다.

진로탐색 #무엇을 더 볼까

관련매체 : 당신을 절대적으로 환대합니다
　　　　　https://youtu.be/Hq_MuyDj5_M?si=4uMWLc51yYndxm9L
관련도서 : 『달콤한 노래』 (레일라 슬리마니, 아르테)

진로토론 #무엇을 이야기해 볼까

1. 절대적 환대의 특징은 무엇인가?
2. 절대적 환대를 받아본 경험이나 그 반대의 경험이 있다면 말해보자.
3. 아무 조건 없는 절대적 환대를 경험해 본 사람만이 다른 사람을 환대해 줄 수 있다.
4. '낙태 금지법'은 사회가 엄마의 의지와 무관하게 태아를 환대하기로 결정 내리고 한 사람의 몸을 다른 사람을 위한 도구로 사용하는 악법이다. (찬반토론)

진로활동 #무엇을 해 볼까

1. 절대적 환대(신원을 묻지 않는 환대, 보답을 요구하지 않고, 복수하지 않은 환대)의 사례를 조사해 보자.
2. 책을 읽고 난 후 사회의 구성원으로서 자신의 마음가짐이 어떻게 변했는지 발표해 보자.

II. 쓰기의 말들

도서정보	은유 / 유유 / 2017년 / 232쪽 / 14,000원	
진로정보	문학과 인문 - 작가	
교과정보	도덕	자신과의 관계 - 직업의 의미와 가치

도서소개 #어떤 책일까?

　　이 책은 『글쓰기의 최전선』, 『출판하는 마음』 등을 쓰고, 글쓰기 강의를 활발히 하는 '은유' 작가가 쓴 책이다. 따라서 이 책은 작가에 꿈이 있거나, 평소에 글쓰기를 잘하려면 어떻게 해야 하는지, 글쓰기를 할 때 가져야 할 마음가짐은 무엇인지 알고 싶었던 청소년에게 추천한다.

　　이 책에서는 작가가 그동안의 읽어왔던 책의 구절들을 따와서, 자신이 글쓰기에 대해 가지고 있는 시선이 무엇인지 서술하고 있다. 기존에 있었던 글쓰기에 대한 통념에 의문을 제기하며 독자로 하여금 다양한 생각을 할 수 있게 해 주는 책이다.

진로탐색 #무엇을 더 볼까

관련매체 : 영화 '미드나잇 인 파리'

관련도서 : 『쓰는 기분』 (박연준, 현암사)

진로토론 #무엇을 이야기해 볼까

1. 이 책에서 작가는 자기소개서, 마케팅기획서 등의 상품 가치를 높이는 글쓰기가 사실을 왜곡하는 글쓰기라고 말한다. 상품 가치를 높이는 글쓰기는 무조건 잘못된 것일까?

2. 책이 출판되면 책에 대한 댓글, 리뷰 등의 반응이 쏟아진다. 만약 내가 책을 출판했는데 그에 대한 반응이 비난 댓글뿐인 상황과 아무런 반응이 나오지 않는 상황 중 어떤 것이 더 낫다고 생각하는가?

진로활동 #무엇을 해 볼까

1. 이 책에서 작가는 표현의 유창성보다는, 내용의 진솔함이 더 중요하다고 말한다. 이를 내 글쓰기에 적용하여 표현에는 신경을 끄고, 솔직하게 내 감정을 드러내는 한 편의 짧은 글을 써 보자.

2. 이 책 속의 문장 중 나의 글쓰기에 적용하고 싶은 문장을 찾고, 어떻게 적용할지 방안을 계획하고 실천해 보자.

12. 아몬드

도서정보	손원평 / 다즐링 / 2023년 / 308쪽 / 16,800원	
진로정보	문학과 인문 – 작가	
교과정보	사회	사회·공동체와의 관계

도서소개 #어떤 책일까?

　　최근 '묻지마 사건' 등 예기치 못한 혐오범죄가 점차 늘어나고 있다. 서로에게 인정받지 못하고 가정에서조차도 사랑과 위로가 메마른 우리 사회의 병든 모습이 점차 사람들을 '괴물'로 만들고 있는 것은 아닐까? 이 책에서는 선천적으로 '감정표현불능증'(알렉시티미아)을 앓고 있는 주인공 '윤재'와 파란만장한 유년기를 겪으며 분노의 감정만 남은 '곤이'가 만나 서로의 아픔을 치유해 나가며 고통과 공감의 능력을 깨우치게 되는 성장소설이다.

　　'감정표현불능증'을 앓고 있는 주인공을 통해 타인의 아픔에 공감하지 못한다는 것이 얼마나 불행한 일인지를 다시 한번 떠올려 보며, 이 사회를 살아가고 있는 우리의 편도체의 크기는 어느 정도인지 생각해 보자.

진로탐색 #무엇을 더 볼까

관련매체 : 〔기획인터뷰①〕손원평 "타인을 공감한다는 것…"
　　　　　https://brunch.co.kr/@bookdb/1351
관련도서 : 『클로버』 (나혜림, 창비)

진로토론 #무엇을 이야기해 볼까

1. 감정을 느끼지 못하고 살아간다는 것은 살아갈 수 있다고 생각하나?
2. '감정표현불능증'이어도 사랑을 할 수 있나?
3. 곤이라는 친구를 위해서 주인공은 자신을 희생한다. 왜 그런 행동을 했나?
4. '묻지마 살인'이 우리 사회에서 벌어지고 있다. 왜 그런가?
5. 이 책의 작가는 감정 없는 주인공을 통해 무엇을 말하고 있나?

진로활동 #무엇을 해 볼까

1. 작가는 왜 이 책을 썼는지 생각해 보자.
2. 닮고 싶은 작가가 누구인지 말해보자.
3. 내가 작가가 된다면 어떤 글을 쓰고 싶은지 개요를 작성해 보자.

13. 유시민의 글쓰기 특강

도서정보	유시민 / 생각의길 / 2015년 / 292쪽 / 15,000원	
진로정보	문학과 인문 - 작가	
교과정보	국어	쓰기 - 주장하는 내용에 맞게 타당한 근거를 들어 글을 씀

도서소개 #어떤 책일까?

　　유시민은 『유시민의 글쓰기 특강』에서 "멋진 문장을 구사한다고 글을 잘 쓰는 게 아니다. 읽는 사람이 글쓴이의 마음과 생각을 느끼고 이해하고 공감할 수 있게 써야 잘 쓰는 것이다."라고 말한다.

　　그가 출간한 거의 모든 책이 베스트셀러에 올랐다. 사람들은 그에게 "어떻게 그렇게 글을 잘 쓰냐고?" 질문했다고 한다. 그리고 "어떻게 원하는 대로 글을 쓸 수 있을까?" 그 해답을 제시하고 있는 책이다.

진로탐색 #무엇을 더 볼까

관련매체 : 유시민의 글쓰기 특강 서울대 특강 1부
　　　　　 https://www.youtube.com/watch?v=EyRmMFCzZak
관련도서 : 『유혹하는 글쓰기』 (스티븐 킹, 김영사)

진로토론 #무엇을 이야기해 볼까

1. 글쓰기는 무엇이라고 생각하나?
2. 글쓰기를 잘하려면 어떻게 해야 하나?
3. 나를 잘 표현하며 사는 삶이란 무엇인가?
4. 의미 있고 기쁜 삶, 만족스러운 삶이란 무엇인가?
5. 어떻게 하면 글을 쉽게 글을 쓸 수 있나?

진로활동 #무엇을 해 볼까

1. 글쓰기에서 가장 중요한 것은 무엇이라고 생각하는지 말해보자.
2. 쓰는 것과 퇴고 중에 무엇이 더 중요하다고 생각하는지 말해보자.
3. 내가 쓰고 싶은 책의 목차를 작성해 보자.

14. 이 정도는 알아야 하는 최소한의 인문학

도서정보	이재은 / 꿈결 / 2017년 / 221쪽 / 13,800원	
진로정보	문학과 인문 – 현대철학자	
교과정보	사회	다양한 문화의 이해

도서소개 #어떤 책일까?

　　이 책은 낯설고 어려운 인문학을 삶에 적용하여 이해하기 쉽게 설명했다. 인문은 인간의 근원에 관한 오래된 학문이다.

　　이 오래된 인문학은 4차 산업혁명 시대에서 기술만큼이나 중요한 가치로 자리 잡았다. 지은이는 개인과 공동체 그리고 리더십에 대해 인문학 고전을 알기 쉽게 인용하여 해설한다.

　　과학기술이 발전할수록 사회적 인성은 더욱 중요해진다. 이 책은 인문학적 소양을 키우는 데 도움이 될 것이다.

진로탐색 #무엇을 더 볼까

관련매체 : KBS 다큐인사이트 『기초과학이 세상을 바꾼다.-AI 시대, 왜 인문학인가』
　　　　　2020
관련도서 : 『21세기 청소년 인문학 1』 (김고연주, 단비)

진로토론 #무엇을 이야기해 볼까

1. 지금 우리 공동체에 필요한 리더십은 무엇일까?
2. 도덕과 윤리는 시대에 따라 변한다. 그렇다면 인공지능에 요구되는 가장 중요한 윤리는 무엇일까?
3. 생각하는 것과 판단하는 것은 인간만이 가능한 능력일까?
4. AI도 종교지도자 역할을 할 수 있다. (찬반토론)
5. 인류의 역사를 학습하고 판단할 수 있는 인공지능이 만들어진다면 우리에게 가장 먼저 무슨 말을 걸어올까?

진로활동 #무엇을 해 볼까

1. 각종 인문학 캠프를 조사해 보고, 참가해 보고 싶은 인문학 캠프를 찾아보자.
2. 인문학 캠프에 참가해 보고 수련기를 써 보자.

15. 철학, 과학 기술에 다시 말을 걸다

도서정보	이상헌 / 주니어김영사 / 2016년 / 178쪽 / 12,000원	
진로정보	문학과 인문 - 과학철학자	
교과정보	과학	과학과 인류의 지속 가능한 삶

도서소개 #어떤 책일까?

　　과학기술의 발달로 인류는 이전까지와는 전혀 새로운 관점이 생겼고, 새로운 질문들과 철학의 필요성이 대두되었다.

　　이 책은 4차 산업혁명 이후 출현한 인공지능, 빅데이터의 활용, 인간과 기계의 결합과 같은 이전에 없었던 새로운 고민거리를 던져준다. 철학과 성찰이 없는 과학기술의 발전은 인류의 미래를 유토피아가 아닌 디스토피아가 될 것이라 경고한다.

　　궁극적으로 인류의 과학기술은 어떤 방식으로 나아가야 할까. 이 책은 해답을 찾기 위한 다양한 철학과 생각을 소개하고 있다.

진로탐색 #무엇을 더 볼까

관련매체 : EBS 『다큐멘터리 4차산업혁명, 위기인가 기회인가』 2017
관련도서 : 『제4차 산업혁명 시대에도 16살, 네 꿈이 평생을 결정한다』
　　　　　(김재헌, 대경북스)

진로토론 #무엇을 이야기해 볼까

1. 인공지능이 인류의 철학을 만들어 낼 수 있을까?
2. 완벽한 가상현실이 만들어진다면 그 안에서도 법을 지켜야 할까?
3. 수명을 무한대로 늘릴 수 있는 약이 만들어진다면 얼마를 받아야 할까?
4. 노인과 젊은이의 뇌를 교환할 수 있는 기술은 금지해야 한다. (찬반토론)
5. 지구를 방문한 외계인에게 "지구에 왜 왔습니까?"라는 질문을 이해시키는 과정을 이야기해 보자.

진로활동 #무엇을 해 볼까

1. 우리 사회에 필요한 과학기술을 조사해 보자.
2. 다양한 과학기술에 대해 사회적인 시선으로 장단점을 비교해 보자.

	16. 청소년을 위한 AI 최강의 수업	
도서정보	김진형 외 Ι / 매경주니어북스 / 2021년 / 205쪽 / 16,000원	
진로정보	문학과 인문 - AI 윤리감독관, 딥러닝 관리자	
교과정보	정보	디지털 문화 - 정보 윤리

도서소개 #어떤 책일까?

이 책은 AI의 전반적인 작동 원리와 활용은 물론 인공지능의 딜레마에 관해 이야기한다. 더 이상 AI는 공상과학의 영역이 아닌 생활의 영역에 들어섰다. 우리 생활 곳곳에는 인공지능을 활용한 다양한 기술들이 스며들어 있다. 저자는 이런 상황 속에서 인공지능의 우수성과 더불어 작동 원리를 알기 쉽게 설명하고 있다. 인간의 두뇌와 인공지능의 차이점을 소개하고 딥러닝 기반 인공 지능 기술의 현재와 한계점을 말하고 있다.

인공지능은 인간과 흡사하거나 인간보다 뛰어난 능력을 보여준다. 그 기술은 앞으로 더욱 고도화될 것이 분명한 상황이다. 따라서 인공지능을 통제하고 딥러닝을 감독할 미래 인재의 필요성을 고민해 볼 수 있다.

진로탐색 #무엇을 더 볼까

관련매체 : 영화 『에이 아이』 2001, 미국, 스티븐스필버그
관련도서 : 『십대를 위한 SW 인문학』(두일철, 영진닷컴)
　　　　　 『로봇 친구, 앨리스』(한재권, 자음과모음)

진로토론 #무엇을 이야기해 볼까

1. 창작의 능력은 인간만의 고유한 능력일까?
2. 인공지능에도 인간과 같은 권리를 줄 수 있을까?
3. 인공지능을 활용하는 능력은 반칙이 아니다. (찬반토론)
4. 자율주행차량이 사고를 낸다면 누구의 책임일까? (운전자, 제조사)
5. 나는 AI와 절친이 될 수 있다. (찬반토론)

진로활동 #무엇을 해 볼까

1. AI 청소년 캠프 참여해 보자. https://lgaiyouthcamp.or.kr/
2. AI 캠프와 인문학 캠프의 차이점을 조사해 보자.

17. 투명인간

도서정보	성석제 / 창비 / 2014년 / 284쪽 / 16,000원	
진로정보	문학과 인문 - 역사학자	
교과정보	사회	근·현대 사회로의 전환

도서소개 #어떤 책일까?

　성석제 작가의 『투명 인간』은 한국의 현대사와 개인의 역사를 절묘하게 조합하여 독자로 하여금 한 개인에 대한 연민을 불러일으킨다.

　자기 자신보다 가족을 위해 희생하는 삶을 묵묵히 살아온 만수는 끝내 가족들로부터도 인정받지 못한다. 결국 누구의 눈에도 띄지 않는 투명 인간이 된 것이다. 그의 일대기는 주변인들의 입을 통해 들려준다.

　독자들은 이 책을 통해 굴곡진 현대사를 살아낸 수많은 대한민국 소시민의 모습을 발견하고, 또 다른 시각에서 현대사를 조명할 수 있을 것이다.

진로탐색 #무엇을 더 볼까

관련도서 : 『투명인간』(하버드 조지 웰스, 문예출판사)
　　　　　『벼랑에 선 사람들』(제정임, 오월의 봄)

진로토론 #무엇을 이야기해 볼까

1. 살면서 투명 인간이 되고 싶다거나, 투명 인간처럼 느껴진 적이 있는가?
2. 이전에 알고 있던 투명 인간과 작품 속 투명 인간의 의미와 무엇이 같고 다른가?
3. 작품 속 등장인물 중 가장 공감이 가는 인물은 누구인가?
4. 다수를 위한 소수의 희생은 정당화될 수 없다. (찬반토론)
5. 역사는 실재의 기록이지만, 역사가의 주관적 해석이 개입될 수밖에 없다. (찬반토론)

진로활동 #무엇을 해 볼까

1. 시대 속의 투명 인간으로 남지 않고 나만의 존재 가치를 가지기 위해서 어떤 점을 집중해서 노력하고 싶은지 간단한 글로 표현해 보자.
2. 주변의 누구도 투명 인간처럼 소외되지 않는 사회를 만들기 위해서 사회 구조적 측면에서, 사회 위기 극복의 측면에서 살펴보고 해결책을 제시해 보자.

18. 편집의 말들

도서정보	김미래 / 유유 / 2023년 / 220쪽 / 14,000원
진로정보	문학과 인문 – 출판 관련 전문가
교과정보	도덕	자신과의 관계 –직업의 의미와 가치

도서소개 #어떤 책일까?

　　이 책은 2010년부터 출판편집을 해온 '김미래' 편집자가 쓴 책이다. 따라서 이 책은 책 출판 또는 편집에 꿈이 있거나 평소에 책 편집의 현장이 알고 싶었던 청소년에게 추천한다.

　　이 책에서 작가는 "방침을 만들고 따르는 일에 힘쓰면서도, 방침으로 포섭되지 않는 것의 생명력을 소홀히 여기지 않으려고 한다."라고 작가의 말에 밝히고 있다. 이러한 작가의 말처럼 이 책을 읽다 보면, 원래 알고 있던 출판편집의 범위보다 훨씬 더 넓고 다양한 범위가 존재한다는 것을 알게 하는 책이다.

진로탐색 #무엇을 더 볼까

관련매체 : 유튜브 채널 '민음사TV' 에피소드 중 <출판사 취업 Q&A>

관련도서 : 『출판편집의 시작』(배경희, 투데이북스)

진로토론 #무엇을 이야기해 볼까

1. 출판 편집자는 맞춤법을 교정하는 역할을 한다. 그런데 가끔씩 맞춤법이 틀린 문장이 더 가독성과 전달력이 좋다면, 편집자는 어떤 선택을 해야 할까?
2. 이 책에서 작가는 "책 편집은 나무 베는 일과 같다."라고 말하는데, 그 의미가 무엇인지 추측해 보자.
3. 책 편집에서는 '내용'이 중요할까? 아니면 '형식'이 중요할까?

진로활동 #무엇을 해 볼까

1. 출판 편집자에게 필요한 능력을 찾아 도표로 정리해 보자.
2. 나라면 다르게 편집하고 싶은 책을 선정해 보고, 그 책을 나만의 스타일로 재편집해 보자.

19. 한 스푼의 시간

도서정보	구병모 / 위즈덤하우스 / 2016년 / 258쪽 / 12,000원
진로정보	문학과 인문 – 인문과학 전문가
교과정보	국어 / 문학을 통한 공동체 문제에의 참여

도서소개 #어떤 책일까?

'한 스푼의 시간'은 세탁소에 살게 된 로봇 소년 '은결'이 인간의 삶을 조금씩 배워가는 과정을 그리고 있다.

인공지능이 우리 삶 곳곳을 변화시키고 있는 시대 속에 살고 있는 우리에게 미래 사회를 대비하는 시대적 인식의 전환을 꾀하고 인간 삶의 본질과 행복의 가치에 대해 생각해 보는 계기가 될 것이고, 인공지능 분야에서 일하고 싶은 학생들에게 필요한 인문학적 소양을 기를 기회가 될 것이다.

진로탐색 #무엇을 더 볼까

관련도서 : 『헬렌 올로이, SF 명예의 전당2 수록』 (레스터 델 레이, 오멜라스)
　　　　　 『작별인사』 (김영하, 복복서가)

진로토론 #무엇을 이야기해 볼까

1. 책 제목 '한 스푼의 시간'은 무엇을 의미할까?
2. 자신의 인생을 묘사한다면 '~의 시간'이라고 표현하고 싶은가?
3. 인간과 로봇 사이에 우정, 사랑 등의 감정 교류는 불가능하다.
4. 인공지능이 우리 삶 속에 가까이 들어왔다고 느꼈던 순간은 언제인가?
5. 인공지능사회의 발달과 인간의 행복은 정비례한다.

진로활동 #무엇을 해 볼까

1. 앞으로의 미래에 로봇이 상용화된다면, 자신에게 가장 필요한 로봇은 무엇이고, 그러한 이유를 설명해 보자.
2. 인공지능이 발달하면 사라질 직업과 새롭게 생겨날 직업을 나열해 보고, 새롭게 생겨날 직업 중 나의 흥미와 적성에 가장 가까운 직업을 연결하여 이야기해 보자.

중학교 진로독서 가이드북

제3장
사회

◈ 사회 영역 소개 ◈

#사회 영역의 정의

사회는 인간관계에서 발생하는 사회현상과 인간의 사회적 행동을 탐구하는 과학의 한 분야로서, 과학적이고, 체계적으로 연구하는 모든 경험과학에 바탕을 두고 있으며, 사회학, 정치학, 법학, 지리학, 경영·경제학 등이 이에 포함된다. 인간 사회의 다양한 측면과 관련된 기초학문을 교육하고 연구하여 사회의 문제를 진단하고 처방할 수 있는 기본적인 소양을 육성하는 데 목표가 있다.

#사회 영역의 종류

사회학은 인간을 둘러싼 사회와 사회적 존재로서 인간을 연구하는 학문으로서, 사회적 상황과 맥락이 인간의 행위에 미치는 영향력에 주목한다.

정치외교학은 정치학의 정치사상, 정치사, 한국 정치, 비교정치학, 국제정치학, 지역 정치 분야를 연구하는 학문이며, 외교학은 국제정치학의 세부 분야이다.

법학은 법률을 연구 대상으로 하는 학문으로서, 법의 개념을 정리하고 법률의 종류를 분류하며, 법의 효력과 적용, 해석 등을 연구한다.

지리학은 지표상에서 발생하는 자연 및 인문 현상을 지역적 관점에서 연구하는 과학의 한 분야이다.

경영학은 조직체의 구조와 행동의 원리를 연구하는 학문이며, 경제학은 인간의 경제활동에 기초를 둔 사회적 질서를 연구하는 학문이다.

#사회 영역을 위한 준비

사회를 공부하기 위해서는 평소 사회문제에 관심이 있어야 하며, 복잡한 사회현상에 대한 원인과 결과, 상관관계, 여러 요인 간의 관계, 법, 제도, 정책 등에 대한 지식을 논리적으로 분석할 수 있는 수리·논리력이 필요하다.

아울러 문화, 역사 등 다양한 분야의 지식을 갖추어야 하며, 연구 및 분석 결과를 보고서로 작성할 수 있는 논리적인 글쓰기와 발표를 위한 언어능력 또한 필요하다. 그래서 평소 여러 사회문제나 현상에 관심을 가지고 자료를 직접 찾고 조사하거나 탐구하는 활동을 즐길 수 있어야 한다.

◈ 사회 도서 목록 ◈

순	영역	진로정보	교과정보	도서명	집필자	비고
1	사회	국제 분쟁 전문가	사회	난민, 멈추기 위해 떠나는 사람들	유복순	대표
2	사회	마케팅 기획 전문가	사회	꼰대아빠와 등골브레이커의 브랜드 썰전	유복순	대표
3	사회	법관	사회	10대와 통하는 법과 재판 이야기	김유미	
4	사회	빅데이터 전문가	정보	거짓말로 배우는 10대들의 통계학	유복순	
5	사회	정치외교가	사회	걸리버 여행기	박은영	
6	사회	전문금융인	사회	경제 교과서, 세상에 딴지 걸다	유복순	
7	사회	플랫폼 기획자	사회	곱창 1인분도 배달되는 세상, 모두가 행복할까?	박여울	
8	사회	광고 전문가	사회	광고는 왜 10대를 좋아할까	유복순	
9	사회	언론인	사회	똑똑한, 이상한, 꿈틀대는 뉴미디어	유복순	
10	사회	기록물관리사	역사	삼국유사 어디까지 읽어봤니?	유복순	
11	사회	국제무역 전문가	사회	세계시민이 된 실험경제반 아이들	박여울	
12	사회	사업가	사회	세상에 대하여 우리가 더 잘 알아야 할 교양 1-공정무역	박여울	
13	사회	정책기획자	사회	앨버트로스의 똥으로 만든 나라	박여울	
14	사회	청소전문가	도덕	저 청소일 하는데요?	강민정	
15	사회	국제인권기구활동가	사회	차별은 원숭이도 화나게 한다	김유미	
16	사회	경제학자	사회	청소년을 위한 경제학 에세이	황초희	
17	사회	금융 전문가	사회	청소년을 위한 도이 되는 경제 교과서	박여울	
18	사회	구급대원	과학	출동 중인 119구급대원입니다	김유미	
19	사회	기후학자	사회	탈성장 쫌 아는 10대	이혜숙	
20	사회	법전문가	사회	촉법소년, 살인해도 될까요?	황초희	

I. 난민, 멈추기 위해 떠나는 사람들

도서정보	하영식 / 뜨인돌 / 2021년 / 200쪽 / 13,000원
진로정보	사회 - 국제 분쟁 전문가
교과정보	사회	국제사회와 한반도

도서소개 #어떤 책일까?

　대한민국이 법통을 계승했다고 헌법에 명시된 상해임시정부도 일제의 박해를 피해 중국으로 건너간 정치적 난민이 수립한 망명정부였다.

　작가는 국제 분쟁 전문 기자로 세계 곳곳을 방문해 취재했고, 난민과 관련된 여러 책은 물론 칼럼, 기사를 다양한 매체에 내고 있다. 잘 알려진 이스라엘 팔레스타인부터 아르메니아까지 여러 나라 난민의 비참한 상황을 사실적으로 전달한다.

　전쟁은 물론 기후로 점점 더 난민은 늘어날 것이고 이들을 위한 세계적인 관심과 연대가 필요한 요즘 국제 분쟁 전문가가 더욱더 주목받는다. 책 속에는 10~20대 청소년 난민들의 편지가 실어져 있는데, 그들의 아픔과 상처에 깊이 공감할 것이다.

진로탐색 #무엇을 더 볼까

관련매체 : 더 스위머스, 2022, 샐리 엘 호사이니 감독

관련도서 : 『난민 소녀 리도희』 (박경희, 뜨인돌)

진로토론 #무엇을 이야기해 볼까

1. 난민에 대해 평소 가졌던 생각이나 아는 점을 자유롭게 이야기해 보자.
2. 책에 나온 상황 중 가장 비참한 나라는 어느 곳이었나?
3. 우리나라 난민 심사법의 문제점과 해결 방법을 말해보자.
4. 인도주의적 관점에서 난민 문제에 적극적인 관심이 필요하다. (찬반토론)

진로활동 #무엇을 해 볼까

1. 유엔난민기구 친선 대사 또는 한국 난민기구 대표가 되어, 난민 수용에 반대하는 한국 국민을 대상으로 연설문을 작성해 보자.
2. 책에 등장하는 난민 청소년 중 한 명을 골라, 가슴 아픈 사연을 알리는 편지를 써 보자(수신인 : 대한민국 청소년).

◈ 책 이야기 ◈

1. 20세기 천재 물리학자 알베르트 아인슈타인은 나치의 유대인 탄압을 피해 미국으로 망명했다. '레 미제라블'의 작가 빅토르 위고도 나폴레옹 3세의 쿠데타에 반대하다가 영국으로 추방되었다. 이 밖에도 쇼팽, 프로이트 등이 '세상을 바꾼 난민 10인'으로 꼽힌다. 해마다 늘어나는 난민, 그들에 대해 여러분은 평소 얼마나 알고 있나?

> 제주 예멘 난민 반대 집회와 찬성 집회로 몇 년 전 전국이 들썩였던 것이 생각난다. 유럽의 많은 나라들이 난민 문제로 골머리를 앓고 분열하고 있다는 것은 이미 알고 있었다. 하지만 막상 우리나라에 난민 문제가 생기니, 머리가 복잡하고 생각해 볼 문제가 많을 것 같다.
> 더군다나 우리나라의 경우 같은 민족인 북한 이탈주민들도 차별과 편견을 겪는다는데 난민으로 인정되어도 과연 우리나라에서 잘 정착할지 모르겠다. 아무래도 단일민족으로 타민족이나 타문화에 약간 배타적이기 때문에 난민 논의에 대해 아직은 공감대도 부족하고 불편한 게 사실인 것 같다.

2. 교실에 책도 공책도 없고, 전기나 수도도 없는 나라가 있다. 전염병보다 살인율이 높은 위험한 나라 '온두라스'를 탈출하기 위해 매년 '죽음의 열차'를 탄다. 이외에도 팔레스타인 이스라엘 등 책에서 소개된 난민들 중 가장 처참한 이들은 누구라고 생각하나? 그 이유를 함께 말해보세요.

> 쿠르드 난민이다. 중동의 집시라고 불리는 쿠드드족은 세계 최대의 유랑 민족으로 총 4천여 명으로 그중 2천 5백명이 터키에 거주한다. 터키 해변에서 숨진 '알란 쿠르드'의 사진 한 장이 전 세계인들의 가슴을 울린 적이 있었다. 시리아 내전 속에 오로지 살기 위해 엄마, 형과 함께 탔던 배는 전복되었고 쿠르디는 그렇게 해변에 주검으로 잠자는 듯 누워 있었다. 전쟁이 일상인 이들은 굶주림을 피해 그리스로 가고 싶었지만, 그것이 마지막이었다. 태어난 내 나라가 전쟁 중이고 언제 죽을지 모르는 불안과 제대로 쉴 수도 놀 수도 없는 곳이라면 내 나라는 희망이 없는 '산지옥'이다.

3. 2013년에는 난민법을 시행, 난민 지위 인정 절차를 정비하고, 처우와 권리를 법률로 구체화하는 등 난민 문제 해소를 위한 법적 체계도 마련했다. 하지만 한국은 난민에 대해 인색한 나라로 손꼽힌다. 한편 2015년부터 유엔난민기구 친선대사로 활동하고 있는 '배우 정우성'씨는 "우리도 언제든 난민이 될 수 있다'고 소신을 밝혔다. 난민에 대한 오해와 편견을 밝혀 보고 '우리도 난민이 될 수 있다'는 이유를 생각해 보자.

> 6·25전쟁을 겪으며 우리도 역시 역시이었던 시절이 있었다. 반기문 UN사무총장도 전쟁 당시 실향민으로 피난길에 올랐다고 한다. 폐허가 된 대한민국에 해외 원조는 큰 힘이 되었고, 세계 최빈국에서 경제 규모 10위안에 드는 현재의 모습으로 발전할 수 있었다. 우리가 겪었던 끔찍한 전쟁이 전 세계에 끊이지 않고 있고 그들도 역시 우리와 같이 도움의 손길이 간절할 것이다.
> 하지만 우리나라의 난민 혐오는 도를 지나친다. 대한민국의 난민 인정률은 단 1%로 난민 심사가 까다롭다. 하지만 돈 벌러 온 '가짜 난민'이 많다는 터무니없는 소문과 갈 곳 없는 그들을 세금도둑이나 거지 취급하는 우리나라 국민은 똑똑히 알아야 한다. 난민이 되고 싶어서 되는 사람은 없다. 그리고 우리가 모르는 사실이 있다. 정작 그들은 언제든지 자기 나라, 자기 집으로 돌아가고 싶어 한다. 그리고 우리 자신도 언제든지 난민이 될 수 있다는 것이다.

◈ 질문하고 토론하고 ◈

(가) 수백만 명의 사람들이 전쟁으로 인해 터전과 일상을 잃어버린 것이다. 1915년 터키군은 기독교도인 '아르메니아민족' 150만 명을 인종학살을 자행했다. 이후 시리아로 추방되었는데, 35만 명 중 35명만 살아남았다.

출처 -난민 멈추기위해 떠나는 사람들

　　CNN 등에 따르면 쿠르드족은 독립 국가를 갖지 못한 세계 최대 민족이다. 주로 터키, 시리아, 이라크 등 5곳에 흩어져 살고 있고 전체 수는 3천만~4천만 정도로 추산된다. 1920년 제1차 세계대전 후 연합국과 동맹국이 서명한 세브르 조약에는 쿠르드족의 독립국 건설을 보장한다는 내용이 담겼다. 그러나 3년 뒤 서방 국가들은 이 약속을 내팽개쳤다. 독립국 건설 약속을 믿고 서방 국가들과 함께 싸웠으나 전쟁 후 '토사구팽'을 당하고 지금처럼 여러 나라에 흩어져 살게 됐다.

출처-전쟁 휘말린 비운의 쿠르드…나라 없는 세계 최대 민족, 연합뉴스

(나) 이 나라가 당신들 정치하는 사람들만의 나라입니까? 왜 난민 수용을 아침까지만 해도 검토 중이라 그랬는데 하루도 지나지 않아서 불안에 떠는 국민들은 생각해 보지도 않고 아무런 공식 사전발표도 없이 이미 군수송기를 보냈다니요? 수용해서 어디서 어떻게 무엇을 제공한다는 말입니까 (중략) 난민수용은 자기들 마음대로 정하고 난민들 관리하는 자금은 안 그래도 코로나로 힘든 국민들 피 같은 돈 세금으로 거둬서 쓰겠다는 거 아닙니까?

출처-행정안전부 대통령 기록관, 난민수용을 왜 해야 하나?

(가), (나)를 참고하여, 찬성과 반대 근거를 정리하시오. 이 외에도 신문기사, 책, 전문가 의견 등 객관적 자료를 추가하시오.

토론 주제 : <우리나라는 난민을 적극적으로 수용해야 한다.>

〈찬성〉	〈반대〉
주장 1. **난민 희생자를 줄여야** 한다. 1915년 터키군은 기독교도인 '아르메니아 민족' 150만명을 인종학살을 자행했다. 이후 시리아로 추방되었는데, 35만명중 35명만 살아남았다. 터키 해안가에서 숨진 채 발견된 알란 쿠르디의 사례에서 알 수 있듯이 난민들은 살기 위해 목숨을 걸고 있다. 주장 2. **국제사회 일원으로 당연한 의무**이다. 2022년 기준 유엔난민기구에서 발표한 전 세계 난민 수는 약 2억명으로 전쟁이나 분쟁지역에서 주로 발생한다. 세계최대 난민 민족인 쿠르드족의 경우 세계대전 때 서방국가 전쟁에 이용당한 후 여러나라에 흩어져 난민이 되었다. 주장 3. **난민보호 협약국으로서의 의무**이다. 인류 사회 모든 구성원이 사람으로서 살아가기 위해 마땅히 누려야 할 천부적인 권리인 인권을 보장하기 위해 협약국에 가입한 모든 의회와 정부는 난민을 보호하고 받아들이는 책임을 가진다.	주장 1. **국민적인 공감대**가 아직 부족하다. 제주 예멘 난민신청허가 폐지 등을 요구하는 청와대 국민청원에 참여한 인원은 불과 한 달 만에 71만명을 돌파했다. 광화문에서 대규모 난민 반대 집회도 열렸다. 주장 2. **몰려드는 난민을 감당하기 어려울 것**이다. 우크라이나 난민 152만여 명이 폴란드에서 임시보호조치를 받고 있다. 이들을 가장 많이 받아들인 독일과 폴란드는 주택난이 더욱 심각해졌고 폴란드는 난민 유입을 막기 위해 접경지역에 장벽을 건설해야만 했다. 주장 3. **경제적 부담이 크다**. 난민을 위한 다양한 정부 지원이 필요하게 되어 정부예산이 필요하다. 2020년 기준 한국의 난민 정책 관련 예산은 약 25억으로 1인가구당 약 43만원을 지원한다. 난민을 적극적으로 받아들이는 독일의 경우 2023년 기준 8조원을 우크라이나 난민에게 지원하고 있다.

◈ 진로 이야기 ◈

유엔난민기구(UNHCR) 글로벌 난민 포럼이 국제사회의 연대를 이끌어내기 위해 4년마다 열린다.

유엔난민기구 친선대사 또는 한국 난민기구 대표가 되어, 난민 수용에 반대하는 한국 국민들을 대상으로 연설문을 작성해 보자.

사진 출처 : 공익법센터 어필

2. 꼰대 아빠와 등골브레이커의 브랜드 썰전

도서정보	김경선 / 자음과모음 / 2015년 / 192쪽 / 12,000원	
진로정보	사회 - 마케팅 기획전문가	
교과정보	사회	경제생활과 선택 - 브랜드 마케팅

도서소개 **#어떤 책일까?**

　　"지금 아니면 못 사요~~!" 매년 초 그 해를 상징하는 캐릭터를 활용한 '띠 마케팅'으로 각종 유통업계는 한정판 마케팅이 활발하다.

　　기업은 이로운 가치를 만들어 세상을 바꾸고 사회 발전을 추구하는 착한 브랜드 등 브랜드에 숨겨진 세밀한 이야기를 아빠와 아들의 시선으로 흥미롭게 풀어냈다. 중2 아들과 한판 썰전을 펼치는 재미있는 구성이다. 6장으로 구성되어 사진 브랜드 마커터는 경제, 사회, 심리, 철학 등 다양한 분야를 마케팅에 이용한다. 현명한 소비를 위해 브랜드에 현혹되지 않고 진정한 그 가치를 누릴 수 있다.

진로탐색 **#무엇을 더 볼까**

관련매체 : 영화 <페뷸러스>

관련도서 : 『누가 내 머릿속에 브랜드를 넣었지?』 (박지혜, 뜨인돌)

진로토론 **#무엇을 이야기해 볼까**

1. 좋아하는 브랜드가 있는가? 그 이유는 무엇인가?
2. 브랜드의 본질은 이윤 창출이다. (찬반토론)
3. 감성 마케팅은 장점이 단점보다 많다. (찬반토론)
4. 브랜드는 또 다른 신분제이다. (찬반토론)
5. 1+1상품, 베블런 효과처럼 소비자심리를 극대화할 수 있는 새로운 마케팅기법을 이야기해 보자.

진로활동 **#무엇을 해 볼까**

1. MZ 세대를 겨냥한 SNS 마케팅을 조사하여 정리해 보자.
2. 감성 마케팅의 성공 사례와 실패 사례를 조사해 보자.

◈ 책 이야기 ◈

l. 샤넬은 '당신이 무엇을 쓰느냐에 따라서 당신을 알 수 있어'라고 말했다. 내가 좋아하는 브랜드가 있는
지 말하고, 그 이유를 나누자.

> 자신의 기호나 개성, 고유함을 드러내고 싶어 하는 것은 심리학적으로 매우 자연스러운 현상이고,
> 어떤 브랜드를 좋아하고 즐겨 사용하는가가 그 사람의 정체성을 반영한다고 할 수 있다. 사람들이
> 삼성폰 VS 애플폰, 나이키 VS 아디다스를 따지며 편을 가르는 건 결국 브랜드로 나를 표현할 수
> 있기 때문이다. 초등생부터 또래 친구들이 S폰보다 A폰을 선호하는 것이 비슷한 것 같다. 하지만
> 나는 S폰이 익숙하기도 하고 A폰의 가격이 너무 비싸다는 생각이 든다. 좋아하는 브랜드보다 성능
> 이나 가격으로 제품을 소비하는 편이라 아직 좋아하는 브랜드는 없다.

2. 주인공 아빠는 '브랜드는 또다른 신분제처럼 같은 부류로 동질감을 느끼게 만든다'라며 주인공이 좋아하
는 브랜드 점퍼를 사주지 않는다. 나의 생각을 친구들과 나눠 보자.

> 주인공 현수가 사달라는 브랜드는 분명 고가일 것이다. '브랜드는 뱀파이어다'라는 아빠의 주장은
> 브랜드가 만든 허상에 빠져 '피 같은 돈'을 쓸데없이 쓴다는 뜻이라 생각한다. 반면 현수는 브랜드
> 점퍼를 입은 친구들과 친해질 수 있다고 생각하는 것 같다. 기능과 가격에서 느끼는 만족감보다 브
> 랜드로 느끼는 만족감이 크고 현수가 충동적으로 조르는 것이 아니기 때문에 현수 아빠가 이번에
> 는 현수의 편을 들어주는 것이 좋지 않을까? 이번 경험으로 올바른 소비 습관을 기를 수도 있고
> 나름 '산 교육'이 될 수도 있을 것 같다.

3. 현수가 아빠에게 했던 '아이폰 프레젠테이션'을 통해 세상을 바꾸는 브랜드가 존재한다는 의미를 정리해
보자.

> 현수는 애플이 변화시킨 음악산업, IT 환경을 통해 브랜드는 세상을 바꾸는 힘이 있다고 했다. 아
> 름다운 가게 탐스 빅이슈 등 착한 브랜드는 사회적 문제에 참여할 수 있고 스타벅스 카페문화는
> 일상 속 브랜드로 나를 표현할 수 있다고 말한다.

4. '나이키의 두 얼굴'
늘 아이들에게 꿈과 희망을 준다며 광고했는데
정작 꿈과 희망을 품고 뛰어놀아야 할 아이가 고사리손으로
축구공을 만들고 있다. 더 많은 이윤을 차지하기 위해 값싼
노동력을 착취한 나이키를 비판해 보자.

> 축구를 해야 소년이 축구공을 바느질하고 있다. 파키스탄 12살 '타리크'로 알려진 이 아이의 일당
> 은 60센트로 1달러도 되지 않는다. 나이키는 하청에 맡긴 저개발국가에서 일어난 일로 자신들은
> 책임이 없다고 대응했고 이로 인해 많은 사람은 분노했다. 나이키에게는 돈 있는 어린이만 어린인
> 것일까? 아이들의 현재를 불행하게 하고 미래까지 위협하는 아동노동 착취는 최악이다.

◈ 질문하고 토론하고 ◈

(가) '회사의 목적은 이익이 아니다.' 최근 동명의 책이 번역 출간되어 화제가 되고 있다. 과연 기업의 목적은 무엇일까? 이 책의 저자인 요코타 히데키(넷츠도요타난고쿠의 창업자)는 "회사의 목적은 전 직원이 인생의 승리자가 되는 것이며, 이익이나 매출은 목적을 위한 숫자적 목표일뿐이다"라며 회사는 돈이 아닌 더 궁극적이고 가치 중심적인 목적을 하고 있어야 한다는 것을 강조했다.

출처 : 이코노믹리뷰(https://www.econovill.com)

넓고 긴 자락의 스커트는 여자들의 행동을 제한했어. 차에 타고 내리는 것도 여자 혼자 할 수 없었고, 옷을 입고 벗는 것도 누가 도와주지 않으면 불가능했지. 그런 옷을 입고 어떻게 사회생활을 할 수 있겠어. 샤넬은 치마폭을 과감하게 줄이고 길이도 무릎을 살짝 덮는 정도로 줄였지-중략-이런 옷은 여성의 사회활동에 적합한 옷이었고 샤넬 덕분에 여자들이 자유를 얻었지.

출처 : 꼰대 아빠와 등골 브레이커의 브랜드 썰전

(나) 이탈리아 경쟁 및 시장 당국은 이후 애니(국영 석유기업)에게 500만 유로의 거대 벌금을 부과했으며 광고를 집행하지 말라는 결정을 내렸다. 당국은 "연료가 재생가능하고 온실가스 배출을 크게 감축할 수 있다는 점을 과시해 소비자들을 속였다"며 "연료가 이산화탄소 배출을 평균 5%에서 최대 40% 감소한다고 했지만 이에 대한 정확한 명분이나 근거가 없다"고 밝혔다. 또한 "애니는 이를 재생 가능한 녹색 연료라고 주장했지만 실은 식물성기름(HVO) 성분인 연료를 '녹색'이라고 해석하는 것은 과대한 광고"라고 설명했다.

출처-임팩트온(Impact ON)

팜유 농장이 급격하게 늘어나면서, 인도네시아 열대 우림의 15%가 파괴됐습니다. 남한 면적의 1.4배입니다. 15년 만에 오랑우탄 10만 마리, 수마트라 코끼리 서식지의 69%가 사라졌습니다. 일부 기업들은 팜유 농장을 빨리 만들기 위해, 열대 우림에 불법으로 불까지 질렀습니다. 2015년 대규모 산불이 계속되면서 유독성 연기로 50만 명이 호흡기 질환에 걸렸고, 엄청난 양의 온실가스가 배출됐습니다.

출처-MBC 뉴스 투데이

(가), (나)를 참고하여, 찬성과 반대 근거를 정리해 보자. 이 외에도 신문 기사, 책, 전문가 의견 등 객관적 자료를 추가해 보자.

토론 주제 : <브랜드의 본질은 이윤 창출이다.>

<찬성>	<반대>

◈ 진로 이야기 ◈

팝업스토어

한정된 기간 특별한 브랜드 경험을
제공하는 공간으로
팝업스토어+핫플레이스
=팝플레이스
SNS 통해 일상 공유,
특별한 경험을 찾아다니는
MZ세대 취향 반영

<MZ세대 마케팅전략>

여러분이 학교 근처
'떡볶이가게"를
개업한다면
어떤 마케팅전략이
효과적일지
홍보 마케팅 계획서를
써보자.

제페토 메타버스

3억 유저가 있는 제페토의
가상매장에 아바토로 방문한다.
구찌 매장을 그대로 재현한 '가상
빌라'에서 브랜드 신상 아이템을
직접 착용해 볼 수 있다.

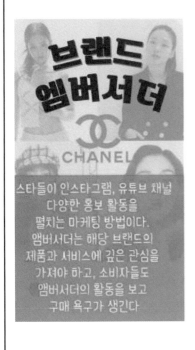

브랜드 엠버서더

CHANEL

스타들이 인스타그램, 유튜브 채널
다양한 홍보 활동을
펼치는 마케팅 방법이다.
엠버서더는 해당 브랜드의
제품과 서비스에 깊은 관심을
가져야 하고, 소비자들도
엠버서더의 활동을 보고
구매 욕구가 생긴다

DON'T BUY
THIS JACKET

EGS마케팅

파타고니아는
환경과 사회적 책임을 중요하게
생각하는 소비자들에게
차별적 가치를 지닌
친환경 브랜드로 인식되어
지속적인 성장을 이어가고 있다

3. 10대와 통하는 법과 재판 이야기

도서정보	이지현 / 철수와영희 / 2021년 / 204쪽 / 13,000원	
진로정보	사회 - 법관	
교과정보	사회	일상생활과 법

도서소개 #어떤 책일까?

    법은 어떻게 만들어졌을까. 법은 어떤 식으로 적용되며 재판에서 법관의 역할은 무엇일까.

    이 책은 이런 물음에 대한 답을 알기 쉽게 풀어놓았다. 실제 법이 만들어진 원리와 민사, 형사재판의 진행 과정을 자세히 설명하여 법에 대한 이해도를 높이는 데 도움을 준다.

    소설과 동화 같은 가상의 세계에서 벌어진 일들에 실제 법을 적용하는 방법으로 법을 흥미롭고 알기 쉽게 설명해 주었다. 법관이나 검사, 변호사와 같은 법조인을 꿈꾸는 학생들에게 추천한다.

진로탐색 #무엇을 더 볼까

관련매체 : 국가법령정보센터 대한민국의 과거와 현대의 모든 법령을 소개한 사이트
          https://www.law.go.kr/

관련도서 : 『판결문을 낭독하겠습니다.』 (도우람, 시공사)

          『로스쿨에 가고 싶어졌습니다.』 (김성윤, 메가스터디북스)

          『판사유감』 (문유석, 문학동네)

진로토론 #무엇을 이야기해 볼까

1. 나쁜 법도 지켜야 할까?
2. 위급한 사람을 돕는 일은 의무일까 선택일까?
3. 재판이 확정되기 전까지 범죄자를 무죄로 보는 이유는 무엇일까?
4. 사형제도는 우리 사회를 안전하게 할까?
5. 국가가 처벌하지 못한 범죄자를 개인이 처벌하는 것은 옳다. (찬반토론)

진로활동 #무엇을 해 볼까

1. 교내에 법학 관련 동아리를 만들고, 역할을 정한 뒤 모의재판을 진행해 보자.
2. 주변 법원에서 열리는 민, 형사재판을 방청해 보자.

4. 거짓말로 배우는 10대들의 통계학

도서정보	권재원 / 다른 / 2014년 / 204쪽 / 12,000원	
진로정보	사회 - 빅데이터 전문가	
교과정보	정보	데이터 - 통계자료해석

도서소개 #어떤 책일까?

　　통계는 복잡한 사회를 일목요연하게 보여주기도 하지만 거짓말을 마치 과학적인 근거가 있는 것처럼 만들어 준다고 저자는 말한다.

　　책에는 '장진호 선생님'과 '한결학생'이 등장하고, 수학여행 장소 설문지 조사를 시작한다. 이 둘의 대화를 통해 독자는 통계의 가장 기본 개념을 흥미롭게 익힐 수 있다.

　　통계 자료의 가치를 판단하는 통계학은 빅데이터 기술의 가장 기본이다. IT 시대 모든 분야에서 생성되는 데이터로 빅데이터 전문가는 최적의 의사결정을 위해 가치 있는 정보를 추출한다. 빅데이터 전문가를 꿈꾸는 학생뿐 아니라 관심이 없는 학생이더라도 쉽게 통계학의 기본을 이해할 수 있을 거라 기대한다.

진로탐색 #무엇을 더 볼까

관련매체 : 『머니볼』, 베넷 밀러 감독, 브래드 피트· 조나 힐 주연

관련도서 : 『통계랑 내 인생이 무슨 상관이라고』(김영진, 책숲)

진로토론 #무엇을 이야기해 볼까

1. 자료와 정보의 관계를 설명해 보자.
2. '모든 통계 조사는 모집단이 아니라 표본의 결과 수치다(본문 129쪽)'는 의미는?
3. 감정을 배제한 의사결정은 가능하다. (찬반토론)
4. 여론 조사에 대한 불신을 해결하기 위해 가장 필요한 것은 무엇인지 토의해 보자.

진로활동 #무엇을 해 볼까

1. 통계청에서 자료를 검색해 관심이 가는 사회 문제를 골라 그 해결 방안을 정리해 보자. (예시_저출산과 우리 사회의 변화 / 담당 부서 사회통계기획과)
2. 카카오, 오늘의 집, 당근마켓 등 유명 IT 기업들은 빅데이터 분석을 어떻게 활용했는지 설명해 보자.

5. 걸리버 여행기

도서정보	조나단 스위프트(신현철) / 문학수첩 / 2010년 / 384쪽 / 10,000원	
진로정보	사회 - 정치외교가	
교과정보	사회	민주주의와 시민, 정치과정과 시민 참여

도서소개 #어떤 책일까?

　　강대국이었던 영국의 정치와 사회를 신랄하게 풍자한 소설 《걸리버 여행기》는 조나단 스위프트에 의해 1726년에 초판 되었다. 지나치게 비판적이라는 이유로 18세기 초반에는 검열로 많은 내용이 삭제되었고 19세기에는 주요 줄거리 위주로 아동용으로 출판했다.

　　《걸리버 여행기》 1부 소인국은 영국의 정치를 모방하며 신랄하게 풍자한다. 2부 거인국은 인간의 모든 가치는 상대적이라는 사실을 말하고 있다. 3부는 날아다니는 섬을 여행한 여행기로, 비실재적인 과학과 그 이론을 풍자하고 있다. 마지막 4부는 말의 나라이다. 여기서는 말이 인간 같은 이성 있는 존재로 그려지며, 야후라 불리는 인간은 야만적인 존재로 그려진다. 이렇게 여행을 하고 돌아온 걸리버는 인간세계에 적응하지 못하고 마구간을 짓고 말을 키우며 말과 대화하고 친구가 되는 내용이다.

진로탐색 #무엇을 더 볼까

관련매체 : 책 읽어주는 나의 서재, 18세기 동화 같은 풍자 소설, 환상적인 모험
　　　　　이야기 걸리버 여행기 https://www.youtube.com/watch?v=qYLnBsy-pMY
관련도서 : 『카플란의 현명한 정치가』 (카플란, 미지북스)

진로토론 #무엇을 이야기해 볼까

1. 소인국에서는 달걀 깨는 방법으로 싸우는데 여러분은 어떻게 생각하나?
2. 거인국에서 소인국 사람들의 마음을 이해한다. 상대적 관점에 대해서 어떻게 생각하나?
3. 여러분은 이성에 입각한 과학적 합리주의에 대해 어떻게 생각하나?
4. 말을 이성적으로, 사람을 야만적으로 표현한 것에 대해 어떻게 생각하나?
5. 이 책이 국경과 민족을 초월해 사랑받는 이유를 말해보자.

진로활동 #무엇을 해 볼까

1. 정치 외교가가 되기 위해서 가장 필요한 것은 무엇인지 조사해 보자.
2. 정치외교학과에 진학한 학생을 만나 인터뷰를 해 보자.
3. 우리나라 정치 이념을 가까운 일본, 중국, 미국과 비교해 보자.

6. 경제교과서, 세상에 딴지 걸다

도서정보	이완배 / 푸른숲주니어 / 2012년 / 244쪽 / 14,800원	
진로정보	사회 - 전문금융인	
교과정보	사회	경제생활과 선택 - 합리적 선택

도서소개 **#어떤 책일까?**

　　"문제는 경제야! 이 바보들아" 미국 대통령 클린턴이 후보 때 내걸었던 유명한 대선 문구이다. 이 문구 하나로 대통령에 당선되었다는 말이 있을 정도로 경제는 우리 생활 속 모든 것과 밀접하게 연관되어 있다.

　　현직 기자이며 경제 평론가이자, 평범한 아빠이기도 한 작가는 아이들에게 조금 더 너나은 세상을 물려주고 싶다고 한다. 경제는 딱딱하게 어렵게 생각하는 학생들이 많은데, 책 안에 삽화가 풍성하고 만화도 매장마다 실려 있다. 특히 '나도 영화관을 통째로 빌리고 싶단 말이야.' 등 위트 넘치는 작가만의 문체가 돋보인다.

　　세뱃돈 받으면 주식 투자를 하는 10대들을 '꼬마개미' 또는 '주린이'라고 한다. 이들은 경제 용어, 경제 지표 등 경제 흐름을 파악하는 것이 우선되어야 한다. 미래 전문금융인을 꿈꾸는 청소년들에게도 꿈을 이뤄 나가는 데 도움이 될 것이다.

진로탐색 #무엇을 더 볼까

관련매체 : EBS 다큐프라임 - 자본주의 1~5화
관련도서 : 『거꾸로 경제학자들의 바로 경제학』 (요술피리, 빈빈책방)

진로토론 #무엇을 이야기해 볼까

1. 자원의 희소성에 따른 세 가지 기본문제는 무엇인가?
2. 자유로운 시장경제를 가로막는 가장 큰 적은 무엇인지 토론해 보자.
3. 공기업을 민영화해야 한다. (찬반토론)
4. 경제 성장은 국민의 삶의 질과 비례한다. (찬반토론)

진로활동 #무엇을 해 볼까

1. 공기업의 기능과 역할을 조사해 보자. 우리나라 공기업의 문제점과 민영화 관련 찬성 반대에 대한 핵심 쟁점을 정리해 보자.
2. 시장경제는 정부가 개입하지 않는 것이 원칙이다. 하지만 5대 곡물 메이저 회사가 세계 곡물 시장의 80%를 장악하고 있다. '쌀값은 정부가 관리해야 한다'라는 신문 기사를 찾아 그 근거를 요약해 보자.

7. 곱창 1인분도 배달되는 세상, 모두가 행복할까?

도서정보	오찬호 / 나무를 심는 사람들 / 2020년 / 200쪽 / 13,000원	
진로정보	사회 – 플랫폼 기획자	
교과정보	사회	경제생활과 선택 – 플랫폼 경제의 함정

도서소개 #어떤 책일까?

우리 사회에서 공공연히 혹은 은밀하게 혹은 자기도 모르게 당하거나 저지르고 있는 여러 가지 차별들에 관해 서술한 책이다. 특히 청소년으로서 자기도 모르게 차별에 동참하였거나 차별당한 경험에 대해 생각하면서 자신을 돌아보게 하는 책이다. 아울러 작가의 말처럼 불편한 경험을 숨기지 말고 드러내고, 자신이 좋다고 생각하는 것도 끊임없이 의심할 때 고정관념을 깨뜨리고 더 좋은 세상과 모두가 행복한 세상을 만들 수 있음을 우리에게 알려 주고 있는 책이기도 하다.

진로탐색 #무엇을 더 볼까

관련매체 : 플랫폼노동 개념편 https://www.youtube.com/watch?v=EczuIafZkzg

관련도서 : 『까대기』(이종철, 보리)

진로토론 #무엇을 이야기해 볼까

1. 가게를 방문하기보다는 배달을 선호하는가? 그 이유는 무엇인가?
2. 배달노동자를 비롯해 플랫폼 노동자의 노동환경에 대해 어떻게 생각하는가?
3. 플랫폼 경제는 세상을 편리하고 행복하게 한다. (찬반토론)
4. 인간이 다른 인간에게 지켜야 할 가장 기본적인 예의가 무엇이라고 생각하는가?
5. 책에 제시된 차별 중 가장 심각하다고 생각하는 것은?

진로활동 #무엇을 해 볼까

1. 우리 사회 차별 실태 보고서를 작성해 보자.
2. 자신이 운영하고 싶은 플랫폼을 기획하여 발표해 보자.
3. 차별하는 사람이 되지 않기 위해 어떻게 해야 할지 논설문 개요를 작성해 보자.

8. 광고는 왜 10대를 좋아할까?

도서정보	샤리 그레이든(김루시아) / 오유아이 / 2014년 / 171쪽 / 14,000원	
진로정보	사회 - 광고 전문가	
교과정보	사회	경제생활과 선택 - 광고의 설득 전략

도서소개 #어떤 책일까?

청소년이 시장을 좌우하는 '큰손'이라고 한다. 그만큼 청소년을 대상으로 광고계는 분주하다. 따라서 많은 청소년이 광고에 속아 충동적인 소비를 해봤을 것이다.

캐나다 아동도서센터 선정 '10대를 위한 최고의 책'으로 작가는 광고 현장 경험이 풍부했던 전문가다. 그만큼 광고 제작 과정과 광고계의 속사정을 독자에게 생생하게 전달한다. 널리 알려진 에피소드 중심으로 논리를 전개해 나가서 지루하지 않고 광고에 대한 여러 궁금증을 해결할 수 있다. 디지털 시대 기업들은 미디어 마케팅 경쟁이 더 치열해지며 광고 전문가의 역할이 주목받고 있는 지금 이 책을 꼭 추천한다.

진로탐색 #무엇을 더 볼까

관련매체 : EBS 클래스e 『광고천재 이제석이 말하는 가장 좋은 광고란』
관련도서 : 『어서 와, 마케팅은 처음이지?』 (박지혜, 탐)

진로토론 #무엇을 이야기해 볼까

1. 지하철, 거리에서 또는 TV나 영화에서 가장 기억에 남는 광고는?
2. 대중 매체의 발달이 광고에 미친 영향을 말해보자.
3. 빼빼로데이 문화는 마케팅 상술이다. (찬반토론)
4. 영화나 TV 간접광고는 정말 효과적이다. (찬반토론)
5. 욕망을 자극하는 광고가 청소년에게 미치는 영향을 주제로 토론해 보자.

진로활동 #무엇을 해 볼까

1. 통계청에서 자료를 검색해 관심이 가는 사회 문제를 골라 그 해결 방안을 정리해 보자.(예시_저출산과 우리 사회의 변화 / 담당 부서 사회통계기획과)
2. 학교 근처에 개업한 '떡볶이 가게'를 상상하고, 개업식 홍보 계획과 동네 광고전략을 세워보자.

9. 똑똑한, 이상한, 꿈틀대는 뉴미디어

도서정보	주형일 / 우리학교 / 2020년 / 184쪽 / 14,000원	
진로정보	사회 - 언론인	
교과정보	사회	사회 변동과 사회문제 - 뉴미디어 시대

도서소개 #어떤 책일까?

　'디지털 원주민(digital natives)'은 스마트폰과 한 몸처럼 늘 붙어 있다. 그만큼 온라인과 오프라인의 경계가 사라지고, 가상과 현실을 구분하지 못하는 디지털 중독문제도 심각하다. 청소년이 가짜 뉴스에 더 잘 속는 것은 더욱 큰 문제이다.

　책은 총 4장으로 이루어져 있으며, 너무나 익숙해 깊이 생각해 보지 않는 뉴미디어의 속성과 뉴미디어가 불러온 사회 현상을 쉽게 풀고 있다. 미디어 홍수 시대인 만큼 미디어리터러시 능력은 필수이다. 더불어 뉴미디어의 현재 문제 그리고 미래의 모습을 그려볼 수 있다.

　1인 미디어 시대, 급변하는 언론환경에 놓인 요즘 말과 글로 더 좋은 세상을 만들 수 있는 언론인의 자세를 깊이 생각해 보는 계기가 될 것이다.

진로탐색 #무엇을 더 볼까

관련매체 : [샤로잡다] 사람들은 왜 가짜뉴스를 믿을까?
　　　　　　https://www.youtube.com/watch?v=-TJISQtUtb0
관련도서 : 『도대체 가짜 뉴스가 뭐야?』 (카롤리네 쿨라저, 비룡소)

진로토론 #무엇을 이야기해 볼까

1. 자신의 인터넷 중독에 대해 말해보자.
2. 사이버 폭력의 종류와 예방 방법에 대해 말해보자.
3. 잊힐 권리를 법제화해야 한다. (찬반토론)
4. 미디어는 자유로운 의사 표현 수단이 될 수 있다. 미디어는 민주주의 발전에 도움이 되는지 자기 생각을 말해보자.

진로활동 #무엇을 해 볼까

1. 뉴미디어로 정치에 적극적으로 참여할 수 있지만, 왜곡된 정보에 빠지거나 가짜 뉴스에 선동될 수도 있다. 그 사례를 조사해 보자.
2. 뉴미디어 시대 우리에게 필요한 자세를 생각해 보고 논설문을 써 보자.

10. 삼국유사 어디까지 읽어봤니

도서정보	이강엽 / 나무를심는사람들 / 2016년 / 220쪽 / 13,000원	
진로정보	사회 - 기록물 관리사	
교과정보	역사	국가의 형성과 발전 - 삼국유사 가치

도서소개 #어떤 책일까?

　　고전 문학 전공자 이강엽 교수가 [삼국유사] 원전을 열 가지 주제로 이해하기 쉽게 해석했다. 만화식 구성을 통해 열 가지 주제를 흥미롭게 파악할 수 있도록 했으며 특히 교과 학습과 연계하여 시험에 자주 출제되는 꼭 알아야 할 내용이 잘 나와 있다.

　　『삼국유사』, 『구운몽』, 『열하일기』가 가장 중요한 우리 고전이라 할 수 있는데 막상 고전의 참맛을 아는 사람은 많지 않다. 저자는 각각의 책마다 직접 알고 있는 청소년 한 명씩을 등장시켰다고 한다. 이 책에서는 여중생 지원이가 저자와 친근한 대화를 이어간다. 유대인에게 탈무드, 서양에 그리스 로마신화가 있다면 우리에겐 소설보다 더 재미있는 삼국유사가 있다. 일연 스님이 후손들에게 남겨준 다양한 신화와 설화를 읽고 재미와 상상력뿐 그 시대 지혜까지 한 번에 얻을 수 있다.

진로탐색 #무엇을 더 볼까

관련매체 : 삼국유사 제대로 읽기 https://www.youtube.com/watch?v=XIgWvv_qJSY

관련도서 : 『10대에게 권하는 역사』 (김한종, 글담)

진로토론 #무엇을 이야기해 볼까

1. 삼국의 건국 시조 탄생 설화인 '기이'를 1편에 저술한 의도에 대해 말해보자.
2. '임금님 귀는 당나귀 귀'는 삼국유사뿐 아니라 페르시아와 그리스신화에 비슷하게 실려 있다. 유사한 이야기가 서로 다른 지역에서 만들어지는 까닭은 무엇인가?
3. 삼국사기와 삼국유사의 배경이 되는 역사관의 차이를 토론해 보자.
4. 삼국사기보다 삼국유사는 역사적으로 더 가치가 있다. (찬반토론)

진로활동 #무엇을 해 볼까

1. 중국은 중국 내에 존재했던 모든 민족이나 역사를 자국의 민족과 역사에 귀속시키는 동북공정을 진행하고 있다. 우리나라의 역사 정책을 찾아 보고서를 써 보자.
2. 한반도의 고대 신화와 역사, 종교, 생활, 문학 등을 포함한 삼국유사가 어떤 의미에서 2022년 유네스코 세계기록유산에 등재되었는지 발표문을 작성해 보자.

II. 세계시민이 된 실험경제반 아이들

도서정보	김나영 / 리틀에이 / 2022년 / 203쪽 / 16,800원	
진로정보	사회 - 국제무역전문가	
교과정보	사회	우리나라 경제와 세계화 - 세계시민과 경제

도서소개 #어떤 책일까?

　　나선생님과 7명의 실험 경제반 동아리 친구들이 여러 가지 게임과 토론, 실험, 체험학습 등을 통해 경제에 대해 알아가는 내용을 재미있게 이야기식으로 서술한 책이다. 아울러 각 장의 끝에는 수학적 개념과 경제 개념을 접목하여 설명해 주어 앞에 나온 상황을 이해하기 쉽게 정리해 주고 있다.

　　특히 이 책은 국제경제를 비롯해 세계시민으로서 알아야 할 개념들을 제시하면서 또한 자신의 이익만을 추구하는 경제가 아니라 모두의 미래를 위하고 공공의 이익을 생각하는 태도를 기르는 것의 중요성을 알려주고 있어 우리 청소년들이 자신과 세상을 위해 좋은 선택을 하는 데 도움을 줄 것이다.

진로탐색 #무엇을 더 볼까

관련매체 : 청소년부터 성인까지 반드시 배워야 하는 경제 교육
　　　　　　https://www.youtube.com/watch?v=WG47yp2TrJQ
관련도서 : 『청소년을 위한 세계경제원론 01 : 경제학 입문』
　　　　　　(바바라 고트프리트 홀랜더, 내인생의책)

진로토론 #무엇을 이야기해 볼까

1. 내가 친구들과 비교하여 비교우위를 가지는 능력은 무엇인가?
2. 자유무역은 세계 경제에 도움이 된다. (찬반토론)
3. 우리나라의 세금 수준은 다른 나라와 비교할 때 적절하다. (찬반토론)
4. 다른 나라와 경제적 교류 없이 자급자족하는 것은 불가능할까?

진로활동 #무엇을 해 볼까

1. 여러 나라의 빅맥 가격을 조사하고 이를 토대로 각국의 물가를 비교해 보자.
2. 나의 주변에 어떤 공유자원이 있는지 조사하여 발표해 보자.
3. 외국과 교역을 하는 일을 한다면 수입하고 수출하고 싶은 품목을 발표해 보자.

12. 세상에 대하여 우리가 더 잘 알아야 할 교양 1 - 공정무역

도서정보	아드리안 쿠퍼(전국사회교사모임) / 내인생의책 / 2010년 / 128쪽 / 12,000원	
진로정보	사회 - 사업가	
교과정보	사회	경제생활과 선택 - 공정무역과 착한 소비

도서소개   #어떤 책일까?

　　경제가 어려워지며 가성비 좋고 저렴한 물건을 사는 것이 대세가 되어버린 현실 속, 우리가 소비하는 물건들이 어떤 경로로 누구에 의해 만들어졌는지, 그리고 그 생산자들은 정당한 대가를 지불받았는지 생각해 보게 하는 책이다.

　　공정무역의 개념을 제시하고, 착한 소비가 어떻게 세상을 바꿀 수 있는지도 고민해 보게 한다. 아울러 물건이 만들어져서 그것이 어떻게 전 세계로 퍼져나가 소비되고 우리가 사용하는 물건들의 원재료부터 생산공정 그리고 폐기되는 과정까지 살펴보면서 책임감 있는 소비의 중요성에 대해서도 생각해 보게 하는 책이다.

진로탐색   #무엇을 더 볼까

관련매체 : 공정무역이란 무엇인가? https://www.youtube.com/watch?v=8x7N_L-9Ux8
관련도서 : 『사회 선생님이 들려주는 공정무역 이야기』(전국사회교사모임, 살림출판사)

진로토론   #무엇을 이야기해 볼까

1. 공정무역은 왜 중요할까?
2. 식량 교역은 어떻게 해서 불공정 무역이 될 수 있을까 말해보자.
3. 생산자와 판매자, 소비자가 모두 행복할 수는 없을까?
4. 공정무역은 왜 아동노동을 줄이는 데 도움이 될까?
5. 물건을 많이 팔기 위해서는 가격경쟁력이 가장 중요하다. (찬반토론)

진로활동   #무엇을 해 볼까

1. 착한 소비를 한 사례를 친구들과 나누어 보자.
2. 공정무역과 인권, 환경과의 관련을 조사하여 발표해 보자.
3. 자신이 판매하고 싶은 상품을 고르고, 적절한 근로조건을 설정해 보자.

13. 앨버트로스의 똥으로 만든 나라

도서정보	후쿠타 야스시(이종훈) / 서해문집 / 2006년 / 118쪽 / 10,000원	
진로정보	사회 – 정책기획자	
교과정보	사회	사회 변동과 사회문제 – 공동체 문제와 노동의 가치

도서소개 #어떤 책일까?

　　앨버트로스의 똥으로 만들어진 인광석이 풍부하여 모든 국민이 일을 전혀 하지 않아도 잘 살았던 나우루 공화국이, 무한할 거로 생각했던 인광석이 고갈되면서 위기에 처한 상황을 해결하기 위해 고군분투하는 모습을 그린 책이다.

　　이 책을 통해 공동체의 문제를 해결하기 위해 국민의 의견을 모으고 바른 판단을 통해 진정으로 국민을 위하는 정책을 펼칠 수 있는 지도자의 존재 중요성과 노동의 가치를 알고 땀 흘려 일하여 돈을 벌고 생활하는 것의 소중함에 대해 알게 될 것이다.

진로탐색 #무엇을 더 볼까

관련매체 : 새똥으로 부자가 된 나우루 공화국의 최후
　　　　　　https://www.youtube.com/watch?v=yIc1L6h8YsQ
관련도서 : 『고릴라는 핸드폰을 미워해』 (박경화, 북센스)

진로토론 #무엇을 이야기해 볼까

1. 노동은 인간을 불행하게 만들까?
2. 인간이 행복하기 위해 가장 필요한 것은 무엇일지 이야기해 보자.
3. 어떤 정치가가 국민을 행복하게 만들까에 대해 토론해 보자.
4. 부유한 나라는 행복한 나라이다. (찬반토론)
5. 세금을 내지 않으면 좋을까?

진로활동 #무엇을 해 볼까

1. 내가 나우루 공화국의 대통령이라면 어떻게 문제를 해결할지 연설문을 써 보자.
2. 나우루 공화국의 현재 모습을 조사하여 발표해 보자.
3. 우리나라를 더 좋은 나라로 만들기 위해 꼭 필요한 정책을 제안해 보자.

14. 저 청소일 하는데요?

도서정보	김예지 / 21세기북스 / 2019년 / 224쪽 / 17,000원	
진로정보	사회 - 청소전문가	
교과정보	도덕	자신과의 관계 - 직업적 양심

도서소개 #어떤 책일까?

『저 청소일 하는데요?』의 작가는 일러스트레이터라는 꿈과 생계를 모두 가능하게 해줄 직업으로 '청소'를 선택했다. 생계와 좋아하는 일 사이에서 고민하다 직업으로 꿈을 이룰 수는 없다고 생각해 내린 결정이었다. 그러나 청소 일은 저자 본인에게도 낯선 직업이었다. 타인이 만든 편견뿐 아니라 저자 스스로 만든 편견과도 싸워야 했다. 그러나 힘들 것 같고, 괴롭기만 할 것 같은 낯선 직업이 오히려 저자에게 새로운 삶을 선물해 주었다. 남과 다른 경험들 속에서 생각이 자랐고, 익숙하지 않은 상황들은 특별한 이야기가 되었다. "조금 다르게 살아보니, 생각보다 행복합니다."라고 작가는 말한다.

『저 청소일 하는데요?』를 통해 하고 싶은 일과 현실의 상황 사이에서 고민하는 청소년들에게 또 다른 대안을 제시해 줄 수 있을 것이다.

진로탐색 #무엇을 더 볼까

관련매체 : 청소노동자 김예지 | 일러스트레이터 코피루왁
　　　　　　https://youtu.be/mWDb3zjCn-Y?si=UmOIhDn8ANCj4zOu
관련도서 : 『10대와 통하는 일하는 청소년의 권리 이야기』 (이수정, 철수와 영희)

진로토론 #무엇을 이야기해 볼까

1. 진로 방향을 잡지 못해 고민한 경험이 있는가?
2. 작가가 생계를 위해 청소전문가로 일하는 것처럼 자신도 생계를 위해 할 수 있는 일에는 무엇이 있을까?
3. 작가가 일러스트레이터 일을 하는 것처럼 자신이 꼭 하고 싶은 일은 무엇인가?
4. 자신도 겸업할 수 있다고 생각하는가?

진로활동 #무엇을 해 볼까

1. 어떤 일을 하든 자신을 존중하는 힘이 있다면 그 속에서 가치를 발견할 수 있다는 전제 아래 나만의 자존감을 높이는 비법이 있다면 공유해 보자.
2. 내가 할 수 있는 일과 하고 싶은 일을 각각의 동그라미에 써넣어 벤 다이어그램을 완성해 보고 관련 직종을 찾아보면서 자신의 미래 직업을 설계해 보자.

15. 차별은 원숭이도 화나게 한다

도서정보	복대원 외 1 / 바다출판사 / 2019년 / 187쪽 / 12,000원	
진로정보	사회 – 국제인권기구 활동가	
교과정보	사회	사회 변동과 사회 문제 – 세계화, 다문화의 이해

도서소개 #어떤 책일까?

　　"차별은 나쁜 것이다." 모두가 알고 있는 문제다. 그러나 대한민국을 비롯한 세계 곳곳에는 여전히 다양한 차별과 거부가 존재한다.

　　이 책은 '인간뿐만 아니라 원숭이도 불공평에 분노한다'는 실험 결과를 이야기하며 우리 사회에 차별이라는 문제가 생기게 된 원인과 현상에 대해 설명한다. 성별과 인종, 빈부격차 등의 사회적 차별이 만연한 상황을 이야기하며 그것을 극복하기 위한 방법을 제시하고 있다.

진로탐색 #무엇을 더 볼까

관련매체 : 영화 『히든 피겨스』 2017, 미국
관련도서 : 『선량한 차별주의자』 (김지혜), 창비
　　　　　 『인권사회학의 도전:인권의 통합적 비전을 향하여』 (마크 프레초, 교양인)

진로토론 #무엇을 이야기해 볼까

1. 차별하는 것과 분류하는 것은 무엇이 다를까?
2. 미국은 흑인 학생에게 로스쿨 입시 가산점을 준다. 이것은 차별일까, 아닐까?
3. 과거 일본에서는 특정 직업을 가진 사람들의 열악한 생활환경을 개선하고 지원한다는 이유로 한곳에 모여 살 수 있는 마을을 만들었다. 이것은 차별일까, 보호일까?

진로활동 #무엇을 해 볼까

1. 1948년에 만들어진 세계인권선언문의 조항들을 살펴보고, 개정해야 할 부분이나 새로 만들어야 할 부분을 생각해 보자.
2. 우리 사회의 차별 사례를 조사해 보고서를 만들어 보자.

16. 청소년을 위한 경제학 에세이

도서정보	한진수 / 해냄출판사 / 2016년 / 316쪽 / 16,800원	
진로정보	사회 – 경제학자	
교과정보	사회	경제생활과 선택 – 경제생활에서의 합리적 선택

도서소개 #어떤 책일까?

　　연예기획사가 아이돌 그룹을 구성할 때는 비교우위라는 경제원리를 적용한다는 사실을 알고 있을까? 구성원 각자의 능력을 철저히 분석해 저마다 비교우위 분야를 정하고 이에 특화하도록 역할을 나누며, 보컬, 미모, 랩, 안무, 미모 담당 등을 적절히 섞어 그룹을 구성할 때 성공 가능성이 높다는 사실, 우리 청소년들이 좋아하는 아이돌부터 시작하여 친숙하게 우리의 일상생활 속에 접하게 되는 경제학의 원리에 대해 구체적인 예를 들어 자세하게 설명해 주는 책이다. 단연코 청소년 시기에 꼭 읽어야 하는 경제학 입문서이다.

진로탐색 #무엇을 더 볼까

관련도서 : 『미니멀 경제학』(한진수, 중앙북스)

진로토론 #무엇을 이야기해 볼까

1. 투자, 자본, 희소성, 공짜, 지출의 용어를 설명해 보자.
2. 매점의 물건 가격은 왜 그렇게 비쌀까? (독점, 대체재, 진입장벽)
3. 시너지 효과와 메기 효과에 관해 설명해 보자.
4. 비교우위라는 경제원리에 대해 어떻게 생각하는가?
5. 교육 정책을 수립할 때 경제적 효과를 고려하는 것에 대해 어떻게 생각하는가?

진로활동 #무엇을 해볼까

1. 국가 발전의 원동력으로 사유재산제를 들 수 있다. 이에 대한 자기 생각을 소신껏 글로 써 보자.
2. 용돈 기록장을 작성해 보고 그 가치를 발표해 보자.

17. 청소년을 위한 돈이 되는 경제 교과서

도서정보	신동국 / 처음북스 / 2023년 / 280쪽 / 16,000원	
진로정보	사회 - 금융전문가	
교과정보	사회	경제생활과 선택, 시장과 가격

도서소개 #어떤 책일까?

현대인들이 가장 관심을 가지는 것을 고르라면 당연히 돈이라고 할 수 있을 것이다. 사람들은 인생의 대부분 돈을 생각하고 돈을 많이 벌고 싶어 하고 돈을 쓰면서 살아간다. 이 책은 돈의 정의와 돈을 모으고 빌리는 법, 돈을 불리는 법, 아울러 세금과 보험, 신용 등에 대해 청소년에게 이해하기 쉽게 알려주는 책이다.

아울러 이 책은 경제의 흐름과 관련된 인플레이션과 디플레이션 등과 같은 주요 핵심 용어들도 예시와 함께 설명하고 있어 청소년들이 이 책을 통해 경제적 자유를 얻는 토대를 다질 수 있을 것이다.

진로탐색 #무엇을 더 볼까

관련매체 : 경제와 역사를 결합해 경제의 큰 흐름을 바라보는 방법
　　　　　　https://www.youtube.com/watch?v=X-Gah0d05_g
관련도서 : 『10대부터 읽는 머니스쿨』(마커스 위크스, 더퀘스트)

진로토론 #무엇을 이야기해 볼까

1. 자신이 생각하는 경제란 무엇일까?
2. 돈을 벌기 위해 노력해 본 적이 있는가? 어떻게 노력했는가?
3. 대출은 진짜 또 다른 자산일까?
4. 세금은 적게 낼수록 좋다. (찬반토론)
5. 진로를 선택할 때 경제적 가치를 우선 고려해야 한다. (찬반토론)

진로활동 #무엇을 해 볼까

1. 금융전문가로서 가져야 할 가장 중요한 소양을 조사해 보자.
2. 우리에게 꼭 필요한 보험상품을 구상하여 발표해 보자.
3. 자신의 투자하고 싶은 기업을 고르고 그 이유를 제시해 보자.

18. 출동 중인 119구급대원입니다

도서정보	윤현정 / 알에이치코리아 / 2021년 / 208쪽 / 16,800원	
진로정보	사회 – 119구급대원	
교과정보	과학	재해·재난과 안전

도서소개 #어떤 책일까?

　　나에게 교통사고가 난다면 가장 먼저 달려와 주는 사람은 누구일까? 영화가 아닌 현실에서 우리와 함께하며 밤낮없이 활동하는 영웅들이 있다.

　　이 책의 저자는 현직 119구급대원이다. 하루에도 몇 번씩 생사가 오가는 긴박한 상황 속에는 우리가 알지 못한 사연들이 숨어있다. 생명을 살리기 위한 사투뿐 아니라, 일상에서 흔하게 마주하게 되는 응급상황에서 처치법 같은 유용한 정보들에 관해서도 소개하고 있다.

진로탐색 #무엇을 더 볼까

관련매체 : KBS 다큐 공감 304회 『언제나 당신 곁에 119구급대』 2019
관련도서 : 『소방관 아빠 오늘도 근무중』 (김종하, 호밀밭)

진로토론 #무엇을 이야기해 볼까

1. 응급상황을 겪은 경험이 있다면 이야기해 보자.
2. 심장마비 환자를 발견한다면 여러분은 어떤 응급조치를 하겠는가?
2. 119 구급대원 등 위험하거나 어려운 곳에서 근무하는 분들을 찾아보고, 우리 사회가 그들을 위해 어떻게 대우해야 한다고 생각하는가?
3. 범죄자를 호송하는 차량이 사고를 당했다. 생명이 위독한 악질 범죄자와 비교적 가벼운 부상을 한 교도관이 있다면 누구를 먼저 구해야 할까?

진로활동 #무엇을 해 볼까

1. 소방 안전 체험관 혹은 지역 소방서를 견학해 보자.
2. 지역 소방서 견학 보고서를 작성해 학교 홈페이지에 탑재해 보자.

19. 탈성장 쫌 아는 10대

도서정보	하승우 / 풀빛 / 2021년 / 172쪽 / 13,000원	
진로정보	사회 - 기후학자	
교과정보	사회	사회 변동과 사회 문제 - 탈성장의 개념과 실천 방안

도서소개 #어떤 책일까?

'멈추는 것이 아닌 함께 나아가는 것'이라는 부제에서 알 수 있듯이, 수치로 확인할 수 있었던 성장 지표가 더 이상 질적인 성장을 담보하는 것은 아니라는 것, 성장하지 않고도 경제는 지속 가능한지, 성장 없는 분배가 가능한지 등을 다루고 있다.

사회 조금 아는 십대 시리즈의 열두 번째 주제인 '탈성장'을 삼촌과 조카의 대화로 진행하고 있어 다소 낯설고 무거운 주제이지만 이해를 돕기 위한 적절한 그림들과 함께 가볍게 접할 수 있다. 대화 속에서 자연스럽게 탈성장이란 삶을 바꾸는 것임을 알고 실천하려는 방법들에 대해 생각할 수 있다.

진로탐색 #무엇을 더 볼까

관련매체 : 빠른 속도로 성장하는 사회, 그로 인해 빠르게 무너지기 시작한 지구.
책 읽어주는 나의 서재 EP.5 | tvN STORY 210615 방송
https://www.youtube.com/watch?v=2TsNfQ0vRgk
관련도서 : 『2023 기후 전망과 전략』(녹색전환연구소 엮음, 착한책가게)

진로토론 #무엇을 이야기해 볼까

1. 탈성장은 성장과 어떤 점에서 다를까?
2. 경제가 성장하면서 삶이 나아지지 않은 사례가 있을까?
3. 부를 세습하는 사회는 위험할까?
4. 성장 없이는 분배할 수 없다. (찬반토론)
5. 인간과 자연이 공존할 방법을 주제로 토론해 보자.

진로활동 #무엇을 해볼까

1. 자신의 신념에 따라 삶의 방식을 친환경적으로 바꾼 사람을 우리 주변에서 찾아 인터뷰를 해 보자.
2. 기후 위기 시대를 맞이해 새롭게 등장하거나 사라지는 직업군을 조사해 보자.

20. 촉법소년, 살인해도 될까요?

도서정보	김성호 / 천개의바람 / 2023년 / 168쪽 / 13,000원	
진로정보	사회 - 법 전문가	
교과정보	사회	일상생활과 법 - 법과 청소년

도서소개 #어떤 책일까?

　　제목부터 살짝 무거워서 책에 대한 접근이 쉬워 보이지는 않지만, 요즘 들어서 특히 우리 청소년들이 다양한 범죄에 노출되어 있기에 최소한은 교양서적으로 꼭 읽었으면 하는 책 중 하나이다. 대한민국은 촉법소년 나이를 한 살 낮춤으로써 사회 문제로 대두되고 있는 소년 범죄를 예방할 수 있을지에 대한 쟁점을 시작으로 소년법의 체계와 역사, 법의 역할과 기능을 되짚어 보며, 형벌의 기능과 속성을 파헤치고 이에 대해 생각해 볼 수 있는 계기를 만들어 주는 책이다.

　　총 5개의 주제로 구성되어 있으며, 1장의 나는 촉법소년, 2장의 소년 보호 재판, 3장의 소년법의 역사, 4장의 엄벌주의 논쟁과 5장의 회복적 정의의 순으로 집필하였다.

진로탐색 #무엇을 더 볼까

관련도서 : 『10대에게 권하는 법학』 (전제철, 글담출판)

진로토론 #무엇을 이야기해 볼까

1. 청소년 범죄에 대한 처벌에 대해 어떻게 생각하는가?
2. 학교 내외에서 일어나는 청소년의 범법 행위들을 처벌하는 기준은 무엇일까?
3. 소년 보호 재판과 형사재판을 결정하는 기준은 무엇일까?
4. 촉법소년 나이를 낮추는 것이 필요하다. (찬반토론)
5. 촉법소년을 효과적으로 돕는 방법을 토론해 보자.

진로활동 #무엇을 해 볼까

1. 학급 친구가 다른 친구를 폭행하는 사건이 발생했다. 대처 방법을 설명해 보자.
2. 내가 경찰관이나 법관이라면 위의 사건에 대해 어떻게 대처할 것인지 구체적인 이유를 들어 글을 써 보자.

중학교 진로독서 가이드북

제4장

과학

◈ 과학 영역 소개 ◈

#과학 분야 소개

과학은 우리 주변의 자연 현상을 탐구하고 설명하는 방법이다. 과학을 통해 우리는 우주, 지구, 생명, 물질, 기술 등에 대해 더 많이 알 수 있다.

과학은 호기심과 창의력을 발휘할 수 있는 재미있고 유익한 활동이다. 과학을 하면서 우리는 새로운 질문을 던지고, 가설을 세우고, 실험하고, 결과를 공유하고, 지식을 쌓아간다. 또한 과학은 인류의 문제를 해결하고 삶의 질을 향상시키는 데 도움이 되는 분야이다. 과학을 이용하면 우리는 건강, 환경, 에너지, 의료, 교통 등의 분야에서 혁신적인 발전을 이룰 수 있다. 중학교 과학은 이러한 과학의 기본적인 개념의 이해와 과학탐구 방법을 학습하기 위한 중요한 기초과정이다.

#과학 계열 미래 전망

과학 계열은 미래에 많은 기회와 도전이 있는 분야이다. 과학 계열의 직업은 다양하고 흥미로운 분야가 많다. 예를 들어, 소프트웨어 개발자, 환경 과학자, 생명 과학자, 화학자, 의사, 공학자 등이 있다.

#과학 계열 진로 독서

과학 계열의 미래 전망과 진로에 대해 더 알고 싶다면 첫째, 과학 관련 책을 읽어보자. 과학책은 과학의 원리와 역사, 과학자의 이야기, 과학의 적용과 영향 등을 알려준다. 과학책은 상상력과 호기심을 자극하고, 과학에 대한 흥미와 열정을 불러일으킨다. 그러기 위해서는 관심 있는 주제나 분야를 선택하면 된다. 예를 들어, 우주, 동물, 컴퓨터, 식물, 인체 등이 있다.

둘째, 과학 관련 웹사이트와 동영상 정보를 찾아 적극적으로 정보를 검색한다. 과학 웹사이트나 동영상은 과학의 실제와 재미를 보여준다. 과학의 원리와 실험, 과학의 적용과 혁신, 과학의 문제와 해결 등을 알려준다.

셋째, 과학 관련 활동이나 프로젝트를 해 보자. 과학 활동이나 프로젝트는 과학의 실습과 탐구를 가능하게 한다. 과학 활동이나 프로젝트는 과학의 질문과 가설, 실험과 관찰, 결과와 결론, 공유와 토론 등을 경험하게 한다.

◆ 과학 도서 목록 ◆

순	영역	진로정보	교과정보	도서명	집필자	비고
1	과학	연구원	과학	미래를 읽다 과학이슈 11 SEOSON 14	김희진	대표
2	과학	화학자	과학	역사를 바꾼 17가지 화학 이야기 1, 2	김희진	대표
3	과학	해양과학자	도덕	10대를 위한 교양 수업 4	조아라	
4	과학	농·임학자	과학	10대를 위한 총균쇠 수업	김희진	
5	과학	생물학자	과학	10대와 통하는 생물학 이야기	김희진	
6	과학	지구학자/환경공학자	과학	그림으로 배우는 지층의 과학	김희진	
7	과학	식품학자/영양사/요리사	진로와 직업	나의 직업 요리사	김희진	
8	과학	기후 공학 전문가	환경	두 번째 지구는 없다.	강민정	
9	과학	생명과학 전문가	과학	생명과학 뉴스를 말씀드립니다.	강민정	
10	과학	AI 공학자/로봇·자동차 공학자	과학	십대를 위한 미래과학 콘서트	최창준	
11	과학	동물 행동 전문가	과학	어니스트 시턴의 아름답고 슬픈 야생동물 이야기	유복순	
12	과학	화학자	과학	재밌어서 밤새 읽는 화학 이야기	김희진	
13	과학	물리학자	과학	재밌어서 밤새 읽는 물리 이야기	김희진	
14	과학	농·임학자	과학	전략가, 잡초	김희진	
15	과학	연구원	과학	지구가 너무도 사나운 날에는	김희진	
16	과학	천문/우주학자	과학	천문학 콘서트	김희진	
17	과학	수산학자	과학	친애하는 인간에게 물고기 올림	김희진	
18	과학	생물학자	과학	특종! 생명과학 뉴스	김희진	
19	과학	농·임학자	과학	파브르 식물기	김희진	
20	과학	생명공학자	도덕	프랑켄슈타인	조아라	
21	과학	화학자	과학	한입에 쏙싹 편의점 과학	김희진	

Ⅰ. 미래를 읽다 과학이슈 11 SEASON 14

도서정보	한세희 외 10 / 동아엠앤비 / 2023년 / 216쪽 / 18,000원	
진로정보	과학 - 연구원	
교과정보	과학	과학과 인류의 지속 가능한 삶

도서소개 #어떤 책일까?

이 책은 매년 갱신하여 2024년 1월 현재 SEASON 14까지 나온 책으로 최신 과학이슈 11가지를 선정하여 소개한다. 최신 과학 이슈를 일일이 찾아 읽지 않고 전문가의 소개를 통해 한 번에 알아볼 수 있어서 과학을 좋아하는 학생들에게 항상 인기가 많다.

최신 과학에 대한 정보를 얻기 좋으며 사회현상이나 뉴스를 볼 때도 과학적으로 접근하여 해석할 수 있을 것이다.

진로탐색 #무엇을 더 볼까

관련매체 : 도서 소개 영상

관련도서 : 『미래를 읽다 과학이슈 11 시리즈』(이식, 동아엠앤비)

진로토론 #무엇을 이야기해 볼까

1. 학교 과제를 작성할 때 생성형 AI(챗GPT) 사용을 인정해 주어야 한다. (찬반토론)
2. 원전 오염수 방류에 대해 국가는 국민을 이해시켜야 한다. (찬반토론)
3. 도심 항공 교통을 실용화하기 위해 가장 먼저 해결해야 할 문제는 무엇이라고 생각하는가?
4. 범용 인공지능(AGI)이 상용화되면 무엇이 가장 큰 문제가 될까?

진로활동 #무엇을 해 볼까

1. 생성형 AI(챗GPT)로 소설을 작성하는 것에 대한 자신의 의견을 글로 작성해 보자.
2. 마약의 위험성에 대해 알리는 게시물을 작성하여 학급에 게시해 보자.

◈ 책 이야기 ◈

1. 책 표지에 다양한 과학적 이슈가 적혀있다. 가장 관심 있는 주제를 쓰고, 그 이유를 말해보자.

2. 책에서 가장 흥미로웠던 사진은 무엇이었으며, 그 이유는 무엇인지 말해보자.

3. 책에서 추가해야 할 혹은 빠져도 될 주제가 있다면 무엇인지 적고, 그렇게 생각하는 이유를 말해 보자.

4. 책에 나와 있는 여러 주제 중 한 가지 주제를 정해 친구에게 설명해 보자.

1. 위 자료를 보고 느낀 점을 말해보자.

2. 책과 자료를 보고 궁금한 것을 질문해 보자.

3. 원전 오염수를 처리한 물의 방류에 대해 찬반 입장을 밝히고, 그 이유를 말해보자.

4. 항상 그랬지만 지금은 그 어느 때보다 에너지가 중요한 시대이다. 원자력 발전소는 위험하고, 이제까지의 발전소들은 기후변화에 악영향을 미치거나 실용성이 떨어진다. 일반 원자력 발전소 대신 소형모듈러 원자로(SMR)의 실용화 가능성에 관해 책에서 안내하고 있다. SMR을 사용해도 핵폐기물은 생기지만 양도 적고 일반 원전보다 훨씬 안전하다고 한다. SMR 개발을 해서 실용화하는 것에 대해 찬성하는가, 반대하는가? 그 이유는 무엇인가?

◈ 진로 이야기 ◈

1. 과학은 연구 범위가 매우 넓다. 어떤 분야가 있는지 알아보자.

2. 조사한 분야 중 가장 관심이 가는 분야 2가지를 적고 소개해 보자.

3. 사회에서 현재 관심이 높은 분야와 내가 연구하고픈 분야가 다르다면 무엇을 선택할 것인지 적고, 그 이유를 말해보자.

4. 관심 가는 과학 분야에서 유명한 사람을 찾아 그 사람이 쓴 책이나 영상을 찾아보자.

5. 20년 후 TED에서 내 연구를 발표한다면, 내 소개를 어떻게 할지 적어 보자.

2. 역사를 바꾼 17가지 화학 이야기 1, 2

도서정보	페니 르 쿠터 외 1(곽주영) / 사이언스북스 / 2014년 / 278쪽 / 16,000원	
진로정보	과학 – 화학자	
교과정보	과학	물질의 특성

도서소개 #어떤 책일까?

　　화합물의 발견(혹은 발명)과 역사의 패러다임 변화가 서로 동떨어진 것이 아님을 말해 주는 책이다. 세계사에 관심이 있다면 역사를 사회과학이 아니라 자연과학적 관점에서 해석할 수도 있다는 것을 알게 될 것이다.

　　모든 장들이 유기적으로 연결되어 순서대로 읽어도 좋고, 관심 있는 물질을 소개한 장부터 읽어도 문제 없다. 설탕에서 폭발물까지 다양한 물질에 대한 상식을 키울 수 있다.

진로탐색 #무엇을 더 볼까

관련도서 : 『미래를 읽다 과학이슈 11 시리즈』 (한상기, 동아엠앤비)
　　　　　『재밌어서 밤새 읽는 화학 이야기』 (사마키 다케오, 더숲)

진로토론 #무엇을 이야기해 볼까

1. 플라스틱이 인류에 미친 긍정적인 것과 부정적인 것을 말해보자.
2. 과학은 인류 역사를 발전시켰다고 하는 데 동의하는가?
3. 과학자가 자신의 연구로 경제적 이윤을 얻는 것은 정당하다. (찬반토론)
4. 다이너마이트의 발명은 인류에게 독이 되었다. (찬반토론)
5. 세계사를 연구하는 학자들은 과학을 공부해야 한다. (찬반토론)

진로활동 #무엇을 해 볼까

1. 앞으로 발견 혹은 발명되었으면 하는 물질의 성질과 쓰임에 대해 글로 묘사해 보자.
2. 역사를 바꾼 물리적 발견이나 발명에 대한 예를 한 가지 발표해 보자.
3. 유명한 화학자들을 찾아 보고, 한 분을 택해 업적을 조사해 보자.

◈ 책 이야기 ◈

1. "이야기를 시작하며(나폴레옹의 단추)"를 읽고 답해 보자. 나폴레옹이 러시아 전투에서 패배한 이유에 대한 가설 중 하나는 어떤 물질의 성질을 잘 몰랐기 때문이라고 한다. 이 물질의 이름과 특성을 써보자. 왜 이 특성이 나폴레옹의 전쟁에 영향을 미치는 것일까?

2. "이야기를 시작하며"를 읽고 가장 인상 깊은 내용은 무엇인지 쓰고, 그 이유를 이야기해 보자.

3. 화학식을 보지 읽는 데 큰 문제는 없다. 그래도 가장 마음에 든 화학식이 있다면 따라 그려보고 그 이름과 이에 얽힌 이야기를 적어 보자.

4. 화학은 어떤 학문인지 설명하는 글 중 가장 짧은 글을 인터넷이나 책에서 찾아 적어 보자.

◈ 질문하고 토론하고 ◈

기이한 꿈 이야기를 해 보자. 즉 나는 화학이 없는 세계에 살고 있다. (중략) 음식은 먹을 만할지도 모른다. 화학에서 자유로운 음식은 특별히 맛있어야 할 테니까! 냉장고와 냉동고가 없기 때문에 음식을 보관하는 일은 힘들겠지만 갈색의 시든 사과는 먹을 수 있다. 그 중 절반은 벌레 먹은 것이다. 물에 곡식을 넣어 끓인 죽으로 끼니를 때운다. 하지만 끼니를 준비하기 전에 곰팡이의 일종인 맥각(麥角)에 오염된 모든 곡식 알갱이를 골라내야 한다. 맥각은 호밀에 기생하며 위험한 독소를 만들어낸다. 맥각 알칼로이드에 중독되면 혈액순환장애로 관절 마비, 두통, 현기증, 경련 등을 일으킨다. 곰팡이 증식을 막을 수 있는 식물 보호제가 없기 때문에 일어나는 일이다. (후략)

『화학으로 이루어진 세상』, 15~16쪽

1. 위 자료를 읽고 느낀 점을 말해보자.

2. 많은 식음료 광고에서 무농약 재배를 강조한다. 무농약 재배 농사는 좋은 것일까? 합성 물질은 되도록 만들지 않는 것이 좋을까? 자기 생각을 적고 말해보자.

3. 자연에서 얻을 수 없는 물질로 만들어진 물건이나 물질 중(혹은 책에서 소개된 물질 중) 가장 중요하다고 생각하는 것이 무엇인지 적고, 그렇게 생각하는 이유를 말해보자.

◈ 진로 이야기 ◈

1. 과학실에서 본 실험 기구나 과학 수업에서 한 실험 중 가장 흥미 있었던 것은 무엇인지, 그렇게 생각하는 이유는 무엇인지 적어 보자.

2. 물질을 연구하는 학문이 화학이다. 내가 화학자가 된다면 어떤 성질을 가진 물질을 연구하거나 만들어 보고 싶은가? 그 이유도 적어 보자.

3. 유명한 화학자를 찾아보고, 그 사람을 소개하는 짧은 글을 써 보자.

4. 화학자가 되기 위해 갖추어야 할 역량에 대해 생각하거나 찾아보고, 그 내용을 적어 보자.

5. 화학을 전공하면 어떤 직업을 가질 수 있는지 대학 홈페이지나 커리어넷 등을 활용해 알아보고 관심가는 직업을 적어 보자.

3. 10대를 위한 교양 수업 4

도서정보	남성현 외 l / 아울북 / 2023년 / 152쪽 / 15,000원	
진로정보	과학 – 해양과학자	
교과정보	도덕	자신과의 관계 – 직업의 의미와 가치

도서소개 #어떤 책일까?

　이 책은 서울대학교 자연과학대학 지구환경과학부 교수인 남성현 교수님이 청소년을 대상으로 해양 과학에 대해 쉽고 재미있게 설명해 주는 책이다. 따라서 이 책은 해양 생물이나 해양 오염, 해양 재해, 해양 교통 등에 관심이 있는 청소년에게 추천한다.

　이 책에서는 해양 과학이 무엇인지, 그리고 해양 과학이 다른 분야와 맺고 있는 관계 (지구 온난화, 물 부족, 해양 자원, 인공위성 관측, 지구 공학) 등을 설명하고 있다.

진로탐색 #무엇을 더 볼까

관련매체 : 유튜브 'KIOST-한국해양과학기술원' 채널

관련도서 : 『바다를 보는 현미경, 해양과학기지』 (심재설, 지성사)

진로토론 #무엇을 이야기해 볼까

1. 해양 과학 분야 중에는 해양을 탐사하는 분야가 있는데, 해양 탐사 활동의 문제점은 없을까?

2. 어업 방식 중에서 물고기를 '잡는 어업'과 물고기를 '기르는 어업' 중에서 어떤 것이 해양 생태계에 도움이 될까?

3. 지구 온난화와 바다는 연결되어 있다고 하는데 해양 과학 분야에서 지구 온난화를 해결할 방법에는 어떤 것이 있을까?

진로활동 #무엇을 해 볼까

1. 해양 과학 연구 분야(해양 오염, 해양 재해, 해양 생물, 해양 관광 등)를 다양하게 조사해 보고, 각 분야의 현재와 미래 전망을 담은 보고서를 작성해 보자.

2. 해양 폐기물 예방 캠페인 활동을 계획하고 실천해 보자.

4. 10대를 위한 총균쇠 수업

도서정보	김정진 / 넥스트씨 / 2023년 / 272쪽 / 16,000원	
진로정보	과학 – 농·임학자	
교과정보	과학	과학 전반

도서소개 #어떤 책일까?

유명한 고전 『총 균 쇠』는 책이 매우 두꺼워 쉽게 손이 가지 않는다. 저자는 이 좋은 내용을 10대 학생들에게 어떻게 전달해 줄 것인가 고민하여 정리하였다.

이 책을 보면 문명의 발전과 세계사의 흐름이 왜, 어떻게 진행되었는지 알 수 있다. 이는 자연조건과도 밀접한 관련이 있음을 알 수 있다. 작물, 가축 등이 인류사에 어떤 영향을 미치게 되었는지 알게 되면 놀라게 될 것이다.

진로탐색 #무엇을 더 볼까

관련매체 : 알쓸신잡 EP.5 tvN 221230 방송분 요약본 https://youtu.be/Lo970-8R5Kg
관련도서 : 『청년 우장춘』(이남희, 실천문학사)

진로토론 #무엇을 이야기해 볼까

1. 우리나라에 열대 지방 과일을 키우기 시작한 것은 바람직하다. (찬반토론)
2. 쌀 소비가 줄고 있으므로 쌀농사를 줄여야 한다. (찬반토론)
3. 우리나라는 산맥이 동쪽으로 뻗어 있어서 농사나 산림에 영향을 미치고 있다. 어떤 특징인지 말해보자.
4. 이탈리아와 우리나라는 사람들의 성향이 비슷하다고 알려져 있다. 그 이유는 무엇이라고 생각하는가?

진로활동 #무엇을 해 볼까

1. 우리나라에서 생산하는 농산물 중에 한 해 농사에 실패하면 우리 식문화에 가장 큰 영향을 미칠 작물은 무엇이며, 왜 그렇게 생각하는지 적어 보자.
2. 우리나라에 산이 거의 없었다면 주변에서 보는 식물이 지금과 무엇이 다른지 생각하고 그림으로 표현해 보자.

5. 10대와 통하는 생물학 이야기

도서정보	이상수 / 철수와영희 / 2019년 / 296쪽 / 15,000원	
진로정보	과학 - 생물학자	
교과정보	과학	생물학 전반

도서소개   #어떤 책일까?

이 책은 제목 그대로 생물학을 소개하고 있다. 진화론에서 시작하여 유전자 가위까지 안내한다. 생물학자가 되고 싶다면 읽어보고 생물학에 대한 눈을 넓혀 보기 바란다.

특히 5장(생물학, 문어발이 되다)은 생물학의 종류를 안내하여 생물학 중에서도 어떤 분야에 자신이 더 관심이 가는지, 혹은 관심 두던 분야의 이름이 무엇인지 알아볼 수 있다.

진로탐색   #무엇을 더 볼까

관련매체 : [명강리뷰] 수학과 생물학의 아름다운 만남 https://youtu.be/_vQd17Ca6EE
관련도서 : 『특종! 생명과학 뉴스』(이고은, 북트리거)

진로토론   #무엇을 이야기해 볼까

1. 밀집된 환경에서 가축을 키우는 것은 경제성 때문에 어쩔 수 없다. (찬반토론)
2. 유전자 가위를 사용하는 연구는 위험하다. (찬반토론)
3. 인류는 머지않아 노화를 극복하게 될 것이라고 하는 데 동의하는가?
4. GMO 식품은 먹어도 문제가 없다. (찬반토론)
5. 생물학에 사용되는 도구 중 가장 관심이 가는 도구는 무엇인지, 그 이유는 무엇인지 말해보자.

진로활동   #무엇을 해 볼까

1. 공생하는 생물들을 조사해 보자.
2. 생물학의 다양한 분야 중에 가장 관심이 가는 분야는 무엇인지 책을 참고하여 발표해 보자.
3. 생물학을 연구하려면 가장 필요한 역량이 무엇인지 조사해 보자.

6. 그림으로 배우는 지층의 과학

도서정보	모쿠다이 구니야스(박제이) / 지노 / 2020년 / 152쪽 / 15,000원
진로정보	과학 - 지구학자, 환경공학자
교과정보	과학	지권의 변화

도서소개 #어떤 책일까?

　　지층에 대해 학교에서 배우지만, 관심이 많이 가지 않았다면, 지층이 재미있는데 어디서 더 알 수 있는지 모르겠다면 이 책을 추천한다.

　　지층을 직접 보면서 공부를 할 수 있다면 가장 좋겠지만 현실적으로 힘들다. 이 책은 삽화가 깔끔하고 잘 표현되어 이해하기 좋다. 지구의 구조, 암석의 종류, 지질시대, 지층의 이용, 지진 등 다양한 내용을 배울 수 있다.

진로탐색 #무엇을 더 볼까

관련도서 : 『스미스가 들려주는 지층 이야기』(김정률, 자음과모음)
　　　　　『리히터가 들려주는 지진 이야기』(좌용주, 자음과모음)

진로토론 #무엇을 이야기해 볼까

1. 지구의 내부는 직접 본 사람이 없다. 상상한 것을 말해보자.
2. 도시는 시멘트로 땅이 덮여서 지층이 생기지 않는다. (찬반토론)
3. 인류세 지층은 현재 만들어지고 있다. (찬반토론)
4. 우리나라는 지진 안전지대이다. (찬반토론)
5. 책을 읽고 잘못 알고 있던 것을 제대로 이해하게 된 것은 무엇인가?

진로활동 #무엇을 해 볼까

1. 우리나라의 지질공원 중 가까운 곳에 견학을 가보고 관찰한 것을 써 보자.
2. 주변에서 관찰할 수 있는 돌의 사진을 찍어두었다가 학교 과학실이나 과학관에서 암석 표본과 비교해 무엇인지 확인해 보자.
3. 씽크홀은 왜 생기는지 인터넷 검색을 통해 알아보자.

7. 나의 직업 요리사

도서정보	꿈디자인LAB / 동천출판 / 2021년 / 170쪽 / 18,000원	
진로정보	과학 – 식품학자, 영양사, 요리사	
교과정보	진로와 직업	진로와 나의 이해

도서소개 #어떤 책일까?

요리에도 역사가 있다. '셰프'라는 용어가 어디서 시작된 것인지, 아시아 다른 나라와 우리나라의 식문화는 왜 다른지도 알 수 있다. 조리사를 분류할 때 요리 종류에 따라, 근무 환경에 따라 분류할 수 있다는 것과, 이를 위한 진학 기관의 종류까지 알 수 있다.

요리를 좋아하고 진로로 고민 중이라면 한 번쯤 읽어보고 다양한 조리사의 세계를 알아볼 일이다. 조리 관련 자격증도 소개가 되어 있다. 마지막 장은 식당 관련 참고자료로 아직은 어려우니 읽지 않아도 된다.

진로탐색 #무엇을 더 볼까

관련도서 : 『요리로 만나는 과학 교과서』 (착한재벌샘정, 부키)
　　　　　 『먹을 수 있는 31가지 과학 실험』 (오지마 요시미, 청어람e)

진로토론 #무엇을 이야기해 볼까

1. 전통 요리보다 다양한 음식 문화를 섞은 퓨전 요리가 더 중요하다. (찬반토론)
2. 음식은 담음새, 건강보다 맛이 더 중요하다. (찬반토론)
3. 어떤 음식을 좋아하고, 어느 나라 음식을 좋아하는지 말해보자.
4. 요즘 소위 '먹방'이 방송에 자주 등장하는데 어떻게 생각하나?

진로활동 #무엇을 해 볼까

1. 조리사의 종류를 마인드맵으로 표현해 보자.
2. 디저트의 종류를 조사해 보자.
3. 요리 관련 유명한 교육기관들을 조사해 보자.
4. 우리나라에서는 쓰이지 않지만 요리 프로그램에 자주 나오는 유명 식재료에 어떤 것들이 있는지 알아보자.

8. 두 번째 지구는 없다

도서정보	타일러 라쉬 / 알에이치코리아 / 2020년 / 208쪽 / 17,000원	
진로정보	과학 - 기후 공학 전문가	
교과정보	환경	전 단원

도서소개 #어떤 책일까?

　『두 번째 지구는 없다』는 방송인이자 WWF(세계자연기금) 홍보대사로 활동할 정도로 기후 위기 해결과 환경에 관심이 높은 타일러 라쉬의 에세이이다.
　『두 번째 지구는 없다』를 통해 타일러는 우리 인간은 기후 위기를 해결하지 못하면 채무자의 신세가 될 뿐이라고 역설하며, 다가올 미래는 예전과 같지 않을 것이라고 말한다.
　이 책을 통해 독자들은 인간도 자연의 일부임을 다시 한번 되새기며 지구를 위한 한 걸음에 동참하고자 하는 의지를 드높이게 될 것이다.

진로탐색 #무엇을 더 볼까

관련매체 : 우리는 위험사회에 살고 있다(울리히 벡 '위험사회')
　　　　　　https://youtu.be/7YQ7z5KC-Bo?si=bUJI4BLIFA2ic4uP
관련도서 : 『6도의 멸종』 (마크 라이너스, 세종서적)

진로토론 #무엇을 이야기해 볼까

1. 작가인 타일러 라쉬는 친환경 콩기름 잉크와 재생지로 본 책을 출판했다. 이처럼 우리도 일상에서 실천할 수 있는 작은 환경 보호 활동에는 어떤 것들이 있을까?
2. 기후 위기를 막을 방법을 토론해 보자.
3. 작가가 제시한 '파산'을 면하는 방법 중 가장 인상적이었던 것은?
4. 지구의 기후 위기 상황은 경제적 위기보다 심각하다. (찬반토론)

진로활동 #무엇을 해 볼까

1. 환경을 생각하는 ESG 경영을 실천하는 기업의 사례를 인터넷에서 찾아보고 친환경 기업을 늘리는 방안을 조사해 보자.
2. 과학이 발달할수록 미래 사회에 생겨날 위험 요소를 그림으로 묘사해 보자.

9. 생명 과학 뉴스를 말씀드립니다

도서정보	이고은 / 창비 / 2020년 / 332쪽 / 14,000원	
진로정보	과학 - 생명 과학 전문가	
교과정보	과학	과학과 인류의 지속 가능한 삶

도서소개 #어떤 책일까?

『생명 과학 뉴스를 말씀드립니다』는 게임 중독, 코로나19, '햄버거병', 유전자 가위 등 최근 10여 년간 뉴스에 나왔던 주요 생명과학 이슈들을 현직 과학 교사인 작가가 설명하는 책이다.

과학 분야 중 우리의 일상과 가장 가까운 생명과학 지식을 뉴스의 형태를 통해 접합으로써 과학에 대한 지식과 흥미가 높아질 것이고 인간과 세계에 대하여 폭넓게 이해하게 될 것이다.

생명과학 분야에 관심 있는 학생들은 이 책을 통해 혈액형 등 기초적인 과학 상식과 삶과 죽음의 경계 같은 윤리적 이슈까지 다양한 주제에 대해 흥미롭게 받아들일 수 있을 것이다. 또한, 논쟁의 소지가 있는 과학 이슈를 이 책을 통해 접함으로써 비판적 시각을 가질 수 있을 것이다.

진로탐색 #무엇을 더 볼까

관련도서 : 『과학자의 서재』 (최재천, 움직이는 서재)
『이기적 유전자』 (리처드 도킨스, 을유문화사)

진로토론 #무엇을 이야기해 볼까

1. 평소 매체를 접하면서 더 자세히 알고 싶었던 생명과학 관련 뉴스가 있는가?
2. '슈퍼 박테리아'에 관한 내용 중에서 복용하고 남은 항생제는 그냥 버리지 말고 약국의 수거함에 버려야 하는 이유가 무엇이라고 설명하는가?
3. 게임은 과도하게 하면 중독이므로 마약 중독과 같이 치료해야 한다. (찬반토론)
4. 사람은 원래 이기적이다. (찬반토론)

진로활동 #무엇을 해 볼까

1. 책에서 알게 된 생명과학 용어 중 가장 인상적인 단어 25개를 골라 빙고판을 만들고 단어의 의미를 설명하며 빙고 게임을 해 보자.
2. 책에 있는 과학 용어나 과학 상식 외에도 일상생활 속에서 생명과학과 관련하여 알고 싶은 것들을 조사해 보자.

10. 십대를 위한 미래과학 콘서트

도서정보	정재승 외 9 / 청어람미디어 / 2018년 / 214쪽 / 15,000원	
진로정보	과학 - AI 공학자, 로봇·자동차 공학자	
교과정보	과학	미래 사회의 변화

도서소개 #어떤 책일까?

이 책은 각 분야 전문가와 함께 인공지능 시대의 삶과 변화, 미래 과학을 알아본다. 인공지능이 과연 무엇인지, 앞으로 인공지능이 우리의 삶에 얼마만큼 영향을 미칠지, 인공지능이 바꿔놓을 미래의 교통수단은 어떤 모습일지 등등 각 분야의 전문가들과 폭넓게 살펴본다. 이밖에 인공지능으로 더욱 발전한 스마트폰이 사람의 마음을 어떻게 바꿔놓았는지를 비롯해, 인공지능의 발전을 이끈 컴퓨터의 놀라운 진화 과정, 새로운 기술이 등장할 때마다 더욱 견고해지는 암호의 세계, 창의적으로 생각하는 방법에 이르기까지 청소년뿐만 아니라 누구나 꼭 알아야 할 미래 과학 이야기를 담은 책이다.

진로탐색 #무엇을 더 볼까

관련매체 : 정재승 박사와 함께 하는 '과학 콘서트'
관련도서 : 『헬로 사이언스』 (정재승, 청어람미디어)

진로토론 #무엇을 이야기해 볼까

1. 4차 산업혁명, 우리는 무엇을 준비해야 할까?
2. 인공지능 시대에 우리는 무엇을 할 수 있을까?
3. 스마트폰 사용의 긍정성과 유해성을 주제로 토론해 보자.
4. 기술 개발로 인한 새로운 위협과 이를 막기 위한 암호 기술에는 무엇이 있을까?

진로활동 #무엇을 해볼까

1. 스마트폰이라는 기술이 사람을 어떻게 바꾸었는지 문화심리학적 관점에서 살펴보자.
2. 과학은 남들과 다른 생각 즉 창의적인 발상 덕분에 발전할 수 있었다. 창의적인 사고를 개발하는 방법에는 무엇이 있을까 발표해 보자.

II. 어니스트 시턴의 아름답고 슬픈 야생 동물 이야기

도서정보	어니스트 톰프슨 시튼(김세혁) / 푸른숲주니어 / 2017년 / 240쪽 / 9,800원	
진로정보	과학 - 동물행동전문가	
교과정보	과학	생물의 구성과 다양성 - 생태주의 동물관

도서소개 #어떤 책일까?

시턴은 세계적인 동물학자이며 이 책은 그의 최초이자 가장 훌륭한 작품으로 인정받는다.

120년 넘게 꾸준히 사랑받아 온 동물 문학의 고전으로 7편의 이야기들은 모두 실화를 바탕으로 했다. 7마리 동물들은 하나하나 애틋한 감정이나 뚜렷한 개성을 갖고 있다. 그들도 우리와 똑같은 감정이 있으며 자유와 희망을 꿈꾼다. 동물은 인류의 문명과 공존했고 인간에게 사랑받았다. 동물을 인간과 동등한 생명으로 사랑하는 자세를 배울 수 있다.

진로탐색 #무엇을 더 볼까

관련매체 : 동물행동의학 세계적 권위자 김선아 교수
　　　　　 https://www.youtube.com/watch?v=JFvqg83EaTI
관련도서 : 『동물도 권리가 있어요』(권유경, 풀빛)

진로토론 #무엇을 이야기해 볼까

1. 시턴은 늑대왕 로보를 잡기 위해 아내 블랑카의 사체를 이용해 덫을 놓았는데, 동물 전문가로서 이 작전은 비열한가 현명한가. (찬반토론)
2. 생명의 무게는 동물과 인간이 같다. (찬반토론)
4. 자연과 인간의 조화를 위해 국제사회가 함께할 수 있는 일은 무엇일까?
5. 동물실험을 중단해야 한다. (찬반토론)

진로활동 #무엇을 해 볼까

1. 주변의 야생동물을 관찰하고 관찰 조사 일지를 작성한다.
2. 일곱 편의 동물 중 한 동물을 정해 그들의 행동, 행태, 습성뿐 아니라 진화, 유전, 학습, 환경을 조사해 본다.

12. 재밌어서 밤새 읽는 화학 이야기

도서정보	사마키 다케오(김정환) / 더숲 / 2013년 / 204쪽 / 12,000원	
진로정보	과학 - 화학자	
교과정보	과학	물질의 특성

도서소개 #어떤 책일까?

　　화학에 관해 관심이 없었던 학생도 읽으면 화학이 재밌어질 책. 평소 한 번쯤 궁금했을 법한 것들에 대해 알려 준다.

　　화학이라고 하면 바로 떠오르는 폭발부터 집에서 할 수 있는 실험 소개까지. 화학 상식을 키우고 싶다면 읽어보자.『재밌어서 밤새 읽는 과학책 시리즈』중 유명한 책이다.

진로탐색 #무엇을 더 볼까

관련도서 :『세계사를 바꾼 화학 이야기』(오미야 오사무, 사람과나무사이)

　　　　　『시끌벅적 화학원소 아파트』(원소주기연구회, 반니)

진로토론 #무엇을 이야기해 볼까

1. 노벨은 다이너마이트를 발명하여 살상을 저지르는 데 큰 역할을 했기 때문에 노벨상은 이름을 바꾸어야 한다. (찬반토론)
2. 과학자는 자기 조국을 위해 헌신해야 하는가?
3. 폭발이란 무엇인지 설명해 보자.
4. 전쟁에서 화학무기를 사용하는 것은 금지해야 한다. (찬반토론)
5. 화학 연구를 하는 것은 자연에 나쁜 영향을 미친다. (찬반토론)

진로활동 #무엇을 해 볼까

1. 따라할 수 있는 실험은 집에서 해 보고 책에서 소개한 것과 같은 결과가 나타나는지 확인해 보자.
2. 내가 화학자가 된다면 어떤 것을 연구하고 싶은지 말해보자.

13. 재밌어서 밤새 읽는 물리 이야기

도서정보	사마키 다케오(김정환) / 더숲 / 2013년 / 200쪽 / 12,000원	
진로정보	과학 - 물리학자	
교과정보	과학	힘의 작용

도서소개 #어떤 책일까?

물리라고 하면 어려워서 싫다고 하는 학생들이 많다. 하지만 이 책을 읽고 나면 물리가 재미있게 느껴질 것이다. '왜 그런 거지?' 하며 진심으로 궁금해지는 질문들이 가득하다.

교과서에 나오는 개념들을 복습하면서 헷갈렸던 부분을 확실히 알 수 있다. 무게와 질량, 열과 온도의 관계 등도 확인하고, 코끼리 발과 하이힐에 발을 밟힌다면 어느 쪽이 더 아플지 알아보자.

진로탐색 #무엇을 더 볼까

관련매체 : 사물궁이 잡학지식 https://www.youtube.com/@SMGI
관련도서 : 『사소해서 물어보지 못했지만 궁금했던 이야기』 (사물궁이 잡학지식, arte)

진로토론 #무엇을 이야기해 볼까

1. 유튜브, 쇼츠 등 영상들에 영구기관이 많이 보인다. 영구기관은 존재한다. (찬반토론)
2. 빨대로 음료수를 마실 때 음료가 입으로 들어오는 이유를 설명해 보자.
3. 책을 읽으면서 가장 흥미 있었던 내용은 무엇인가?
4. 가장 어려웠던 내용은 무엇이었는가?
5. 책을 읽고 나서 물리에 대해 더욱 흥미가 높아졌는가?

진로활동 #무엇을 해 볼까

1. 가장 재밌었던 이야기의 내용을 정리하여 그림으로 표현하여 보자.
2. 물리학자의 위인전이나 자서전을 찾아 읽어보자.
3. 우리나라 물리학자 중 유명한 사람을 찾아 연구 분야를 조사해 보자.

14. 전략가, 잡초

도서정보	이나가키 히데히로(김소영) / 더숲 / 2021년 / 228쪽 / 14,000원	
진로정보	과학 - 농·임학자	
교과정보	과학	식물과 에너지

도서소개 #어떤 책일까?

　　식물학자인 저자는 사람들의 관심을 받지 못하는 식물인 잡초를 통에 식물의 전략에 대해 안내하고 있다. 식물은 생물이지만 움직일 수 없기에 살아남고 환경에 적응하기 위해 치열한 생존 전략을 구사한다.

　　키우는 작물이나 꽃만 제대로 된 식물이라고 생각해 왔다면 이 책을 읽은 후에는 보는 눈이 달라질 것이다. 눈에 보이는 모든 식물의 치열한 삶에 대해 돌아보게 될 것이다.

진로탐색 #무엇을 더 볼까

관련매체 : 2022 봄 카오스강연 '식물행성' 6강
　　　　　 https://www.youtube.com/live/2QYixqb_sck
관련도서 : 『재밌어서 밤새 읽는 식물학 이야기』 (이나가키 히데히로, 더숲)

진로토론 #무엇을 이야기해 볼까

1. 논이나 밭에 자라는 잡초는 완벽하고도 쉽게 제거할 방법을 찾아야 한다. (찬반토론)
2. 잡초도 집에서 키울 가치가 있다. (찬반토론)
3. 책을 읽고 처음 알게 된 식물의 전략 중 가장 신기한 것은 무엇인가?
4. 식물에 관해 연구한다면 책에 나온 것 중 어떤 분야를 연구해 보고 싶은가?
5. 집에서 잡초를 한 가지 키워본다면 어떤 것을 선택할지, 그 이유는 무엇인지 말해 보자.

진로활동 #무엇을 해 볼까

1. 등하굣길에 보는 잡초들의 이름을 알아보자.
2. 등하굣길에 보는 꽃들이 계절에 따라 무엇이 달랐는지 적어 보자.
3. 책에서 본 내용 중에 관심이 가는 식물학 내용이 있다면 자료를 검색하여 더 알아보자.

15. 지구가 너무도 사나운 날에는

도서정보	가치를꿈꾸는과학교사모임 / 우리학교 / 2020년 / 192쪽 / 15,000원	
진로정보	과학 - 연구원	
교과정보	과학	과학 전반

도서소개 #어떤 책일까?

현직 과학 교사들이 만든 책으로 과학기술의 발전으로 더 나아진 삶 대신 나타나고 있는 전 지구적 위기 상황에 대해 말하고 있다. 다양한 분야를 다루고 있어 자신이 어떤 분야의 과학에 관심이 있는지 잘 모르겠는 학생들에게 추천한다.

식량부터 기후 위기, 우주개발까지 읽다 보면 폭넓은 과학 교양을 갖추게 될 것이다. 더 나은 지구를 위해 실천하고 싶은 것들도 생길 것이다.

진로탐색 #무엇을 더 볼까

관련매체 : 카오스 사이언스: 2017 카오스강연 '미래과학'
https://youtu.be/ADnxdiHKM1E
관련도서 : 『십 대가 알아야 할 인공지능과 4차 산업혁명의 미래』 (전승민, 팜파스)

진로토론 #무엇을 이야기해 볼까

1. 인간은 과학기술 개발을 통해 여러 문제를 결국 극복할 것이다. (찬반토론)
2. 우주개발에 대해 어떻게 생각하는가?
3. 육식은 나쁜 것이다. (찬반토론)
4. 미세먼지란 무엇이며, 어떻게 해결해야 할까?
5. GMO 식품을 먹어도 아무 문제가 없다. (찬반토론)

진로활동 #무엇을 해 볼까

1. 우주 쓰레기를 잘 수거할 방법이 있는지 검색해 보자.
2. 곤충 쿠키를 파는 곳을 찾아 구매해서 먹어보고 상품성이 있는지 판단해 보자.
3. 신약 개발 과정에서 동물실험이 필요한지 알아보자.

16. 천문학 콘서트

도서정보	이광식 / 더숲 / 2018년 / 432쪽 / 18,000원	
진로정보	과학 - 천문, 우주학자	
교과정보	과학	태양계, 별과 우주

도서소개 #어떤 책일까?

저자는 천문학을 사랑하여 천문학책을 출간하기 위해 출판사까지 차렸던 이력이 있다. 대중에게 천문학을 알리려는 저자의 의지를 바탕으로 쓴 책이라 고대에서 현대에 이르기까지의 다양한 천문학적 지식에 대해 재미있게 배울 수 있다.

청소년부터 성인까지 편하게 읽을 수 있으며, 모두 한 번은 들어봤음 직한 이야기부터 새로운 내용까지 폭넓은 천문학 교양 상식이 들어있다. 천문학, 우주과학에 관심이 있다면 읽어볼 책이다.

진로탐색 #무엇을 더 볼까

관련매체 : 2021 봄 카오스강연 'SPACE OPERA' 1강
　　　　　 https://www.youtube.com/live/RjEuU5qQDn0
관련도서 : 『우주 쓰레기가 온다』 (최은정, 갈매나무)
　　　　　 『재밌어서 밤새 읽는 천문학 이야기』 (아가타 히데히코, 더숲)

진로토론 #무엇을 이야기해 볼까

1. 천문학은 현대를 살아가는 사람들에게 꼭 필요한 교양 지식이다. (찬반토론)
2. 지구가 편평하다고 믿는 사람들의 생각을 바꿀 필요는 없다. (찬반토론)
3. 별이란 무엇인지 설명해 보자.
4. 이 책에서 가장 인상 깊게 읽은 내용을 소개해 보자.

진로활동 #무엇을 해 볼까

1. 주변에 있는 천문대를 검색해 보고 견학해 보자.
2. 천문학자가 되는 데 필요한 역량이 무엇인지 조사해 보자.
3. 우리나라에서 유명한 천문학자나 우주과학자가 있다면 알아보고 어떤 연구를 하는지 알아보자.

17. 친애하는 인간에게 물고기 올림

도서정보	황선도 / 동아시아 / 2019년 / 324쪽 / 22,000원	
진로정보	과학 – 수산학자	
교과정보	과학	생물의 구성과 다양성

도서소개   #어떤 책일까?

현대판 자산어보라고 불리는 책이다. 해양학과 어류 생태학을 전공한 물고기 박사답게 저자는 물고기 연구의 다양한 경험을 맛깔난 입담으로 풀어내고 있다. 친근했던 물고기인 고등어부터 이제는 잘 먹지 않는 군소까지 다양한 해양 생물에 대해 알 수 있다.

해양 생물에 관한 연구가 아직도 많이 필요하다는 것을 알고 나면 저자의 연구 열정에 감사하게 생각된다. 다른 많은 책과 마찬가지로 저자의 학문에 대한 사랑이 느껴진다.

진로탐색 #무엇을 더 볼까

관련매체 : 카오스 사이언스-황선도 https://youtu.be/zS30ZxtxoF0

관련도서 : 『물고기는 존재하지 않는다』 (룰루 밀러, 곰출판)

진로토론 #무엇을 이야기해 볼까

1. 바다 생물의 종류는 계속 연구해야 한다. (찬반토론)
2. 심해 바다를 연구하는 것은 지구에 좋지 않은 영향을 미친다. (찬반토론)
3. 인류는 곧 양식 해산물만 먹게 될 것이다.
4. 수산학자가 되려면 어떤 역량이 가장 중요할까?
5. 해양 연구와 산업이 미래에 더욱 촉망받을 것이다. 그 이유를 말해보자.

진로활동 #무엇을 해 볼까

1. 좋아하는 물고기가 있다면 그 생태나 사는 곳을 자세히 조사해 보자.
2. 해양 생물이나 강의 생물을 연구하게 되면 가장 가보고 싶은 지역을 조사해 보자.
3. 우리나라에서는 먹지만 외국에서는 먹지 않는 해산물이 있다. 어떤 것이 있는지 조사해 보자.

18. 특종! 생명과학 뉴스

도서정보	이고은 / 북트리거 / 2022년 / 248쪽 / 15,500원	
진로정보	과학 – 생물학자	
교과정보	과학	과학 전반

도서소개 #어떤 책일까?

근래 나온 뉴스에서 생명과학 관련 내용을 뽑아 만든 과학책이다. 교과서에서 배우는 내용들이 실제 삶과 어떻게 연관되어 있는지 알 수 있다.

특히 생명 윤리와 관련된 문제를 많이 제시하여 무심결에 지나쳤던 동물권에 대해 생각하게 된다. 최신 생명공학과 미래에 대한 뉴스도 많이 나와서 끝까지 재미있게 읽을 수 있다.

진로탐색 #무엇을 더 볼까

관련도서 : 『10대와 통하는 생물학 이야기』(이상수, 철수와영희)

　　　　『생명 과학 뉴스를 말씀드립니다』(이고은, 창비)

진로토론 #무엇을 이야기해 볼까

1. 약이나 화장품을 생산하려면 동물실험은 필요악이다. (찬반토론)
2. 가축을 키우는 농장은 대체 고기 때문에 결국 없어질 것이다. (찬반토론)
3. 장기를 실험실에서 키워 이식하는 것이 가능할까?
4. 유전자 가위를 사용한 연구들은 미래 생태계에 악영향을 미칠 것이다. (찬반토론)
5. 생명과학 뉴스 중에서 가장 인상 깊은 내용을 말해 보자.

진로활동 #무엇을 해 볼까

1. 뉴스를 살펴보고 생명과학과 관련된 내용을 찾아 자료를 정리하여 발표해 보자.
2. 책에서 새롭게 알게 된 것들의 주요 용어를 정리해 보자.
3. 씨드볼트(종자은행)은 인류 미래를 위해 종자를 보호하는 곳이다. 전 세계에 씨드볼트가 보관된 장소들을 알아보자.

19. 파브르 식물기

도서정보	장 앙리 파브르(조은영) / 휴머니스트 / 2023년 / 464쪽 / 25,000원
진로정보	과학 - 농·임학자
교과정보	과학	식물과 에너지

도서소개 #어떤 책일까?

　　파브르는 곤충기로 유명하지만, 식물기를 먼저 출간하였다. 이 책에는 곤충이나 동물도 언급이 된다. 자연을 관찰하는 능력이 뛰어난 저자는 식물이 생존하기 위해 동물과 영향을 주고받아야 한다는 것을 깨닫고 관찰기에 기록한 것이다.

　　식물에 대한 전반적인 지식을 쌓고 싶다면, 식물에 관해 연구하는 삶이 궁금하다면 꼭 읽어봐야 할 고전이다.

진로탐색 #무엇을 더 볼까

관련도서 : 『세계사를 바꾼 13가지 식물』(이나가키 히데히로, 사람과나무사이)
　　　　　『싸우는 식물』(이나가키 히데히로, 더숲)

진로토론 #무엇을 이야기해 볼까

1. 우리나라에 소나무가 줄어들고 있다고 한다. 소나무를 계속 심어야 한다. (찬반토론)
2. 이 책에서 가장 인상 깊게 읽은 내용을 소개해 보자.
3. 우리나라의 식물학자에는 어떤 사람들이 있는지 알아보고, 한 분을 정해 그 업적을 정리하여 발표해 보자.
4. 풀과 나무는 무엇이 다른지 말해보자.

진로활동 #무엇을 해 볼까

1. 좋아하는 식물이 있다면 그 식물의 씨앗, 자라는 모습 등에 대해 조사해 발표 자료를 만들어 보자.
2. 우리가 먹는 식물의 종류를 적어 보고 특징에 따라 분류해 보자.
3. 등하굣길에 보이는 식물 중 하나를 정해 변화 과정을 관찰하고 기록해 보자.

20. 프랑켄슈타인

도서정보	메리 셸리(오수원) / 현대지성 / 2021년 / 320쪽 / 8,800원	
진로정보	과학 - 생명공학자	
교과정보	도덕	과학과 인류의 지속 가능한 삶

도서소개 #어떤 책일까?

　　이 책은 18세기 영국의 첨단과학에 관심이 많았던 '메리 셸리'가 쓴 소설로, "역사상 최초로 SF 장르의 문을 열어준 책"이라는 평가를 받는 책이다. 이 책은 과학자가 하나의 생명을 창조했는데, 그 창조물의 외모가 끔찍하여 과학자가 그를 버리면서 벌어지는 이야기이다. 따라서 이 책은 생명공학이나 과학적 실험 등에 관심이 있는 청소년에게 추천한다.

　　이 책에서는 북극으로 항해하던 선원이 주인공 '프랑켄슈타인'을 구조하면서 '프랑켄슈타인'의 입을 통해 그동안에 벌어졌던 일에 관하여 서술하고 있다. 다양한 시점 변화가 매력적이며, '프랑켄슈타인'이 창조한 '괴물'의 시점도 등장하니 각 인물의 입장을 비교하며 읽는 것도 책을 재미있게 읽는 방법의 하나일 수 있겠다.

진로탐색 #무엇을 더 볼까

관련매체 : 미국드라마 '마인드 헌터'

관련도서 : 『멋진 신세계』 (올더스 헉슬리, ㈜태일소담출판사)

진로토론 #무엇을 이야기해 볼까

1. 책을 읽고 가장 기억에 남은 장면을 말해보자.

2. 범죄자는 타고나는 것일까, 아니면 환경에 의해 만들어지는 것일까?

3. 괴물은 자신이 원하는 목적을 달성하기 위해 살인을 하는데, 이러한 행동을 정당하다고 할 수 있을까?

4. 프랑켄슈타인은 자신이 창조한 괴물의 외모가 흉측한 것을 보고 황급히 도망을 가는 장면이 나온다. 여러분이라면 어떻게 행동했을까?

진로활동 #무엇을 해 볼까

1. 괴물은 열등감이 매우 심하다. 괴물이 열등감을 극복할 수 있을까?

2. 현대 과학은 생명공학으로 새로운 생명을 창조할 수 있고, 공학 기술로 사람과 같게 학습하는 인공지능을 개발할 수 있다. 프랑켄슈타인처럼 창작자가 통제하지 못하는 피조물의 탄생을 막으려면 어떻게 해야 하는지 그 방법을 조사해 보자.

21. 한입에 쏙싹 편의점 과학

도서정보	이창욱 / 휴머니스트 / 2022년 / 244쪽 / 16,000원	
진로정보	과학 - 화학자	
교과정보	과학	과학 전반

도서소개 #어떤 책일까?

　　삼각김밥부터 계산대 계산까지 편의점에서 찾을 수 있는 거의 모든 과학 상식에 대해 알 수 있다. 우유는 어떻게 냉장 유통 혁신을 이끌었나, 전자레인지는 어떻게 천문학자를 골탕 먹였는가 등 재밌는 이야기가 가득하다. 삽화도 깔끔하여 눈에 쏙 들어온다.
　　화학부터 물리, 생물, 마케팅까지 다양한 분야의 정보를 알 수 있어 자신의 관심사를 알아보기에도 좋다.

진로탐색 #무엇을 더 볼까

관련매체 : 도서 소개 영상 https://youtu.be/8xapH5Pqvd0
관련도서 : 『세계사를 바꾼 12가지 신소재』 (사토 겐타로, 북라이프)
　　　　　『역사를 바꾼 17가지 화학 이야기 1, 2』 (페니 카메론 르 쿠터, 사이언스북스)

진로토론 #무엇을 이야기해 볼까

1. 커피는 어느 나이대의 사람이든 마셔도 된다. (찬반토론)
2. 매운 음식은 맛을 내는 합성 조미료가 들어 있으므로 몸에 좋지 않다. (찬반토론)
3. 과자를 만들 때 당연히 맛이 있어야 한다. 맛 외에 고려해야 할 것들에 대해 말해보자.
4. 저자가 편의점을 과학 교양서적의 주 무대로 삼은 이유에 대해 말해보자.
5. 과학 교양서적 작가가 되었다고 생각해 보자. 어떤 주제로 책을 써 보고 싶은가?

진로활동 #무엇을 해 볼까

1. 편의점이나 마트에서 전에 본 적 없는 새로운 기능의 물건을 발견하면 그 물건의 소재가 무엇인지 확인하고 그 특징에 대해 찾아보자.
2. 책을 읽으면서 과학의 어떤 분야에 관심이 많이 가는지 돌이켜 보자.

중학교 진로독서 가이드북

제5장

공학

◈ 공학 영역 소개 ◈

#공학의 정의

과학이 자연 현상을 관찰하고 이해하는 학문이라면, 공학은 과학을 이용하여 인간의 여러 가지 문제를 기술적으로 해결하는 학문이라고 할 수 있다. 예를 들면 액체가 기체가 될 때 주변으로부터 열을 얻는다는 것, 어떤 액체가 더 잘 증발한다는 것 등은 과학자(화학자)가 연구하고, 이를 이용하여 에어컨이나 냉장고를 만들어 실용화하는 것은 공학자가 하는 일이다. 금속에 빛을 쪼였을 때 전자가 튀어나오는 광전효과는 과학자가 연구하고, 이를 이용하여 태양광 전지를 만들고, 태양광 발전 패널을 실생활에 쓸 수 있게 개발하는 것은 공학자가 하는 일이다.

#공학의 종류

공학은 그 연구 분야에 따라 다양하다. 기계공학, 자동차공학, 항공우주공학, 화학공학, 고분자공학, 섬유공학, 자원공학, 금속공학, 재료공학, 제어계측공학, 전기공학, 전자공학, 정보통신공학, 컴퓨터공학, 토목공학, 건축공학, 도시공학, 교통공학, 산업공학, 원자력공학, 조선공학, 환경공학, 해양공학, 의공학, 농공학, 산림공학 등이 있다.

#공학자가 되기 위한 공부 분야

대부분의 공학은 수학, 과학 등의 자연과학을 기초로 하므로 수학, 과학에 흥미를 갖고 공부 및 독서를 하면 좋다. 여기서 조금 더 나아가 생활 속에서 발생하는 문제를 직접 해결해 보면 더욱 좋다. 급식소에서 물컵 수거함의 소음을 줄이는 방법, 라면을 빨리 끓이는 방법, 청소도구 사용이 더 쉬워지게 하는 방법 등. 문제를 해결하는 경험을 하다 보면 수학, 과학 지식을 어떻게 적용하는지 알게 되고, 왜 공부를 해야 하는지도 알게 된다. 어떤 문제들은 수학, 과학이 아니라 인문, 사회과학 지식이 있어야 풀 수 있다. 따라서 인문학적 소양도 기를 수 있도록 다양한 분야의 도서를 읽는 것이 좋다.

◈ 공학 도서 목록 ◈

순	영역	진로정보	교과정보	도서명	집필자	비고
1	공학	과학연구원	과학	공대에 가고 싶어졌습니다	최창준	대표
2	공학	우주공학자	과학	우주 쓰레기가 온다	김희진	대표
3	공학	빅데이터 전문가	도덕	10대를 위한 교양 수업 3	조아라	
4	공학	기계공학자/물리학자	과학	NEW 재미있는 물리 여행	김희진	
5	공학	생물공학자	과학	곽재식의 아파트 생물학	김희진	
6	공학	생태학자	과학	기후 환경 생태 그리고 우리	정종호	
7	공학	정보통신 전문가 및 기술직	정보	나에게 맞는 IT 직업 찾기	강인진	
8	공학	유전공학자	과학	내가 유전자를 고를 수 있다면	김희진	
9	공학	지구학자/환경공학자	과학	달력으로 배우는 지구환경 수업	김희진	
10	공학	지구학자/환경공학자	과학	대멸종이 온다	김희진	
11	공학	기계공학자/물리학자	과학	더 위험한 과학책	김희진	
12	공학	환경공학자	과학	동물들의 위대한 법정	김희진	
13	공학	물리공학자	과학	물리학자는 영화에서 과학을 본다	김희진	
14	공학	화학공학자	과학	세계사를 바꾼 12가지 신소재	김희진	
15	공학	화학공학자	과학	세상은 온통 화학이야	김희진	
16	공학	AI 공학자/컴퓨터 공학자	과학	십대가 알아야 할 인공지능과 4차 산업혁명의 미래	최창준	
17	공학	지구학자/환경공학자	과학	왜요, 기후가 어떤데요?	김희진	
18	공학	지구학자/환경공학자	과학	인류세 쫌 아는 10대	김희진	

I. 공대에 가고 싶어졌습니다

도서정보	서울대 공우 / 메가스터디북스 / 2021년 / 328쪽 / 16,500원	
진로정보	공학 - 공학자	
교과정보	과학	과학과 인류의 지속 가능한 삶 - 융합적 탐구 문제 발견

도서소개 #어떤 책일까?

　서울대학교 공과대학 우수 학생센터 '공우'라는 학생단체가 직접 쓴 책이다. 이 책은 고등학교 때 공대에 진학하기로 한 이유부터 공대 학부 생활의 현실, 졸업 후 진로까지 공대생들의 솔직하고 직설적인 표현과 구체적인 정보를 담고 있다. 이 책은 공대를 지망하는 학생들에게 고등학교 때 물리 공부를 하지 않으면 입학 후 따라가기 힘든가? 질문으로 공대에 입학하는 방법뿐만 아니라 공대가 왜 중요하고, 공대에서 전공 선택의 비전을 제공하고, 공대 졸업 후의 진로 선택과 관련된 정보와 경험담이 포함되어 있다. 이 책은 공대에 가고 싶어 하는 학생들에게 많은 도움이 될 것으로 기대된다.

진로탐색 #무엇을 더 볼까

관련매체 : 전공 선택, 진로 고민한다면 이렇게 해보세요!

관련도서 : 『공대생이 아니어도 쓸데 있는 공학 이야기』
　　　　　 (한화택, 플루토)

진로토론 #무엇을 이야기해 볼까

1. 공대의 학업과 여가 활동, 인간관계를 어떻게 균형 있게 유지할 수 있을까?
2. 의대와 공대의 진로를 놓고 고민하는 친구가 있다면 이 도서의 내용을 이용하여 친구에게 해줄 수 있는 조언은 무엇이 있을까?
3. 공대 재학 중 또는 졸업 후 창업에 대한 정보와 전망은 어떻게 될까?
4. 공대생들의 전공 선택과 대학 생활 그리고 졸업 후의 삶을 읽으며, 그 과정을 자신에게 접목하여 10년 후 자기의 모습을 말해보자.

진로활동 #무엇을 해 볼까

1. 자신의 관심 분야와 능력을 발견할 수 있는 다양한 워크숍을 개최해 보자.
2. 졸업생이나 산업 전문가를 멘토로 초빙하여 학생들에게 진로에 대한 조언과 지도 등의 멘토링 세션을 통해 진로 선택에 대한 고민과 해결 방안을 모색해 보자.

◈ 책 이야기 ◈

1. 이 책에서 언급하는 전체적인 내용은 무엇인지 3가지 이상 작성해 보자.

이 책은 서울대학교 공과대학 우수 학생센터 '공우' 멤버인 재학생 및 졸업생 34명이 직접 쓴 공대 특화 청소년 진로 자기계발서로서 고등학교 때 공대 진학을 선택한 이유부터 난이도 높기로 악명 높은 공대 학부 생활의 현실, 졸업 후 진로를 찾아가는 과정에 이르기까지의 리얼한 현장의 목소리를 생생하게 담아내고 있다.

2. 이 책의 파트 1 내용에서 가장 인상 깊은 내용을 찾아 옮겨 보고, 그 이유를 말해보자.

파트 1의 '바벨탑에 벽돌 쌓기'라는 제목의 글이다. 이 글은 서울대학교 공과대학 전기정보공학부 19학번 김민준 학생이 쓴 글로, 고등학교 때 공부에 대한 자신의 태도와 방법을 솔직하게 공유하고 있다. 이 글에서 저자는 공부를 '인류 문명의 바벨탑에 벽돌 하나라도 쌓고 싶다는 열망'으로 표현하며, 공부를 통해 자신의 지식과 능력을 쌓아가는 과정을 즐겼다고 말한다. 그는 공부를 단순히 성적이나 진학을 위한 수단이 아니라, 자신의 삶의 목적과 가치를 찾는 방법이라고 강조한다.
이 글이 인상 깊은 이유는 저자가 공부에 대한 자신만의 철학과 비전을 가지고 있고, 그것을 구체적이고 직관적인 비유로 표현했기 때문이다. 저자는 공부를 통해 인류 문명에 기여하고 싶다는 고귀한 목표를 가지고 있으며, 그것을 바벨탑에 벽돌을 쌓는 것으로 비유하여 공부의 의미와 가치를 잘 설명하고 있다. 저자는 공부를 즐기고 도전하는 자세를 보여주며, 공대에 가고 싶은 학생들에게 좋은 자극과 동기부여를 줄 수 있고, 저자의 공부법과 마인드 관리 노하우도 많은 도움이 될 것이다.

3. 이 책의 파트 2 내용에서 가장 인상 깊은 내용을 찾아 옮겨 보고, 그 이유를 설명해 보자.

파트 2에서는 공대 특화 동아리, 프로젝트, 인턴십, 해외 교류, 경진대회 등 다양한 주제에 대해 공대생들의 생생한 이야기가 소개되고 있다. 이 파트에서 '공대생이라면 꼭 해 보라는 프로젝트'라는 제목의 글이 가장 인상 깊었다. 이 글은 서울대학교 공과대학 기계항공공학부 16학번 김현우 학생이 쓴 글로, 자신이 참여했던 '로보틱스 프로젝트', '드론 프로젝트', '자동차 프로젝트' 등 여러 가지 프로젝트를 예시로 들어주며, 프로젝트를 통해 얻을 수 있는 장점과 도전과제, 그리고 준비해야 할 것들에 대해 자세하게 설명해 주고 있다.
이 글이 인상 깊은 이유는 저자가 프로젝트를 통해 실제로 공학을 체험하고, 자신의 전공에 대한 흥미와 열정을 키웠다는 점이다. 저자는 프로젝트를 통해 이론과 실제의 연결고리를 찾고, 다양한 사람들과 협업하며, 문제를 해결하는 능력을 키웠으며, 프로젝트를 통해 공학의 즐거움과 보람을 느끼고, 자신의 전공에 대한 자신감과 애정을 갖게 되었다고 강조한다. 저자의 프로젝트 경험과 노하우는 공대에 가고 싶은 학생들에게 좋은 자극과 도움이 될 것으로 생각한다.

* 영상자료를 통해 알게 된 내용을 질문에 따라 정리해 주세요.
* 주어진 질문 외 새로운 질문을 만들 수 있습니다.

1. 이 영상자료에서 전공 선택을 놓고 고민하는 후배들을 위한 조언의 내용이 무엇인가?

두 가지가 필요하다.
- 시장에서 무엇을 요구하는지, 나는 무엇을 좋아하는지를 함께 고려하면 좋다.
- 재료와 전기, 전기와 전자, 전자와 컴퓨터공학, 의료 AI(의학과 공학)

2. 공과대학은 물리와 수학이 중요한가? 중요하면 그 이유를 말해보자.

자기 성적 수준에 따라 공대의 다양한 과에 들어가기에 수학과 물리가 약해도 된다고는 하지만, 특히 입학 전이나 입학 후에 기초 미적분과 기초 물리학을 수강하게 하여 공대 학업에 문제 되지 않게 배려하지만, 현실은 당연히 물리과 수학이 아주 중요하다. 공학은 기본적으로 수학을 통해서 원하는 제품이나 모델을 만들어내는 것이기에 수학적으로 탄탄해야 한다. 코딩과 AI 모두 물리와 수학을 기본으로 한다.

3. 공대뿐만 아니라 어느 전공이든 선택의 고민을 하는 친구에게 조언을 준비해 보자.

자신의 흥미와 재능, 그리고 미래의 진로와 취업에도 영향을 미치는 중요한 선택이기 때문에 전공을 선택하기는 쉽지 않은 결정이다. 전공을 선택할 때는 여러 가지 요인을 고려해야 한다. 예를 들어, 자신이 어떤 분야에 흥미가 있는지, 어떤 분야에 재능이 있는지, 어떤 분야가 미래에 유망한지, 어떤 분야가 취업에 유리한지 등이다. 그러나 가장 중요한 것은 자신이 진정으로 좋아하고 즐기는 분야를 선택하는 것이다. 자신이 좋아하는 분야를 전공하면 공부에도 열정을 가지고 할 수 있고, 더 많은 성취감과 만족감을 느낄 수 있으며. 그 분야와 관련된 다양한 활동이나 기회에도 적극적으로 참여하게 되어, 자신의 전공 능력을 향상할 수 있다.
대학에 입학하면 복수전공이나 부전공을 통해 다른 분야의 공부도 할 수 있고, 전과도 가능하다. 또한 전공과 관련된 다양한 활동이나 프로젝트를 통해 자신의 전공에 대해 더 깊이 알아가거나, 다른 전공과의 융합을 시도해 볼 수도 있다. 그러니 너무 걱정하지 말고, 자신의 흥미와 재능을 찾아가는 과정을 즐기길 바란다.

◈ 진로 이야기 ◈

1. 각 학과 공부 등을 하며 대학을 졸업한 후, 취업률을 높일 방법을 조사하여 발표해 보자.

공대에 가고 싶다면, 공대의 다양한 전공들에 대해 알아보고, 공대생들의 이야기나 경험을 들어보고, 공대 특화 동아리나 프로젝트에 참여해 보는 것이 좋다. 이렇게 하면 공대의 전공들이 어떤 것들이 있는지, 어떤 것들이 자신에게 맞는지, 어떤 것들이 자신에게 도전적인지 등을 알 수 있다. 또한, 공대의 전공들이 미래에 어떤 영향을 미칠 수 있는지, 어떤 진로나 취업이 가능한 지 등도 알 수 있다. 또한, 한 가지 전공만이 아니라, 여러 가지 전공을 복합적으로 공부하는 것도 좋은 방법이다. 예를 들어, 공대 전공과 인문계열이나 상경 계열의 복수전공을 하는 경우, 취업 확률이 높아지는 것으로 조사되었다. 이는 공학적인 지식과 인문적이나 경영적인 지식을 동시에 갖춘 융합형 인재가 산업계에서 원하는 인재라는 것을 의미한다. 그러니 자신의 전공을 선택할 때는 한 가지 분야에 국한되지 말고, 여러 가지 분야와의 융합 가능성도 염두에 둬야 한다.

2. 공과대학과 관련하여 활동할 수 있는 진로·진학 활동은 무엇이 있는지 3가지를 발표해 보자.

1. 진로 적성검사나 진로탐색검사를 통해 자신의 강점과 적성 파악과 공대 학과나 직업을 찾아보기
2. 관심 있는 공대 학과의 홈페이지와 학과 소개 책자를 통해 학과의 특징, 교육과정, 졸업 후 진로 등을 탐색
3. 공대생들의 동아리나 멘토링 프로그램에 참여하거나, 공대 관련 경진대회에 관심을 두고 지원
4. 공대 관련 강연이나 특강, 캠프 활동을 통해 공대 분야의 최신 기술이나 동향을 파악하기
5. 공대 관련 도서나 인터넷 자료를 통해 공대 분야의 지식과 공대에 대한 호기심과 흥미를 높이기
6. 공대 관련 전문가나 선배 초청 특강과 면담 활동을 통해, 공대 진학에 대한 조언이나 팁을 얻기

3. 의대와 공대 중 선택을 고민하는 친구에게 조언해 보자.

의대와 공대의 가장 큰 차이점은 입학 난이도, 공부량, 수련 기간, 취업 전망, 월수입 등이다. 일반적으로 의대는 공대보다 입학 난이도가 높고, 공부량과 수련 기간도 길며, 취업 전망과 월수입도 높다. 하지만 이러한 차이점은 절대적인 것이 아니라 상대적이며, 개인의 상황과 환경에 따라 달라질 수 있다. 예를 들어, 공대는 의대보다 다양한 전공과 진로를 선택할 수 있고, 석·박사 과정을 거치면 고급 인재로 인정받을 수 있다. 의대와 공대 중 어느 것이 더 좋은 선택인지는 단순히 연봉이나 공부량을 따지기보다는, 자신이 어떤 분야에 흥미가 있고, 어떤 분야에 재능이 있고, 어떤 분야에서 일하고 싶고, 어떤 분야에서 행복하게 살고 싶은지를 고민해 보는 것이 중요하다. 또한, 자신이 선택한 분야에 대해 깊이 있게 공부하고, 다양한 활동과 경험을 통해 자신의 능력을 향상시키는 것이 필요하다. 그러면 자신의 분야에 대한 만족감과 성취감을 느낄 수 있고, 미래에도 좋은 진로와 취업을 할 수 있을 것이다.

4. 공대생들의 전공 선택과 대학 생활 그리고 졸업 후의 삶을 읽으며, 그 과정을 자신에게 접목하여 10년 후 자기의 모습을 발표해 보자.

2. 우주 쓰레기가 온다

도서정보	최은정 / 갈매나무 / 2021년 / 276쪽 / 17,000원	
진로정보	공학 - 우주공학자	
교과정보	과학	별과 우주 - 우주 쓰레기

도서소개 #어떤 책일까?

우주개발에 필연적으로 따르는 것은 무엇일까? 쓰레기이다. 우주 쓰레기는 속도가 엄청나게 빠르며 지구 궤도를 돌고 있는 인공위성을 망가뜨리거나 지구로 추락하여 위험한 경우가 종종 있다.

이제까지는 우주가 워낙 넓으므로 우주 쓰레기에 대해 아무도 신경을 쓰지 않았으나 우주개발이 경쟁 상황이 되자 큰 문제가 되었다. 인공위성을 띄울 자리까지 모자란 상황인 것을 알고 나면 놀랄 것이다. 책을 읽고 우주 쓰레기의 실태와 해결 방안에 대해 알아보자.

진로탐색 #무엇을 더 볼까

관련매체 : 우주 쓰레기 궤도 위치 사이트
　　　　　우주의 끝-인류가 만든 감옥
관련도서 :『재밌어서 밤새 읽는 천문학 이야기』(아가타 히데히코, 더숲)

진로토론 #무엇을 이야기해 볼까

1. 우주 쓰레기는 우주로 위성 등을 날려 보낸 국가들이 책임지고 제거해야 한다. (찬반토론)
2. 우주 안보에 뒤처질 수 없으므로 우리나라도 위성개발에 박차를 가하고 있는데 여러분의 생각은?
3. 우주 쓰레기는 중요한 자원이 될 것이다. (찬반토론)
4. 인공위성 사용 가능 궤도를 전 세계가 공정하게 사용하게 약속해야 한다. (찬반토론)

진로활동 #무엇을 해 볼까

1. 우주 쓰레기를 효과적으로 수집하는 방법에 대해 생각하고 자료를 만들어 발표해 보자.
2. 우주 쓰레기가 더 이상 생성되지 않도록 하려면 어떻게 해야 할까 조사해 보자.

◈ 책 이야기 ◈

1. 책의 앞쪽에 컬러 사진들이 16가지 있다. 몇 번 영역 사진이 가장 인상적인지, 그렇게 생각하는 이유가 무엇인지 적어 보자.

2. 저자는 책에서 지구 궤도를 도는 인공위성과 그 궤도, 우주 쓰레기 등의 다양한 주제를 다루고 있다. 왜 책 제목을 『우주 쓰레기가 온다』로 지었다고 생각하는지 말해보자.

3. 책을 읽고 새롭게 알게 된 것 중 가장 인상적인 것을 적고, 그렇게 생각한 이유를 말해보자.

4. 책을 재구성한다면 어떤 내용을 가장 앞에 두어야 한다고 생각하는지 적고 그 이유를 말해보자.

◈ 질문하고 토론하고 ◈

| [영상자료] 총알 10배 속도 위협물 우주 쓰레기 제거 산업 새 먹거리 /YTN 사이언스(2:26) | [영상자료] "별똥별인 줄 알고 예쁘다 했는데..." 알고 보니 '우주쓰레기' /YTN(3:21) |

1. 위 자료를 보고 난 뒤 우주 쓰레기에 대한 느낌은 긍정적인지, 부정적인지 말해보자.

2. 책과 자료를 보고 궁금한 것을 질문해 보자.

3. 우주 공학자는 미래 유망 직종일까, 아닐까? 왜 그렇게 생각하는가?

4. 지속 가능한 우주개발은 가능할까? 자기 생각을 말해보자.

◈ 진로 이야기 ◈

1. 우주선이나 인공위성에 관해 관심이 있다면 어떤 계기로 관심을 끌게 되었는지 말해보자.

2. 우리나라의 유명한 천문학자 혹은 우주 공학자는 어떤 분들이 계신지 소개해 보자.

3. 우주 공학에는 어떤 분야가 있는지 알아보자.

4. 우주 공학 중 내가 연구하고 싶은 분야는 무엇인가?

5. 20년 후 우주 공학자로서 뉴스에 나온다면 어떤 내용으로 인터뷰했을지 적어 보자.

3. 10대를 위한 교양 수업 3

도서정보	조성준 외 I / 아울북 / 2023년 / 152쪽 / 15,000원	
진로정보	공학 – 빅데이터 전문가(데이터 사이언티스트)	
교과정보	도덕	자신과의 관계 – 직업의 의미와 가치

도서소개 #어떤 책일까?

　　이 책은 서울대학교 공과대학 산업공학과 교수인 조성준 교수님이 청소년을 대상으로 쉽고 재미있게 데이터 사이언스에 관해 설명해 주는 책이다. 따라서 이 책은 데이터 사이언스, 또는 빅데이터, 인공지능 등에 관심이 있는 청소년에게 추천한다.

　　이 책에서는 데이터 사이언스가 무엇이고, 어떻게 등장하게 되었는지 설명한다. 또한 빅데이터의 특징, 빅데이터의 다양한 모습, 빅데이터를 분석하는 방법을 설명할 뿐만 아니라, 데이터 사이언티스트는 인공지능을 어떻게 다루는지, 빅데이터를 가치 있게 활용하는 방법에는 무엇이 있는지 등을 설명하고 있다.

진로탐색 #무엇을 더 볼까

관련매체 : JTBC <차이나는 클라스> 중 '송길영' 박사님이 출연한 에피소드
　　　　　(2022년 7월 25일자 방영)
관련도서 : 『고교학점제를 완성하는 진로 로드맵, 경영·빅데이터계열』
　　　　　(정유희, 미디어숲)

진로토론 #무엇을 이야기해 볼까

1. 데이터 사이언스는 늘 유용하기만 할까?
2. 얼굴이나 홍채 등의 생체 인식 프로그램은 딥 페이크 등으로 악용될 수 있는데 이것을 막는 방법은 무엇이 있을까?
3. 빅데이터에 대한 자기 생각을 말해보자.

진로활동 #무엇을 해 볼까

1. 데이터 사이언스가 활용되고 있는 영역에 무엇이 있는지 조사해 보자.
2. 내가 데이터 사이언티스트로 활동한다면 활약하고 싶은 분야가 무엇인지 생각해 보자. 예) 패션 분야, 음식 분야, 의학 분야, 법학 분야, 자동차 분야 등

4. NEW 재미있는 물리 여행

도서정보	루이스 캐럴 엡스타인(강남화) / 꿈결 / 2017년 / 616쪽 / 29,000원	
진로정보	공학 – 기계공학자, 물리학자	
교과정보	과학	힘의 작용

도서소개 #어떤 책일까?

　　다양한 문제를 풀면서 물리에 대해 막연하게 알고 있던 지식을 새롭게 정비할 수 있는 책이다. 쉽다면 쉬울 수도 있지만 자신의 직관적인 생각과 다른 해답도 보게 될 것이다. 퀴즈를 좋아한다면 더욱 추천한다.

　　자신의 과학적 사고력과 오개념을 확인하여 바로 잡을 수 있는 책으로 머리를 환기시킬 수 있으며, 물리에 관한 관심을 더 높일 수 있다. 모르던 것, 확실하지 않던 것을 알게 되는 기쁨을 알고 싶다면 읽어보자.

진로탐색 #무엇을 더 볼까

관련도서 : 『위험한 과학책』 (랜들 먼로, 시공사)

　　　　　『물리학자는 영화에서 과학을 본다』 (정재승, 어크로스)

진로토론 #무엇을 이야기해 볼까

1. 가장 관심이 가는 영역은 어느 것인지 말해보자.

2. 처음 알게 되어 좋았던 문제는 어느 것인지 말해보자.

3. 책을 읽고 새로 알게 된 것이 있다면 그 지식은 어떤 직업인에게 필요할지 생각해 보자.

4. 가장 재밌었던 문제에 대해 친구들에게 설명해 보자. 나는 설명을 잘하는 편이라고 생각하는가?

진로활동 #무엇을 해 볼까

1. 여러 명이 조를 짜서 10개 정도의 문제를 같이 푼 뒤 많이 틀리는 개념을 찾는다. 그 개념을 제대로 이해하고 있는 학생이 설명하도록 하자.

2. 어떤 물리적 개념을 하나 정해서 이 개념을 확실히 이해하고 있는지 확인할 수 있는 새로운 문제를 만들어 보자.

5. 곽재식의 아파트 생물학

도서정보	곽재식 / 북트리거 / 2021년 / 340쪽 / 16,800원	
진로정보	공학 - 생물학자	
교과정보	과학	생물의 구성과 다양성

도서소개 #어떤 책일까?

한국의 도시에 산다고 하면 대부분이 아파트를 떠올릴 것이다. 아파트에 살지 않는 사람들도 아파트의 구조와 삶에 대해 거의 다 알고 있다.

아파트에는 사람만 사는 것이 아니다. 정원을 꾸민 집도 있고, 반려동물이 살고 있기도 하며, 각종 곤충 및 미생물과 동거 중이다. 저자는 이런 생물들을 소개하며 아파트 주민도 생태계의 일원임을 깨닫게 한다. 생물에 관한 관심을 높이는 책이다.

진로탐색 #무엇을 더 볼까

관련매체 : 2022 '진화가 필요한 순간' 7강
https://www.youtube.com/live/Z8iqVGf9j8U
관련도서 : 『하리하라의 바이오 사이언스_유전과 생명공학』(이은희, 살림출판사)

진로토론 #무엇을 이야기해 볼까

1. 아파트 정원에 사는 바퀴벌레는 박멸해야 한다. (찬반토론)
2. 아파트에서 반려동물을 키우는 것은 좋지 않다. (찬반토론)
3. 아파트는 주기적으로 방역을 한다. 이것은 꼭 필요한 것인가?
4. 책을 읽고 새롭게 알게 된 내용 중 가장 인상적인 내용은 무엇인가?
5. 책에 나온 생물 중 가장 관심이 가는 생물은 무엇인가?

진로활동 #무엇을 해 볼까

1. 같은 종의 나무 중 아파트나 집 정원의 나무와 산의 나무는 무엇이 서로 다른지 관찰하여 표로 나타내어 보자.
2. 집에서 문을 잘 열지 않는 수납공간의 구석진 곳에 벌레의 흔적이 있는지 찾아보자.

6. 기후 환경 생태 그리고 우리

도서정보	이보균 / 카모마일북스 / 2022년 / 192쪽 / 17,000원	
진로정보	자연과학 - 환경과학자	
교과정보	환경	기후 환경에 대한 이해

도서소개 #어떤 책일까?

　　기후, 환경, 생태에 대한 개념을 살펴보고, 기후·환경·생태가 우리 삶에 어떠한 영향을 미치는지, 그리고 우리의 삶이 기후 환경 생태에 어떤 영향을 미칠 수 있는지 소개한다. 기후변화의 원인과 대안을 생각하는 논의에서 중요한 인류세에 대하여 알아보고 탄소중립이나 RE100에 대한 이해 그리고 시대가 요구하는 리더십까지 소개한다. 기후 위기를 풀어가는 태도로 기후 위기나 지구환경 문제를 풀어가기 위한 우리가 지녀야 할 태도 7가지를 설명한다. 지구와 인간의 바람직한 관계는 무엇인지 생각하게 하고, 지구와 인간이 서로 필요한 존재가 되기 위한 넓은 시각을 키워갈 수 있을 것이다.

진로탐색 #무엇을 더 볼까

관련매체 : 인류세 (인간의 시대, EBS 다큐프라임)
관련도서 : 『가장 짧은 우주의 역사』(데이비드 베이커, 세종연구원)

진로토론 #무엇을 이야기해 볼까

1. 산업혁명이후 기후변화가 진행된 과정은?
2. 기후변화 1.5도를 티핑 포인트라고 하는 이유는 무엇일까?
3. 탄소중립 2050의 의미는 무엇일까?
4. 지금의 지질시대를 인류세라고 하는 까닭은 무엇일까?

진로활동 #무엇을 해볼까

1. 신재생에너지에는 무엇이 있는지 조사해 보자.
2. ESG가 필요한 이유를 조사하여 발표해 보자.
3. 기업의 ESG 경영에 대해 조사하여 학교 홈페이지에 소개해 보자.

7. 나에게 맞는 IT 직업 찾기

도서정보	나정호 / 나앤북 / 2023년 / 302쪽 / 15,000원	
진로정보	공학 - 정보통신기술가 및 기술직	
교과정보	정보	공유, 협력, 소통을 위한 네트워크 환경

도서소개 #어떤 책일까?

IT라고 하면 컴퓨터 전문가들이 소유하고 있는 것으로 생각하기 쉽다. 당연하다. 컴퓨터를 다룰 줄 알아야 한다. 컴퓨터 기반 개발자는 하드웨어와 소프트웨어로 나뉘는데 그 안에서도 많은 분야로 나뉜다고 한다. 우리가 늘 곁에 두고 사용하는 휴대전화기에도 다양한 IT기술이 들어있다. 또 쳇-GPT라는 AI까지 등장한 상황에 우리에게 컴퓨터는 떨어질 수 없는 존재가 되었다. 따라서 이제 컴퓨터를 모르면 세상을 살아갈 동력을 잃은 것과 같기때문에 IT 관련 지식을 습득해야만 생존할 수 있다.

진로탐색 #무엇을 더 볼까

관련매체 : 과학쿠키 https://youtu.be/nnrqBJqp0dU?feature=shared

관련도서 : 『아무것도 못 버리는 사람들』(캐런 킹스턴, 도솔)

진로토론 #무엇을 이야기해 볼까

1. 나는 컴퓨터를 얼마나 활용하고 있을까?
2. 하루에 휴대전화 사용 시간은 어느 정도나 될까?
3. 컴퓨터나 휴대전화를 사용하는 용도는 무엇일까?
4. 나는 컴퓨터를 잘 알고 있을까?
5. 세상은 컴퓨터가 없으면 유지되지 않는다. (찬반토론)

진로활동 #무엇을 해볼까

1. 다양한 컴퓨터 용어를 정리해 보자.
2. 온라인상 툴을 이용하여 간단한 컴퓨터게임을 만들어 보자.
3. 컴퓨터 관련 자격증 취득에 도전해 보자.

8. 내가 유전자를 고를 수 있다면

도서정보	예병일 / 다른 / 2019년 / 200쪽 / 14,000원	
진로정보	공학 – 유전공학자	
교과정보	과학	생식과 유전

도서소개 #어떤 책일까?

　이 책은 인간의 생로병사에 관해 설명한 책이다. 임신에서 시작하여 태어나고 늙어가고 병들고 죽는 것이 생명체가 겪는 과정이다. 이를 천천히 다양한 의학 용어를 이용하며 설명한다.

　유전, 성장, 노화, 질병, 죽음, 안락사까지 다루며, 이 책의 가장 좋은 점은 각 장의 마지막에 직업에 대한 정보를 제공한다는 것이다. 보건·의료와 관련하여 몰랐던 직업을 보고 자신의 진로에 대해 고민해 볼 수 있다.

진로탐색 #무엇을 더 볼까

관련매체 : 2020 서울대 자연과학 공개강연 https://youtu.be/77XVJqNZkK0

관련도서 : 『내가 유전자 쇼핑으로 태어난 아이라면?』 (정혜경, 뜨인돌)

　　　　　『DNA의 거의 모든 과학』 (전방욱, 이상북스)

진로토론 #무엇을 이야기해 볼까

1. 의학 연구를 한다면 1장~4장 중 어느 장에 관해 연구하고 싶은가?
2. 가장 어려웠던 내용은 어느 부분인가?
3. 노화는 자연스러운 과정이므로 막아서는 안 된다. (찬반토론)
4. 적극적 치료를 하지 않는 호스피스 완화 의료는 환자를 죽게 놓아두는 것이다.
   (찬반토론)

진로활동 #무엇을 해 볼까

1. 사람이 늙지 않고 영원히 산다면 어떤 일이 생길지 글을 적어 표현해 보자.
2. 인간에게 치명적이었던 전염병의 종류를 검색하여 알아보자.
3. 의사의 전공 분야에는 어떤 것들이 있는지 알아보고, 내가 의사가 된다면 어떤 분야를 전공하고 싶은지 말해보자.

9. 달력으로 배우는 지구환경 수업

도서정보	최원형 / 블랙피쉬 / 2021년 / 296쪽 / 15,000원	
진로정보	공학 - 지구학자, 환경공학자	
교과정보	과학	과학과 인류의 지속가능한 삶

도서소개 #어떤 책일까?

　　달력을 보면 많은 기념일이 있다. 기념일 제목을 보면 제정된 이유가 짐작된다. 이 중에서 지구환경과 관련된 기념일만 모아 해설을 해준다. 세계 참새의 날, 국제 일회용 비닐봉지 없는 날, 아무것도 사지 않는 날 등.
　　지구를 위해 당장 실천해야 할 행동과 지식에 대해 알고 싶다면 이 책을 읽어보자. 좋은 안내자가 되어줄 것이다.

진로탐색 #무엇을 더 볼까

관련도서 : 『지구는 괜찮아, 우리가 문제지』(곽재식, 어크로스)
　　　　　　『기후 변화 쫌 아는 10대』(이지유, 풀빛)

진로토론 #무엇을 이야기해 볼까

1. "00의 날"이라는 것은 이벤트성으로 정한 것이므로 큰 의미가 없다 (찬반토론)
2. 왜 겨울에는 환경 관련 기념일이 적을까?
3. 아직 제정되지 않은 기념일을 만든다면 어떤 제목의 날을 정할지 말해보자.
4. 계절별 가장 중요한 기념일을 고르고, 그 기념일을 고른 이유를 말해보자.
5. 인류는 전기나 물품의 소비를 아끼지 않아도 된다는 의견도 있다. 여러분은 어떻게 생각하는가?

진로활동 #무엇을 해 볼까

1. 세계에서 지정한 날이 아니라 우리나라에만 지정된 환경 관련 날이 있는지 알아보자.
2. 각종 환경의 날에 어떤 행사들이 있는지 지자체 홈페이지에서 확인해 보자.
3. 오늘 이후 첫 기념일을 찾아 무엇을 실천할 것인지 적어 보자.

10. 대멸종이 온다

도서정보	장바티스트 드 파나피외(이정은) / 탐 / 2022년 / 132쪽 / 17,000원
진로정보	과학 - 지구학자, 환경공학자
교과정보	과학	날씨와 기후변화

도서소개   #어떤 책일까?

　　과학탐사대가 기후변화의 흔적을 찾기 위해 북극으로 탐사를 떠나서 겪는 내용을 만화로 보여준다. 가상의 섬에서 일어나는 일을 보여주지만 내용은 진실에 바탕을 두고 있다.

　　인간의 생활 방식이 바뀌지 않으면 대멸종은 현실이 될 것이라는 무거운 주제를 무겁지 않게, 그리고 간결하게 전달한다. 생물 다양성, 지구환경에 관심이 있다면 더욱 읽어봐야 할 책이다.

진로탐색 #무엇을 더 볼까

관련도서 : 『지구가 너무도 사나운 날에는』 (가치를꿈꾸는과학교사모임, 우리학교)
　　　　　『달력으로 배우는 지구환경 수업』 (최원형, 블랙피쉬)

진로토론 #무엇을 이야기해 볼까

1. 대멸종이란 무엇인지 말해보자.
2. 다음 대멸종의 대상은 인간일 것이다. (찬반토론)
3. 모기는 매우 작고, 전염병을 퍼뜨리는 등 인간에게 해만 끼치므로 멸종시킬 수 있다면 그렇게 해야 한다. (찬반토론)
4. 어떤 생물종이 멸종하면, 다른 생물종이 나타날 것이다. (찬반토론)

진로활동 #무엇을 해 볼까

1. 20년 전, 10년 전과 현재 북극의 크기 사진을 찾아 비교해 보고, 지구 온난화 실태 보고서를 작성해 보자.
2. 인간의 생활 습관에서 바꾸고 싶은 것이란 주제로 논설문을 써 보자.

II. 더 위험한 과학책

도서정보	랜들 먼로(이강환) / 시공사 / 2020년 / 416쪽 / 22,000원	
진로정보	공학 - 기계공학자, 물리학자	
교과정보	과학	과학 전반

도서소개 #어떤 책일까?

『위험한 과학책』으로 유명한 저자는 "만약"이라는 가정하에 다양한 질문에 대해 매우 과학적으로 답을 한다. 『위험한 과학책』의 후속으로 나온 책으로 성층권까지 높이 뛰는 방법, 집을 통째로 날려서 이사하는 방법 등 문제와 그 해결 방법이 기상천외하면서도 논리적이라 감탄하며 계속 책을 읽게 될 것이다.

책을 읽다 보면 다양한 과학 교양 상식, 특히 물리에 대한 상식이 늘어나 있을 것이다. 저자가 운영하는 과학 웹툰 사이트는 아래 소개하였다. 우리나라에서 유사한 사이트로는 사물궁이 잡학지식 유튜브 사이트 등이 있다.

진로탐색 #무엇을 더 볼까

관련매체 : 랜들 먼로의 과학 웹툰 사이트 https://xkcd.com/
           사물궁이 잡학지식 사이트 https://www.youtube.com/@SMGI
관련도서 : 『위험한 과학책』(랜들 먼로, 시공사)

진로토론 #무엇을 이야기해 볼까

1. 위험한 과학 실험을 일반인에게 안내하는 것은 무책임한 일이다. (찬반토론)
2. 궁금하지만 황당하다고 생각해서 물어보지 못했던 질문이 무엇인지 발표해 보자.
3. 이 책의 내용이 가장 도움이 될 직업은 무엇일까?
4. 책에 나온 질문 한 가지를 정해 친구에게 설명한다면 나는 자료를 어떻게 구성할 것 인지 생각해 보자. (예를 들어 만화, 신문 등)

진로활동 #무엇을 해 볼까

1. 책에 나온 질문 중 가장 흥미 있었던 것은 과학의 어느 분야에 속하는지 알아보자.
2. 저자의 사이트에 가서 과학 질문을 한 가지 해 보거나 관심 있는 질문과 답을 찾아 보자. 영어로 해야 하니 번역 사이트를 활용하자.

12. 동물들의 위대한 법정

도서정보	장 뢱 포르케(장한라) / 서해문집 / 2022년 / 200쪽 / 14,500원	
진로정보	공학 - 환경공학자	
교과정보	과학	생물의 구성과 다양성

도서소개 #어떤 책일까?

　　멸종위기종이라는 말을 알 것이다. 인간들이 멸종위기종을 살리기 위해 드는 비용을 생각하여 재판을 열어 그들의 변론을 듣고 딱 한 종만 살리자고 하여, 그 재판 과정을 소개하는 내용이다. 이 책은 동화책처럼 보이지만 내용은 묵직하다.

　　생물 다양성 보존의 중요성에 대해 알게 될 것이다. 다양한 동물의 특징과 습성에 관해서도 관심이 생길 것이다. 동물에 관한 관심이 축산이나 수의학 연구원이 되는 첫걸음이 될 것이다.

진로탐색 #무엇을 더 볼까

관련도서 : 『아파트에서 기린을 만난다면?』 (최종욱, 창비)
　　　　　『세상을 바꾼 동물』 (임정은, 다른)

진로토론 #무엇을 이야기해 볼까

1. 지구 역사에서 멸종한 생물종은 많다. 멸종은 자연스러운 일이므로 멸종위기종 보존에 힘쓸 필요가 없다. (찬반토론)
2. 인간의 수가 너무 많아 생태계에 큰 문제인 것처럼 반려동물의 수가 급격히 늘어나고 있는 것도 문제이다. (찬반토론)
3. 인류도 언젠가는 멸종하게 될 것이다. (찬반토론)
4. 생물 다양성을 유지하는 것의 중요성을 대중에게 알리려면 어떤 형태의 자료가 가장 좋을까?

진로활동 #무엇을 해 볼까

1. 우리나라의 가축 종류를 조사해 보자.
2. 집 주변 동물 병원에서 진료하는 동물의 종류를 조사해 보자.

13. 물리학자는 영화에서 과학을 본다

도서정보	정재승 / 어크로스 / 2012년 / 320쪽 / 15,000원	
진로정보	공학 - 물리학자	
교과정보	과학	힘의 작용

도서소개 #어떤 책일까?

　　좀 오래된 영화가 많긴 하지만 영화를 보지 않아도 충분히 내용이 이해가 간다. 영화를 찾아 보고 나면 더 재미있게 읽을 수 있다. 대부분 블록버스터 영화이기 때문에 지겹지 않다.

　　영화 속에는 과학적 오류가 많다. 무시하고 영화를 봐도 되지만, 과학적 오류를 찾는 것도 영화를 보는 재미가 된다. 다양한 과학 교양서적을 낸 정재승 교수의 첫 번째 책으로 우리나라 과학 교양서적의 고전이라고 할 수 있다.

진로탐색 #무엇을 더 볼까

관련도서 : 『십 대를 위한 미래과학 콘서트』 (김성완, 청어람미디어)
　　　　　『정재승의 과학콘서트』 (정재승, 어크로스)

진로토론 #무엇을 이야기해 볼까

1. 영화를 만들 때 과학적 오류는 없도록 해야 한다. (찬반토론)
2. 인공지능은 감정을 갖게 될 것이다. (찬반토론)
3. 책에서 읽은 내용 중 가장 인상적이었던 것은 무엇인가?
4. 물리학자가 된다면 어떤 것을 연구해 보고 싶은가?

진로활동 #무엇을 해 볼까

1. 최근에 개봉한 영화를 보며 물리학적 오류는 무엇이 있는지 찾아 적어 보자.
2. 1번에서 찾은 오류를 수정하면 영화 스토리는 어떻게 바뀔지 말해보자.
3. 책 속에 나온 한 가지 이야기를 친구들에게 소개하는 자료를 만들어 보자.
4. SF소설을 찾아 읽어보고 소설 속에 나오는 과학 이론은 무엇인지 찾아보자.

14. 세계사를 바꾼 12가지 신소재

도서정보	사토 겐타로(송은애) / 북라이프 / 2019년 / 280쪽 / 16,000원	
진로정보	공학 - 화학공학자	
교과정보	과학	물질의 특성

도서소개 #어떤 책일까?

　　신소재의 등장은 세계의 역사를 바꾸는 신호탄이 되는 경우가 많다. 비행기가 실용화 되어 세계 여행이 쉬워진 것도, 전염병이 전 세계적으로 번지게 된 것도, 가수들이 세계 적으로 자신을 알릴 수 있게 된 것도 신소재 덕분이다.

　　불을 이용하여 금속을 제련하고 도자기를 빚은 것에서 시작하여 철, 종이, 비단 등 다 양한 신소재와 역사의 흐름을 보며 역사를 새로운 시각으로 바라보게 할 책이다.

진로탐색 #무엇을 더 볼까

관련매체 : 도서 소개 영상 https://youtu.be/q8QQADuW-9c

관련도서 : 『세상은 온통 화학이야』 (마이 티 응우옌 킴, 한국경제신문사)

　　　　　『역사를 바꾼 17가지 화학 이야기 1, 2』 (페니 카메론 르 쿠터, 사이언스북스)

진로토론 #무엇을 이야기해 볼까

1. 소개된 소재 중 어떤 소재가 가장 흥미로웠는가?
2. 소개된 소재 중 어떤 소재가 인류의 삶에 가장 큰 영향을 미쳤다고 생각하는가?
3. 무기를 위한 신소재 개발에 대해 어떻게 생각하는가?
4. 환경 보호를 위해 신소재 개발은 중지되어야 한다. (찬반토론)
5. 최근에 발명되거나 발견된 신소재가 있는지 검색을 통해 알아보자.

진로활동 #무엇을 해 볼까

1. 소개된 물질 중에 나의 삶을 가장 풍요롭게 해주었다고 생각하는 물질을 골라 이 물 질을 소개하는 글을 써 보자.
2. 이후에 개발될 것으로 예상하는 신물질의 성질을 표현하는 그림을 그려 친구에게 설 명해 보자.

15. 세상은 온통 화학이야

도서정보	마이 티 응우옌 킴(배명자) / 한국경제신문사 / 2019년 / 316쪽 / 16,800원	
진로정보	공학 - 화학공학자	
교과정보	과학	물질의 특성

도서소개 #어떤 책일까?

　　저자는 과학 관련 유튜버로 유명하다. 화학자의 하루를 화학으로 설명하는 이 책을 썼다. 물질을 연구하는 학문이 화학이므로 물질 없는 하루는 상상할 수 없으니 하루는 화학으로 설명할 수 있다.

　　깊이 있게 보다는 다양하게 물질을 소개하는 책으로 화학에 대해 친근함을 느끼게 될 것이다. 저자는 화학의 재미에 빠지는 이런 상태를 '화학 스피릿'이라고 표현하고 있다. 화학물질들에 둘러싸인 하루를 관찰해 보자.

진로탐색 #무엇을 더 볼까

관련매체 : The Secret Life Of Scientists
　　　　　https://www.youtube.com/@TheSecretLifeofScientists/featured
관련도서 : 『세계사를 바꾼 12가지 신소재』(사토 겐타로, 북라이프)

진로토론 #무엇을 이야기해 볼까

1. 천연 유래 물질은 환경과 인간에게 좋은 것이다. (예를 들어 천연 소금으로 만든 세제, 천연비누 등) (찬반토론)
2. 오래 보관해도 상하지 않는 음식은 몸에 나쁘다. (찬반토론)
3. 화학자 중 TV에 나오거나 책을 쓴 유명한 사람은 누가 있는지, 그 사람의 연구 분야는 무엇인지 알아보자.
4. 내가 과학자가 되어 과학 교양서를 만든다면 어떤 스타일의 책을 만들지 생각해 보자.

진로활동 #무엇을 해 볼까

1. 책에 소개되지 않지만 일상적으로 쓰는 화학물질은 무엇이 더 있는지 알아보자.
2. 책에 소개된 물질 중 더 알아보고 싶은 것이 있으면 검색을 해 보고, 발표 자료를 만들어 보자.

16. 십 대가 알아야 할 인공지능과 4차 산업혁명의 미래

도서정보	전승민 / 팜파스 / 2018년 / 240쪽 / 13,000원	
진로정보	공학 - AI 공학자, 컴퓨터 공학자	
교과정보	과학	융합 과학기술

도서소개   #어떤 책일까?

『십 대가 알아야 할 인공지능과 4차 산업혁명의 미래』는 4차 산업혁명에 대해 미래의 주역 청소년들이 반드시 알아야만 하는 디지털 과학 지식과 그로 인한 삶의 변화를 이야기한다. 인공지능, 로봇, 빅데이터, 사물인터넷, 인터페이스와 통신 같은 미래 세상의 핵심 기술은 알아보고, 지금 업계에서 떠오르는 미래 유망 직업들과 그 이유까지도 알려준다. 이 책을 통해 십 대들은 4차 산업혁명 시대의 흐름과 현재의 연결성을 배우고, 꼭 필요한 소양과 지적 능력을 얻게 된다. 미래의 자기 가치를 발견하기 위해 도전하는 청소년들을 위한 책이다.

진로탐색   #무엇을 더 볼까

관련매체 : [2021 미래교육 수업나눔 콘서트] AI와 빅데이터를 활용한 과학수업
　　　　　https://youtu.be/fFd5z5SRoE8?si=W2V6WgHdglz8-IC9
　　　　　진로교육 https://youtu.be/zTwan_qtEgU?si=XQSESmi8PUnNcXc9
관련도서 : 『4차 산업혁명, 미래를 바꿀 인공지능 로봇』 (이세철, 정보문화사)

진로토론   #무엇을 이야기해 볼까

1. AI 시대에 사라질 직업은 무엇이고, 살아남을(새로운) 직업은 무엇일까?
2. 미래의 유망 직업은 무엇이 있을까? 그 직업들을 위해 어떤 능력과 지식이 필요할까?
3. 빅데이터와 사물인터넷이 우리의 삶에 어떤 영향을 미칠까?
4. 현재와 미래에 개인정보와 보안은 어떻게 보장받을 수 있을까?

진로활동   #무엇을 해볼까

1. 4차 산업혁명에 따른 산업 및 직업의 융합과 변화에 대해 알아보자.
2. 4차 산업혁명에 따른 자신의 흥미와 적성에 맞는 미래의 직업을 탐색해 보자.

17. 왜요, 기후가 어떤데요?

도서정보	최원형 / 동녘 / 2021년 / 236쪽 / 13,000원
진로정보	공학 - 지구학자, 환경공학자
교과정보	과학	날씨와 기후변화

도서소개 #어떤 책일까?

이제는 지구 온난화가 아니라 기후 위기를 말하는 시대이다. 탄소 발자국을 줄여야 한다고 모두 말한다. 하지만 그 정확한 의미와 기후 위기의 위험성을 모르는 경우가 많다.
주변에서 일상적으로 사용하는 물건들을 통해 탄소 발자국을 설명하고 있다. 물건을 만들고 버리고, 처리하는 과정에서 발생하는 탄소 배출량을 알고 나면 깜짝 놀라게 될 것이다.

진로탐색 #무엇을 더 볼까

관련매체 : [생존과학] 기후변화, 생존이 걸린 문제! https://youtu.be/ShwbfXn0-rk
관련도서 : 『내일 지구』 (김추령, 빨간소금)
　　　　　 『기후 변화 쫌 아는 10대』 (이지유, 풀빛)

진로토론 #무엇을 이야기해 볼까

1. 이 책을 읽기 전에 기후에 대해 어느 정도 관심이 있었는지 말해보자.
2. 내 생활에서 탄소 발자국이 가장 큰 것은 무엇이라고 생각하는가?
3. 기후 위기를 막기 위해 전 세계가 함께 IT 기기를 사용하지 않아야 한다. (찬반토론)
4. 고급 레스토랑들은 요리가 조금만 잘못되어도 버린다. 지구환경을 위해 고급 레스토랑(파인 다이닝)은 없어져야 한다. (찬반토론)

진로활동 #무엇을 해 볼까

1. 탄소 발자국을 줄이기 위한 실천 사항 중 내가 지킬 수 있는 것을 한 가지 골라 지속적으로 실천해 보자.
2. 우리 집에서 탄소 발자국을 줄일 수 있는 실천 사항을 찾아 목록을 만들어 가족과 공유하여 실천해 보자.

18. 인류세 쫌 아는 10대

도서정보	허정림 / 풀빛 / 2022년 / 140쪽 / 13,000원
진로정보	과학 - 지구학자, 환경공학자
교과정보	과학	지권의 변화

도서소개 #어떤 책일까?

　　지질시대의 마지막은 신생대 제4기 홀로세였다. 요즘 지구과학에서 유명한 시대는 인류세이며, 홀로세 이후의 시대라고들 한다. 인류가 살고 있는 이 시대를 새로운 지질시대로 분류해야 할 만큼 인류가 지구에 미친 영향이 크다는 뜻이다.

　　인류가 지구 생태계와 지질 환경에 미친 영향은 무엇인지 알아보고 고쳐야 할 것이 있다면 어떤 점이 있는지 책을 통해 알 수 있다.

진로탐색 #무엇을 더 볼까

관련매체 : [카오스+어스] 인간이 버린 쓰레기,인류세의 지층일까
　　　　　https://youtu.be/rIN5rLu1DQc

관련도서 : 『환경과 생태 쫌 아는 10대』(최원형, 풀빛)

진로토론 #무엇을 이야기해 볼까

1. 플라스틱도 암석이 되었으니, 쓰임새를 찾게 될 것이므로 사용을 줄이지 않아도 된다. (찬반토론)
2. 지금은 기후 위기가 아니라 간빙기이다. (찬반토론)
3. 인류가 멸종시킨 생물들은 무엇인가?
4. 인류가 멸종된 뒤 지적 생명체가 생겨서 인간이 살던 지층을 본다면 무슨 화석을 표준화석으로 삼게 될까?

진로활동 #무엇을 해 볼까

1. 이 책을 읽고 새롭게 알게 된 것들을 소개하는 발표 자료를 만들어 보자.
2. 플라스틱을 줄이기 위한 실천 방안을 친구들과 만들어 실천해 보자.
3. 생물 다양성을 유지하기 위해 주장을 기고해 보자.

중학교 진로독서 가이드북

제6장

의학

◈ 의학 영역 소개 ◈

#의학 분야 소개

 의학 분야는 인간의 건강과 질병에 대한 이해와 치료를 다루는 분야이다. 의학은 인간의 건강을 유지하고, 질병을 예방하고, 진단하며, 치료하는 데 중점을 두고 있다. 의학 분야는 다양한 전문 분야로 나뉘어져 있다. 의료 분야에서 인기 있는 직업은 다양하다. 의사, 간호사, 치과의사, 한의사, 약사, 물리치료사, 응급구조사, 작업치료사, 언어치료사, 방사선사, 의무원, 의료기기 기술자, 의료정보 기술자 등이 있다. 이들 직업은 모두 의료 분야에서 중요한 역할을 하며, 많은 사람에게 필요한 서비스를 제공한다. 이들 직업은 모두 높은 수준의 전문 지식과 기술을 요구하며, 꾸준한 학습과 연구가 필요하다. 또한, 이러한 직업과 관련된 높은 책임으로 인해 높은 윤리적 기준과 전문성에 대한 헌신이 요구된다.

#의학 계열 미래 전망과 진로 독서

 의학 분야는 빠르게 발전하고 있으며, 인공지능, 지능형 로봇, IoT, 빅데이터, 생명공학 등 과학기술의 발전에 힘입어 급속한 진화를 겪고 있다. 이러한 변화로 인해 의학 분야에서는 의공학을 포함한 의료기기 개발, 의료정보 시스템 구축, 의료 데이터 분석 등이 중요한 역할을 하게 될 것이다. 동시에 의학 분야에서는 의료 현장의 의료진 역할도 변화할 것이다. 의사나 간호사 등 의료진은 의료 데이터 분석 등에 대한 더 많은 기술적 지식과 이해를 습득해야 한다.
 의학 분야는 미래에도 계속해서 발전할 것이다. 따라서 의학 분야에 관심이 있는 학생은 의학 분야에 대한 심층적인 지식과 이해를 습득해야 한다. 또한, 새로운 기술을 파악하고 의료 환경의 변화에 대한 이해도 중요하다. 의학 분야가 인간의 건강 및 질병과 복잡하게 연결되어 있다는 점을 고려할 때, 그 분야에서 일하는 개인은 타인에 대한 존중과 배려를 구현하고 높은 윤리 기준을 갖추어야 한다.
 의학 분야로의 진로를 꿈꾸는 중·고등학생에게 전제조건은 전문성, 책임감, 지속적인 학습과 연구에 대한 의지이다. 또한, 의사소통의 중요성을 인식하고, 인간관계를 이해하는 능력과 효과적인 의사소통 능력은 필수 불가결하다. 그러므로 여기에 소개되는 추천 도서는 단순한 가이드가 아니라 치유와 타인에 대한 배려라는 숭고한 가치를 지닌 귀중한 길잡이 역할을 할 것이다. 의학 분야에서 희망의 등대가 되려는 여러분의 열정과 목표를 진심으로 지지한다.

◈ 의학 도서 목록 ◈

순	영역	진로정보	교과정보	도서명	집필자	비고
1	의학	생명과학자/공학자	과학	오싹한 의학의 세계사	최창준	대표
2	의학	의사/생명공학자	과학	질병 정복의 꿈, 바이오 사이언스	최창준	대표
3	의학	마취과 의사	과학	10대를 위한 의학을 이끈 결정적 질문	유연숙	
4	의학	간호사	과학	간호사가 되기로 했다	김희진	
5	의학	수의사	과학	개를 보내다	유연숙	
6	의학	의사	과학	내 몸 안의 주치의, 면역학	김희진	
7	의학	소아정신과 의사	도덕	누구야, 너는?	유연숙	
8	의학	정신분석 전문가	국어	메리골드마음세탁소	강민정	
9	의학	의사	과학	세계사를 바꾼 10가지 감염병	김희진	
10	의학	약사	과학	세계사를 바꾼 10가지 약	김희진	
11	의학	정형외과 의사	과학	세종의 허리 가우디의 뼈	유연숙	
12	의학	임상수의사	과학	수의사는 오늘도 짝사랑 중	유연숙	
13	의학	심장내과 의사	과학	심장병동 506호실	유연숙	
14	의학	약사	과학	약의 과학	김희진	
15	의학	의학 전문가	사회	왕진 가방 속의 페미니즘	강민정	
16	의학	성형외과 의사	과학	외모 대여점	유연숙	
17	의학	스포츠 의학자	체육	운동화 신은 뇌	박태성	
18	의학	의사	도덕	유괴의 날	조아라	
19	의학	의사	과학	이토록 재미있는 의학 이야기	김희진	
20	의학	약사	과학	전염병 치료제를 내가 만든다면	김희진	
21	의학	정신건강의학과 의사	과학	청소년을 위한 정신의학 에세이	유연숙	
22	의학	한의사	과학	허준의 후손은 고3 수험생	유연숙	

I. 오싹한 의학의 세계사

도서정보	데이비드 하빌랜드(이현정) / 베가북스 / 2022년 / 296쪽 / 16,800원	
진로정보	의학 - 생명과학자, 공학자	
교과정보	과학	과학의 사회 문제 해결

도서소개 #어떤 책일까?

『오싹한 의학의 세계사』는 과거부터 현대까지 의학을 둘러싸고 벌어진 믿을 수 없을 만큼 섬찟하거나 혹은 웃음이 터질 만큼 유쾌한 사건들을 흥미롭게 소개한다. 인류 최초의 성형수술부터 고대인들이 악어 똥으로 만들었던 피임구, 콘돔을 세탁해서 사용했던 런던의 세탁소, 모자를 쓰지 않아서 죽음을 맞이한 대통령, 고환이 너무 커져서 수레에 싣고 다녀야 했던 끔찍한 질병에 이르기까지 우리를 경악하게 만드는 118가지 의학 이야기가 담겨있다. 흥미진진한 의학 역사에 빠져들어 시간 가는 줄 모르게 할 책이다.

진로탐색 #무엇을 더 볼까

관련매체 : 우울증을 치료하려고 뇌를 자르면 벌어지는 일 / 의학의 역사
관련도서 : 『인류에게 필요한 11가지 약 이야기』 (정승규, 반니)

진로토론 #무엇을 이야기해 볼까

1. 혈액을 빼는 것의 위험성은 무엇인가?
2. 의학 역사에서 가장 중요한 사건은 무엇인가?
3. 박테리아의 발견 이전에는 어떤 치료 방법이 있었는가?
4. 인공지능 의료기기의 사용에 대해 자신의 의견을 제시해 보자. (찬반토론)
5. 의료기술의 발전이 인간의 삶에 미치는 영향에 대해 긍정과 부정의 측면에서 자신의 의견을 제시해 보자. (찬반토론)

진로활동 #무엇을 해볼까

1. 의료진의 교육과정 개선에 대해 자기의 주장을 발표해 보자.
2. 이 책에서 다루는 주제들을 바탕으로 과학 교육 자료를 만들어 보자.

◈ 책 이야기 ◈

1. 이 책에서 가장 인상 깊은 내용을 찾아 옮겨 보고, 그 이유를 말해 보자.

이 책은 의학의 역사를 다루며, 과거부터 현대까지 의학을 둘러싸고 벌어진 믿을 수 없을 만큼 섬찟하거나 혹은 웃음이 터질 만큼 유쾌한 사건들을 소개하고 있다. 이 책에서 가장 인상 깊은 내용은 기원전 800년경에 고대 인도 의사인 수슈루타에 의해 간음에 대한 처벌로 잘린 코를 복원하는 수술로 소개된 인류 최초의 성형수술이라고 생각한다. 이 내용은 수슈루타가 뺨이나 이마의 살을 떼어서 잘린 코에 붙여 코의 형태를 바꾸는 수술을 시도한 것으로 알려져 있다. 이 내용은 당시의 수술 기술과 의료 철학을 이해하는 데 도움이 되며, 현재의 성형수술과 비교해 보면 어떤 발전이 있었는지 생각해 볼 수 있다.

2. 이 책에서 가장 섬찟하거나 웃음이 터질만큼 유쾌한 사건을 찾아 발표해 보자.

에피소드 1. 'X-환자(전직 미 해병대 용사)는 자신의 애완용 방울뱀에 입술을 물렸고, 이 중독된 상처를 혼자서 충격요법으로 치료하겠다고 고집을 부렸다. 그리고 그는 자동차의 점화 플러그 전선을 자신의 입술에 연결한 후 자동차의 엔진을 5분 동안 3000rpm으로 돌렸다. 그는 이 무모한 실험으로 1994년 이그노벨상 의학상을 록키 마운틴 독극물 센터의 리처드 C.다트 박사 등과 공동수상하였다. 공동수상자 2명의 논문 중 '방울뱀의 독성 주입에 대한 전기충격 치료의 실패'라는 논문이 있다.

에피소드 2. 의학적 지식이 없었어도 미국에서 가장 부유하고 추앙받는 돌팔이 의사인 존 브링클리는 캔자스주의 작은 마을 밀퍼드에 대규모 클리닉을 세우고, 대단히 특이한 치료술을 펼쳤다. 그리고는 이것이 발기부전과 불임 등의 성적인 문제에 대한 기적의 치료라고 대대적인 광고를 해댔다. 그 치료법이란 다름 아닌 염소의 불알을 수술로 환자의 몸에 이식하는 것이었다. 발정기 염소의 정력과 활력이 환자에게 옮겨가면 자연히 성적 욕망과 능력이 되살아날 거라는 논리였다. 그러나 환자는 거금을 내고 남자 환자의 경우는 음낭을 절개하여 염소의 고환을 삽입하고, 여성 환자의 경우는 배, 특히 난소 근처에 염소의 고환을 삽입했다. 당연히 과학적 효능은 없었지만 플라세보 효과를 보는 환자도 있었을 것이다.

3. 비아그라는 어떻게 코뿔소를 살렸을까? 책에 나오는 내용으로 말해 보자.

중국에서는 정력을 위해서 코뿔소의 뿔을 갈아서 먹었다. 멸종위기종의 신체 부위를 구할 만큼의 집착에서 코뿔소를 해방한 것은 놀랍게도 심장질환약으로 개발됐던 자그마한 알약이었다. 비아그라! 비아그라의 개발로 코뿔소 뿔의 수요가 실제로 대폭 줄었다니 얼마나 놀라운 일인가. 과연 비아그라가 살린 목숨은 코뿔소뿐이었을까? 시대와 국가, 나이를 막론하고 정력은 많은 남성의 관심사였다. 정력에 대한 갈망은 1920년대의 미국에서도 횡행했다. 당시 미국인들에게 인기였던 수술은 염소의 고환을 남자의 몸에 넣는 수술이었다. 이 수술을 감행한 의사는 몸에 들어간 염소의 고환이 정력을 회복시키고 녹아서 사라진다고 말하며 사람들을 현혹했다. 물론 수술을 받았던 사람들은 면역반응으로 고통받다 사망하기도 했다. 이런 사건을 보면 비아그라가 살린 것은 코뿔소만이 아닌 우리의 목숨일지 모른다.

◈ 질문하고 토론하고 ◈

* 영상자료를 통해 알게 된 내용을 질문에 따라 정리해 보자.
* 주어진 질문 외 새로운 질문을 만들 수 있다.

의사의 눈으로 본 역사 (의학 × 역사) / 닥터프렌즈

I. 이 영상자료에서 질문하고 토론할 수 있는 주제를 5가지 선정하여 발표해 보자.

1. 의학과 역사의 연관성: 의학과 역사는 서로 어떻게 연관되어 있을까? 의학의 발전과 역사적 배경에 대해 알아보자.
2. 전염병과 인류: 전염병은 어떻게 발생하고, 어떻게 인류에게 영향을 미쳤을까? 전 세계적으로 유행한 전염병에 대해 알아보자.
3. 의료기술의 발전: 의료기술은 어떻게 발전해 왔을까? 현재 의료기술의 발전 방향은 어떤 것일까?
4. 의료 윤리: 의료 윤리는 무엇일까? 의사와 환자 간의 관계에서 어떤 윤리적 문제가 발생할 수 있을까?
5. 의학과 환경: 환경이 인간의 건강에 미치는 영향은 무엇일까? 의학과 환경의 연관성에 대해 알아보자.

2. 의료 윤리에서 가장 큰 문제는 무엇인지 말해 보자.

의료 윤리에서 가장 큰 문제는 다양한 요인에 의해 복잡하게 얽혀있어서, 명확한 답변을 내리기 어렵다. 하지만 일반적으로 의료 윤리에서 가장 큰 문제는 환자의 권리와 의사의 권리 간의 갈등이다. 의사는 환자의 건강을 최우선으로 생각해야 하지만, 때로는 환자의 선택과 다를 수 있다. 이러한 경우, 의사는 환자의 선택을 존중해야 하지만, 동시에 환자의 건강을 보호해야 한다. 이외에도 의료 윤리에서는 의료비 부담, 의료기술의 발전과 함께 발생하는 윤리적 문제, 의료 정보의 공개와 비공개, 의료 인공지능의 활용과 윤리적 문제 등이 논의되고 있다.

3. 전염병은 어떻게 발생하고, 어떻게 인류에게 영향을 미쳤을까? 전 세계적으로 유행한 전염병의 사례와 함께 발표해 보자.

전염병은 감염된 사람이 다른 사람에게 병을 전파하는 질병이다. 전염병은 다양한 원인에 의해 발생할 수 있다. 예를 들어, 바이러스나 박테리아, 곰팡이, 기생충 등이 원인이 될 수 있다. 전 세계적으로 유행한 전염병은 많이 있지만, 대표적인 예로는 흑사병, 스페인 독감, 에볼라, 메르스, 코로나19 등이 있다. 전염병은 인구 감소, 경제 침체, 사회적 혼란, 문화적 변화 등을 일으킬 수 있다. 전염병 예방을 위해서는 손 씻기, 마스크 착용, 사회적 거리 두기, 백신 접종 등이 중요하다.

◈ 진로 이야기 ◈

I. 이 책과 대학 진로와 관련하여 좀 더 구체적인 주제를 알고자 하는 방법을 발표해 보자.

대학 진로와 관련하여 구체적인 주제를 찾으려면, 먼저 대학 진로에 대한 정보를 찾아본다. 대학 진로와 관련하여 정보를 찾아보려면, 대학의 홈페이지나 대학교 입시요강 등을 참고하면 좋을 것 같다. 대학 진로와 관련하여 구체적인 주제를 찾으려면, 대학의 학과별 전공안내서와 대학의 취업 현황이나 졸업 후 진로 등을 참고하면 좋을 것 같다. 잘 알려진 인터넷 사이트인 커리어넷을 참고해도 큰 도움이 될 것이다.

2. 의학과 문화, 의학과 예술, 의학과 문학 등 의학과 관련된 문화적 측면을 발표해 보자.

의학과 문화, 예술, 문학 등은 서로 긴밀한 관련이 있다. 의학은 인간의 건강과 질병을 다루는 분야이지만, 이는 인간의 삶과 문화와 깊은 연관이 있다. 예를 들어, 문학에서는 인간의 고통과 죽음에 관한 이야기가 많이 나오는데, 이는 의학에서도 중요한 주제이다. 또한, 예술에서는 인간의 심리적인 측면을 다루는데, 이는 의학에서도 중요한 부분이기도 하다. 의학과 문화, 예술, 문학 등은 서로 영향을 주고받으며, 이를 통해 의학의 발전과 인간 삶의 질 향상에 기여할 수 있다는 내용으로 탐구활동을 전개하면 좋을 것 같다.

3. 의학 분야에서 어떤 직업을 선택할 수 있는지 발표해 보자.

의학 분야에서는 다양한 직업이 있다. 의사는 대표적인 직업 중 하나이다. 의사가 되기 위해서는 의과대학에서 6년간의 교육을 받은 후 의사국가고시에 합격해야 하며, 이후 인턴 과정 1년, 레지던트 과정 4년을 거쳐 전문의 자격시험에 합격하면 각 전공 분야별 전문의사가 될 수 있다. 의사 외에도 간호사, 약사, 치과의사, 물리치료사, 작업치료사, 의무원, 보건의료 관리사 등 다양한 직업이 있다. 이들 직업은 모두 의료 분야에서 활동하며, 직업마다 필요한 교육과 자격증이 다릅니다. 직업 선택 시 자기 적성과 흥미를 고려하여 선택하는 것이 좋다.

4. 문화와 건강은 어떤 관련이 있는지 발표해 보자.

문화와 건강은 서로 긴밀한 관련이 있다. 문화는 인간의 생활 방식, 가치관, 신념, 행동 양식 등을 포함하는 개념으로, 이러한 문화적인 측면은 건강에 큰 영향을 미친다. 예를 들어, 의료 서비스 이용, 건강한 식습관, 운동, 스트레스 관리 등이 건강에 미치는 문화적인 요인이다. 또한, 문화적인 요인은 질병 발생과 진단, 치료, 예방 등에도 영향을 미친다. 문화적인 요인은 각 지역, 국가, 인종, 종교, 성별, 연령 등에 따라 달라서 이러한 요인들을 고려하여 건강을 유지하고 증진하는 것이 중요하다고 생각한다.

5. 의과대학에 진학하여 전공 선택과 대학 생활 그리고 졸업 후의 수련의와 전문의 과정을 자신에게 접목하여 10년 후 자기의 모습을 발표해 보자.

2. 질병 정복의 꿈, 바이오 사이언스

도서정보	이성규 / MID / 2019년 / 264쪽 / 15,000원	
진로정보	의학 - 의사, 생명공학자	
교과정보	과학	감염병

도서소개 #어떤 책일까?

　　이 책은 최근 생명과학 관련 기술의 발달로 다양한 질병을 이해하고 정복해 가는 미래의 사회 변화를 이해할 수 있는 중요한 지침을 제공하고 있다. 오래 사는 것만큼이나 건강하게 사는 것이 중요한 시대다. 이 책은 크게 유전병, 퇴행성 뇌 질환, 암과 같은 난치병과 당뇨, 비만, 노화와 같은 익숙한 질환 그리고 말라리아, 에이즈와 같은 감염병을 다루고 있다. 치료법의 대립, 기업 논리 혹은 생명 윤리와 과학 발전의 대립 등 기자 출신의 저자답게 그 치열한 질병 극복의 현장을 생생히 잘 전달하고 있다. 또한 'Deep Inside'라는 별도의 꼭지에서 최신 의료기술 트렌드를 명쾌하게 짚어내는 점도 이 책의 매력 중 하나다.

진로탐색 #무엇을 더 볼까

관련매체 : 질병 정복의 꿈이 담긴 레드바이오는 뭔가요?
　　　　　https://youtu.be/0IVHnbuoaKg?si=_th6te7nu-2zzyGL
관련도서 : 『세계사를 바꾼 10가지 약』(사토 겐타로, 사람과 나무사이)

진로토론 #무엇을 이야기해 볼까

1. 암의 발병 원인은 유전일까?, 아니면 환경일까?
2. 유전자 치료의 윤리적 문제는 무엇이 있을까?
3. 알츠하이머성 치매 환자의 삶의 질을 높이는 방법에는 무엇이 있을까?
4. 맞춤 아기 기술은 인간의 건강을 보호하는 기술인가?, 아니면 인간의 유전자를 조작하는 위험한 기술일까?

진로활동 #무엇을 해볼까

1. 바이오 사이언스의 발전이 인간의 건강에 미치는 영향에 대하여 과학 탐구토론을 해 보자.
2. 바이오 사이언스의 발전이 의료기술에 미치는 영향을 조사하여 발표해 보자.

◈ 책 이야기 ◈

1. 이 책에서 언급하는 주요 기술 3가지의 예를 들어 말해보자.

1. 유전자 치료제: 유전적인 돌연변이로 인해 발생하는 유전병을 치료하기 위해, 정상적인 유전자나 유전자 발현을 억제하는 물질을 인체에 도입하는 기술이다.

2. 유전자 가위: 유전자를 잘라내거나 교체하는 기술로, CRISPR-Cas9이라는 시스템이 가장 유명합니다. 이 시스템은 세균의 항바이러스 기작에서 유래하였으며, 특정한 염기서열을 인식하고 잘라내는 효소인 Cas9와 그 염기서열을 안내하는 RNA로 구성됩니다. 유전자 가위는 유전병뿐만 아니라, 암, 에이즈, 면역질환 등 다양한 질병의 치료에 활용될 수 있다.

3. 유도만능 줄기세포: 성인의 피부세포 등에 역분화 인자라고 불리는 유전자를 도입하여, 배아줄기세포처럼 다른 세포로 분화할 수 있는 능력을 갖춘 세포로 만드는 기술이다.

2. 이 책에서 다루는 주요 기술을 활용하여 어떤 질환을 치료할 수 있는지 그 사례를 들어 설명해 보자.

이 책에서 다루는 기술 중 하나는 유전체 기술이다. 이 기술을 통해 인간을 아직 괴롭히는 대표 질병인 암을 예방하거나 치료하는 방법 등과 같이 여러 질병에 대해 조금씩 해법을 찾아가는 것이 가능하다. 또한, 이 책에서는 바이오산업이 더욱 발전할 것으로 보이기에 현재의 과열된 시장과, 그에 뛰어드는 투자자에 대해서 무작정 투기판이라거나, 불나방이라고만 말하는 것도 안 될 것 같다는 것을 언급하고 있다.
하지만, 이 책에서 다루는 기술들은 아직 실험 단계이거나, 상용화되지 않은 예도 있으므로, 이러한 기술들이 언제 실제로 환자들에게 적용될 수 있을지는 미지수이다.

3. 이 책에서 언급하는 주요 기술 중에서 유도만능 줄기세포 기술을 간단히 소개하고, 이 기술로 치료가 가능한 질환의 사례와 이 기술의 발전 가능성에 대하여 발표해 보자.

이 책에서 언급하는 주요 기술 중의 하나인 유도만능 줄기세포는 성인의 피부세포 등에 역분화 인자라고 불리는 유전자를 도입하여, 배아줄기세포처럼 다른 세포로 분화할 수 있는 능력을 갖춘 세포로 만드는 기술이다. 이 기술은 일본의 야마나카 신야 교수가 2006년에 처음 발표하였으며, 노벨상을 받았다. 유도만능 줄기세포는 퇴행성 뇌 질환, 당뇨병, 심장병 등에 환자의 자가 세포로 치료할 수 있는 재생의학의 기반이 된다. 예를 들어, 유도만능 줄기세포로 만든 도파민 생산 신경세포를 파킨슨병 환자에게 이식하면, 병의 증상을 완화할 수 있다. 유도만능 줄기세포는 앞으로 인간의 장기를 재생하거나 대체할 수 있는 혁신적인 기술로 발전할 것이다.

◈ 질문하고 토론하고 ◈

* 영상자료를 통해 알게 된 내용을 질문에 따라 정리해 보자.
* 주어진 질문 외 새로운 질문을 만들 수 있다.

차세대 미래 먹거리이자 질병 정복의 꿈이 담긴 레드 바이오는 뭔가요?

https://youtu.be/0lVHnbuoaKg?si=_th6t e7nu-2zzyGL

I. 질병 정복의 꿈이 담긴 레드 바이오는 무엇인지 말해 보자.

레드 바이오는 의약품 개발과 관련된 생명공학 연구를 의미한다. '질병 정복의 꿈, 바이오 사이언스'에서는 생명과학의 혁신적인 발전을 다양한 이슈와 에피소드를 통해 소개하고 있다. 이 책에서는 유전자 가위, 면역 항암제, mRNA 백신 등의 혁신적인 기술들이 소개되고 있다. 이 책은 바이오 사이언스에 대한 이해도를 높이고, 건강한 생활방식을 유지하는 데 도움이 되는 내용을 다루고 있다.

2. 레드 바이오와 바이오 사이언스의 차이점은 무엇인지 발표해 보자.

바이오 사이언스는 생명과학 전반을 의미하는 용어로, 생명체의 구조와 기능, 생명체 간의 상호작용 등을 연구한다. 레드 바이오는 의약품 개발과 관련된 생명공학 연구를 의미한다. 이 둘은 서로 다른 분야를 다루고 있으며, 연구 목적과 방법도 다르다. 바이오 사이언스는 생명과학의 기초 연구를 중심으로 다양한 분야에서 활용되고 있다. 반면, 레드 바이오는 의약품 개발과 관련된 연구를 중심으로 진행되고 있다. 이러한 연구들은 인류의 건강과 질병 치료에 크게 이바지할 수 있으며, 미래의 의학 발전을 위한 중요한 연구 분야이다.

3. 유도만능 줄기세포의 장단점을 주제로 토론해 보자.

<장점>
1. 유도만능 줄기세포는 수정란에서 발생하고 있는 배아를 파괴해야만 줄기세포를 얻을 수 있는 기존 배아줄기세포 연구의 윤리적인 문제를 한 번에 해결했다는 점이다.
2. 유도만능 줄기세포는 환자의 체세포를 줄기세포로 전환하므로 면역 거부 반응 문제가 없다.
3. 유도만능 줄기세포는 퇴행성 뇌 질환, 당뇨병, 심장병 등에 환자의 자가 세포로 치료할 수 있는 재생의학의 기반이 된다.

<단점>
1. 유도만능 줄기세포는 유전자의 도입 방법, 암 발생 가능성, 그리고 생산 효율 등의 문제점이 완전히 해결되지 않았으며 아직 임상 적용에 한계가 있다.
2. 유도만능 줄기세포는 바이러스 벡터를 이용하여 유전자를 도입하는 경우, 바이러스가 유전자를 임의의 위치에 삽입하여 돌연변이를 일으킬 수 있다.
3. 유도만능 줄기세포는 배아줄기세포와 비교하여 DNA 메틸화 패턴이나 유전자 발현 프로파일이 다를 수 있으며, 이에 따라 줄기세포의 품질이나 안정성이 떨어질 수 있다.

◈ 진로 이야기 ◈

l. 바이오 분야(의학은 제외)에 취업하는 데 필요한 자격증은 무엇이 있는지 조사해 보자.

1. 바이오화학제품제조기사: 바이오화학제품의 제조 공정을 설계하고, 운영하고, 관리하고, 품질을 검사하는 업무를 수행.
2. 의약품 규제과학전문가: 의약품의 개발부터 시판 후 관리까지 의약품 전주기에 대한 법적·과학적 지식을 갖춘 의약품 규제과학 전문가.
3. MR (Medical Representative License)인증 자격: 제약사를 대표하여 의료전문가들에게 자사 의약품에 관한 정보를 제공하는 업무를 담당하는 자격.
4. 의료기기RA전문가: 의료기기의 개발부터 시판 후 관리까지 의료기기 전주기에 대한 법적·과학적 지식을 갖춘 의료기기 규제과학 전문가.

   이 외에도 생물공학기사, 생물분류기사, 식품기사, 식품위생사, 수질환경기사, 대기환경기사, 산업안전기사, 자연생태복원기사, 토양환경기사, 폐기물처리기사, 해양공학기사, 해양자원개발기사, 해양환경기사 등의 자격증도 있다.

2. 학교에서 할 수 있는 바이오 기술과 질병 치료와 관련하여 활동할 수 있는 진로·진학 활동은 무엇이 있는지 발표해 보자.

1. 질병 및 바이오 기술의 전문가(의사) 초빙하여 특강 및 대화 활동으로 분야의 기본적인 이해 도모
2. 병리학 교실, 바이오 기술 관련 과학교실 및 과학캠프 등을 통해 흥미와 적성을 확인하는 활동
3. 질병 및 바이오 기술 관련 동아리 활동을 통해 다양한 정보와 자료 공유
4. 질병 및 바이오 기술에 관련 진로 독서를 통해 최신 경향과 이슈를 파악

3. 바이오 사이언스의 발전이 의료기술에 미치는 영향을 조사하여 발표해 보자.

   각 환자의 개별적인 특성에 맞게 치료할 수 있는 맞춤형 의학 또는 정밀 의학의 발전에 기여, 유전자 편집을 통해 유전 질환 치료 가능, 줄기세포 기술은 손상된 조직과 기관을 복구할 가능성을 제공, 바이오마커, 이미징 기술과 같은 발전된 진단 도구로 더 빠르고 정확한 질병 감지가 가능, 면역요법으로 특정 유형의 암 치료에 대한 가능성 열려, 신경과학의 발전으로 신경 장애(알츠하이머병, 파킨슨병, 신경정신 질환)에 대한 보다 효과적인 치료법이 개발 가능, 생물학적 기능을 강화하거나 대체할 수 있는 인공 장기, 웨어러블 장치, 생체 전자 인터페이스 등의 개발(생명의학 공학)

4. 고등학교 졸업 후, l0년 뒤 자신의 개인적 및 직업적 발전 면에서의 모습을 발표해 보자.

3. 10대를 위한 의학을 이끈 결정적 질문

도서정보	예병일 / 다른 / 2022년 / 188쪽 / 14,000원	
진로정보	의학 - 마취과 의사	
교과정보	과학	생식과 유전

도서소개 #어떤 책일까?

　작가는 인류가 생명 현상에 대해 질문을 던지고 그 질문의 답을 찾으려는 뜨거운 열망을 가졌기 때문에 의학이 발전했다고 말한다. 여러 질문의 답을 찾는 과정에서 의학이 다루는 분야가 점점 더 넓어지고 세분되었다는 것이다.

　이 책은 인류가 해결하고자 했던 커다란 과제를 질병, 해부, 마취, 수혈, 백신, 임신과 출산, 이식과 관련된 7가지 질문으로 나누고, 그 질문을 통해 의학이 어떻게 발전해 왔는지 설명하고 있다. 또한, 앞부분에 '무엇이든 물어보세요'라는 질문 목록을 통해 독자들이 궁금한 점부터 찾아볼 수 있도록 제시하고 있고, 의학의 역사와 의학지식에 대해 알고 싶은 학생들이 재미있게 읽을 수 있다.

진로탐색 #무엇을 더 볼까

관련매체 : 현대의학 발전 앞당긴 '마취'로 보는 의학의 역사 / YTN 사이언스
　　　　　https://www.youtube.com/watch?v=-Mkjxfk7AYc

관련도서 : 『진료실에 숨은 의학의 역사』 (박지욱, 휴머니스트)

진로토론 #무엇을 이야기해 볼까

1. 7가지 질문 중에서 가장 관심이 가는 주제는 어떤 것인지 소개해 보자
2. 마취제를 찾아내기 위한 의학자들의 도전적 실험정신에 대해 말해보자.
3. ABO식 혈액형이 발견되기 전에 위험을 무릅쓰고 수혈을 시도한 의사들에 대해 어떻게 생각하는지 나눠 보자.
4. 재생의학에 대해 알아보고, 재생의학 기술의 발전이 의학에 미치는 영향에 대해 토의해 보자.

진로활동 #무엇을 해 볼까

1. 아직 해결되지 않은 의학적 질문을 10개 이상 적어 보자.
2. 관심 있는 주제의 질문과 관련된 자료들을 조사해 보자.
3. 유전자 재조합이 사용된 사례를 조사하고, 논란이 되는 유전자 재조합 기술의 사용 범위에 대해 생각해 보자

4. 간호사가 되기로 했다

도서정보	김진수 외 13 / 시대의창 / 2023년 / 224쪽 / 16,000원	
진로정보	의학 - 간호사	
교과정보	과학	과학과 나의 미래

도서소개 #어떤 책일까?

　간호사는 오랫동안 여성만 될 수 있었다. 남자 간호사가 처음 우리나라에 생긴 것은 오래되었지만 널리 인정받지 못했고, 그 수도 매우 적었다. 지금은 남자 간호사의 수가 적지 않다.

　아직 여성 직업이라는 편견이 남아 있는 직업 전선에서 겪는 일들에 대해 14명의 남자 간호사가 자신의 목소리를 들려준다. 책 읽는 동안 다양한 분야의 간호사를 만나보고 그 세계를 간접경험 할 수 있을 것이다.

진로탐색 #무엇을 더 볼까

관련매체 : 국군간호사관학교 : https://www.kafna.ac.kr/
관련도서 : 『내가 유전자를 고를 수 있다면』(예병일, 다른)
　　　　　『간호사가 말하는 간호사』(권혜림, 부키)

진로토론 #무엇을 이야기해 볼까

1. 입원한 여자 환자들은 여자 간호사가 돌봐야 한다. (찬반토론)
2. 우리나라는 남자 간호사에 대한 인식이 좋지 않아 남자가 간호사를 하기 힘들다.
   (찬반토론)
3. 남자 간호사를 많이 필요로 하는 병원이나 진료과는 어디일까?
4. 책을 읽고 가장 인상 깊었던 간호 분야는 어디인가?

진로활동 #무엇을 해 볼까

1. 학급에서 각자가 겪은 간호사에 대한 좋은 기억과 나쁜 기억을 조사하여 표로 정리해 보자.
2. 내가 간호사가 된다면 어떤 자질을 키우기 위해 노력할 것인지 글을 써 보자.

5. 개를 보내다

도서정보	표명희 / 창비 / 2020년 / 79쪽 / 10,000원	
진로정보	의학 - 수의사	
교과정보	과학	동물과 에너지

도서소개 #어떤 책일까?

　아빠는 진서의 생일 선물로 유기견 보호소에서 데려온 개를 주었다. 진주라는 이름을 붙여 주었지만 진서와 엄마는 진주를 베란다에 놓고 관심을 두지 않는다. 태권도장에서 친구들과 싸운 뒤로 친구 관계를 끊고 집에만 있던 진서는 자신의 처지와 비슷한 진주에게 관심을 두기 시작한다. 진서는 자기 똥을 먹어 치우는 식분증에 걸린 진주를 고치기 위해 노력하면서 진주와 점점 더 친해진다. 하지만 나이가 많은 진주는 결국 병에 걸리고 동물병원 원장님의 도움을 받아 식이요법과 마사지 등을 열심히 해줬지만 결국 진주는 세상을 떠난다.
　이 책은 개를 돌보는 일을 통해 자기 삶에 활력을 찾고 관계를 맺지만, 다시 소중한 개를 떠나보내야 하는 슬픔을 받아들이고 성장해 가는 이야기다.

진로탐색 #무엇을 더 볼까

관련매체 : 영화 『하치 이야기』
관련도서 : 『수의사는 오늘도 짝사랑 중』(김명철, 김영사)

진로토론 #무엇을 이야기해 볼까

1. 개를 키울 때 고려해야 할 점을 진서와 엄마의 관점에서 말해보자.
2. 식분증과 같이 동물들이 걸리는 병들에 대해 알아보자.
3. 자신 또는 주변에 키우던 동물이 아파서 동물병원에 갔던 경험을 나눠 보자.
4. 수의사가 하는 일과 진료할 때의 어려움에 대해 알아보자.
5. 소중하게 생각했던 반려견을 떠나보낸 슬픔을 극복하는 방법에 대해 토의해 보자.

진로활동 #무엇을 해 볼까

1. 우리 동네 동물병원을 찾아보고, 방문해 본다.
2. 수의사들이 동물들과 소통하는 방법에 대해 알아본다.
3. 가까이 있는 반려견이나 반려묘 등의 행동이나 상태를 관찰한다.

6. 내 몸 안의 주치의, 면역학

도서정보	하기와라 기요후미(황소연) / 전나무숲 / 2019년 / 180쪽 / 17,000원	
진로정보	의학 - 의사	
교과정보	과학	동물과 에너지 - 생물의 조절과 방어

도서소개 #어떤 책일까?

　　귀여운 삽화와 함께 면역학에 관해 소개해 주는 책이다. 수업 시간에 배우는 기초적인 면역 기능부터 대식세포, T-세포, B-세포까지 알아보기 쉽게 알려준다. 흉선과 면역, 암세포와 태아의 유사성 등에 대해 알고 나면 면역체계의 놀라움에 감탄하게 될 것이다.
　　면역에 대해 궁금하다면, 의학에 조금이라도 관심이 있다면 읽어보고 쉽게 익힐 수 있다. 보기에는 매우 쉬워 보이지만 제법 깊이 있게 다루고 있고 책 구석구석에 정보가 있어 꼼꼼하게 보면 더 좋은 책이다.

진로탐색 #무엇을 더 볼까

관련매체 : 건강과학(4) 면역계 https://youtu.be/fV07NRfw-A0
　　　　　건강과학(5) 우리 몸의 면역계 대강 정리 https://youtu.be/Exjt3z5rC1g
관련도서 : 『이토록 재밌는 면역 이야기』 (김은중, 반니)

진로토론 #무엇을 이야기해 볼까

1. 백신은 반드시 맞아야 한다. (찬반토론)
2. 모유를 먹는 것이 아기에게 좋을 것이다. (찬반토론)
3. 책에서 가장 어려웠던 내용은 무엇이었나?
4. 면역력을 강화하기 위해 평소 해야 할 일은 무엇일까?
5. 의학은 발전하고 있다. (찬반토론)

진로활동 #무엇을 해 볼까

1. 알레르기 반응은 왜 생기는지에 대해 그림으로 설명해 보자.
2. 책을 읽고 가장 기억에 남는 부분을 친구에게 설명해 보자.

7. 누구야, 너는?

도서정보	남찬숙 / 문학동네 / 2009년 / 187쪽 / 11,000원	
진로정보	의학 - 소아정신과 의사	
교과정보	도덕	자신과의 관계

도서소개   #어떤 책일까?

현우는 일곱 살 되던 해에 아빠와 엄마가 자신 때문에 크게 다투는 소리를 듣고 갑자기 나타난 한 아이와 계속 만나게 된다. 현우는 자신을 위로해 주던 그 아이가 언제부턴가 엄마를 위해 공부만 하는 자신과 자꾸 부딪히자 그 아이와 싸우게 되고 결국 엄마가 현우의 이상증세를 알게 되어 소아 정신과에서 치료받게 된다. 치료 과정에서 그 아이가 바로 자신인 것을 알게 되고 무거웠던 마음의 짐을 내려놓고 또 다른 자아를 떠나보낸다.

이 책은 아이들을 위로하고 내면에 숨어 있던 자아를 꺼내 보이는 과정을 통해 마음을 솔직하게 들여다보는 것이 얼마나 중요한지 깨닫게 하는 책이다.

진로탐색   #무엇을 더 볼까

관련매체 : 소아 청소년 우울증과 불안장애의 증상과 치료법
            https://www.youtube.com/watch?v=4XbTQhRsVww
관련도서 : 『시험이 사라진 학교』(소향, 마름모)

진로토론   #무엇을 이야기해 볼까

1. 학교 성적 때문에 힘들었던 경험이 있는지 말해보자.
2. 학생들의 스트레스의 원인을 조사해 보자.
3. 부모의 친밀감이 학생들의 성적에 어떤 영향을 주는지 토의해 보자.
4. 소아청소년과에서 부모와 함께 상담을 진행하는 이유에 대해 생각해 보자.
5. 소아·청소년들이 많이 겪고 있는 정신적 문제에 대해 알아보자.

진로활동   #무엇을 해 볼까

1. 소아청소년과에서 하는 일을 조사해 보자.
2. 자신이 읽은 소설 속에 등장하는 인물 중 소아청소년과의 진료가 필요한 인물을 찾아보자.

8. 메리골드 마음 세탁소

도서정보	윤정은 / 북로망스 / 2023년 / 272쪽 / 15,000원	
진로정보	의학 – 정신분석 전문가	
교과정보	국어	문학 – 문학을 통한 타자 이해

도서소개 #어떤 책일까?

『메리골드 마음 세탁소』는 '메리골드 마음 세탁소' 주인을 찾아와 아픈 날의 기억을 깨끗이 지워달라고 부탁하는 사람들과 그 사람들을 위해 차를 대접하고 이야기를 들어주며 벌어지는 일들을 그린 힐링 판타지 소설이다.

이 작품에는 꿈을 포기한 어린 시절, 연인의 배신, 부와 명예라는 허상만 좇던 삶, 학교 폭력 피해자의 상처 등등 다양한 삶의 이야기를 들을 수 있는데, 상처를 인정하는 사람들의 모습과 다른 사람을 공감하고 위로하는 따뜻한 마음을 발견할 수 있다.

이 책의 독자들은 자신의 상처를 치유하고 다른 사람의 상처도 달래주고 싶은 마음이 생기게 될 것이고, 상담과 의학 분야에 종사하고자 하는 학생들에게 동기 부여가 되어줄 것이다.

진로탐색 #무엇을 더 볼까

관련도서 : 『미드나잇 라이브러리』(매트 헤이그, 인플루엔셜)
『바다가 보이는 편의점』(마치다 소노코, 모모)

진로토론 #무엇을 이야기해 볼까

1. 메리골드 마음세탁소는 일반 세탁소와 무엇이 다른가?
2. 메리골드 마음세탁소에 의뢰하고 싶은 것이 있는가?
3. 얼룩진 기억을 지워버린다면 행복해질 수 있을까?
4. 마음은 아름답기도 슬프기도 한 양가적 이면을 가지고 있다.

진로활동 #무엇을 해 볼까

1. 주변 장소 중 메리골드 마음세탁소처럼 자신이 가장 좋아하고 위로가 되는 곳과 힐링이 되는 이유를 옆에 간단하게 설명하여 리치 픽처를 작성해 보자.
2. 자신이 생각하는 행복의 의미와 행복을 찾는 방법, 스트레스의 원인과 대처 방법에 대하여 의견을 나눠 보자.

9. 세계사를 바꾼 10가지 감염병

도서정보	조지무쇼(서수지) / 사람과나무사이 / 2021년 / 360쪽 / 17,500원	
진로정보	의학 - 의사	
교과정보	과학	생물의 구성과 다양성

도서소개 #어떤 책일까?

코로나-19사태를 경험한 아이들은 마스크를 쓰는 것이 생활화되어 불편해하지 않는다. 성인이 되어 겪은 어른들만 불편해한다. 여행을 가거나 병원에 갈 때 마스크는 필수품이 되었다. 시대의 생활상을 바꾼 것이다.

이처럼 세계적인 전염병은 세계에 영향을 미쳤고, 그것은 역사에 기록되었다. 전염병이 창궐해서 전 세계 인구의 30%가 줄어든 기간에 큰 이득을 얻은 사람들도 있는 것을 보면 세상은 참 신기한 곳이다. 세계사에 영향을 미친 다양한 감염병에 대해 알아보자.

진로탐색 #무엇을 더 볼까

관련매체 : [술술과학] 건강과학(2) : https://youtu.be/M_5-yBIt27M

관련도서 : 『이토록 재미있는 의학 이야기』 (김은중, 반니)

진로토론 #무엇을 이야기해 볼까

1. 감염병은 반드시 막아야 한다. (찬반토론)
2. 과학이 발달하여 앞으로 코로나-19와 같이 심각한 감염병은 오지 않을 것이다. (찬반토론)
3. 코로나-19 이전과 이후 달라진 생활상에 대해 말해보자.
4. 책을 읽고 가장 인상 깊었던 내용은 무엇인가?
5. 책에서 본 감염병 중 가장 무섭게 느껴지는 감염병은 무엇이며, 그 이유는 무엇인가?

진로활동 #무엇을 해 볼까

1. 책에 나온 감염병 중 한 가지를 정해 그 감염병에 대한 예방 수칙 홍보 카드 뉴스를 만들어 보자.
2. 바르게 손 씻는 방법에 대해 학교 화장실에 안내가 되어 있는지 보고 학급에서 그것을 지키는 학생의 수를 조사해 그래프로 나타내어 보자.

10. 세계사를 바꾼 10가지 약

도서정보	사토 겐타로(서수지) / 사람과나무사이 / 2018년 / 251쪽 / 16,000원	
진로정보	의학 - 약사	
교과정보	과학	물질의 특성

도서소개 #어떤 책일까?

　　약이란 마법처럼 그 약효가 신비롭다. 약의 효능에 의해 바뀐 역사를 소개하여 약에 대한 거리감을 줄여주고 그 중요성을 알려주는 책이다.

　　세계의 사람들이 교류하면서 서로 약을 전해주게 되었고, 이 과정에서 생긴 재밌거나 끔찍한 결과들이 소개되어 흥미를 잃지 않고 읽을 수 있다. 특히 항생제, 마취제, 소독약 등 인간의 삶의 질을 높인 많은 약을 알 수 있다.

진로탐색 #무엇을 더 볼까

관련도서 :『알기 쉬운 백신 이야기』(전승민, 경희대학교출판문화원)

　　　　　『약의 과학』(크리스티네 기터, 초사흘달)

진로토론 #무엇을 이야기해 볼까

1. 약의 특허권은 모두의 이익을 위해 인정하지 않아야 한다. (찬반토론)
2. 신약 개발에서 임상 실험은 필요하다. (찬반토론)
3. 책을 읽고 가장 인상 깊었던 내용은 무엇인가?
4. 인류가 정복하지 못한 병을 알아보자.

진로활동 #무엇을 해 볼까

1. 전통 민간요법에서 시작하여 개발된 약에는 무엇이 있는지 조사해 보자.
2. 인간에게 가장 소중한 약을 꼽으라고 하면 무엇을 선택할지와 그 이유에 대해 적어 보자.
3. 의사의 처방과 약사의 업무는 무엇이 같고, 무엇이 다른지 알아보자.

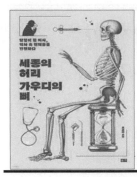

II. 세종의 허리 가우디의 뼈

도서정보	이지환 / 부키 / 2021년 / 308쪽 / 16,800원	
진로정보	의학 - 정형외과 의사	
교과정보	과학	물질의 특성

도서소개 #어떤 책일까?

대학병원 정형외과 전문의로 일하고 있는 작가는 어려서부터 호기심이 많았고, 상상의 나래를 펼 수 있는 문학과 역사를 특히 좋아했다. 이 책은 이런 작가의 호기심을 바탕으로 역사적인 인물들의 기록 속에 나타난 병증을 파헤쳐 탐정의 시각으로 질병을 진단한 책이다. 작가는 세종과 가우디, 도스토옙스키, 모차르트와 모네 등 분야를 가리지 않고 10명의 역사적 위인을 괴롭힌 통증을 집요하게 따라가서 진단을 내린다. 그 과정을 따라가다 보면 우리가 미처 알지 못했던 그들의 또 다른 삶을 만나게 되고 '의학은 한 편의 추리다'라는 작가의 말이 이해된다. 의사를 꿈꾸는 학생들에게 환자의 질병을 어떻게 바라보고 진단할 것인지 생각해 볼 수 있게 하는 책이다.

진로탐색 #무엇을 더 볼까

관련매체 : [닥터프렌즈]우리가 몰랐던 세종대왕 척추에 숨겨진 비밀 |
　　　　　조선시대 최고 어의들의 실책 https://tv.naver.com/v/26515631
관련도서 : 『조선왕조실록3』(이덕일, 다산초당)

진로토론 #무엇을 이야기해 볼까

1. 세종의 병에 대해 알려진 사실들을 모아보고, 책의 증상들과 비교해 보자.
2. 의사들이 진단을 내리는 방법에 대해 알아보자.
3. 작가가 위인들의 병을 진단하는 과정을 살펴보고, 자신이 병원에서 경험했던 진단 과정과 비교해 보자.
4. 정확한 진단을 내리기 위한 노력과 방법들에 대해 토의해 보자.

진로활동 #무엇을 해 볼까

1. 주변 사람 중 질병에 걸린 사람의 진단 과정과 경험을 인터뷰해 보자.
2. 감기와 독감과 코로나를 증상별로 구분하고 진단의 과정을 정리해 보자.
3. 의학 드라마 속 진단 과정을 살펴보고, 일어날 수 있는 오진을 찾아보자.

12. 수의사는 오늘도 짝사랑 중

도서정보	김명철 / 김영사 / 2023년 / 172쪽 / 13,500원	
진로정보	의학 - 임상수의사	
교과정보	과학	생물의 구성과 다양성

도서소개 #어떤 책일까?

　　EBS 〈고양이를 부탁해〉와 SBS 〈동물농장〉에서 고양이 전문 수의사로 자문 역할을 하며 유튜브 고양이 채널 〈미야옹철의 냥냥펀치〉를 운영 중인 임상수의사 김명철이 쓴 책이다. 이 책에는 수의사를 진로로 선택하게 된 과정부터 수의학과에서 배우는 교과 과정, 수의대를 나와서 진출할 수 있는 분야 등 수의사가 되는 과정을 자신의 재미있는 에피소드와 함께 소개하고 있다. 작가는 생과 사의 갈림길에서 고통을 겪고 있는 동물들을 대하기 때문에 단순히 동물을 사랑하는 마음만으로 수의사가 되는 것을 추천하지 않는다고 말한다. 수의사에 대한 구체적인 정보와 현장의 모습을 알고 싶은 친구들에게 추천한다.

진로탐색 #무엇을 더 볼까

관련매체 : 다큐멘터리 『동물원』(2019)
관련도서 : 『수의사 해리엇의 개 이야기』(제임스 해리엇, 아시아)

진로토론 #무엇을 이야기해 볼까

1. 자신이 수의사가 되고 싶은 이유에 대해 구체적으로 말해보자.
2. 수의학을 공부하고 수의대를 나와서 진출할 수 있는 분야를 정리해 보고, 자신이 평상시 관심을 가졌던 동물과 연결하여 말해보자.
3. 수의사가 되기 위한 공부 과정에서 실험과 실습의 중요성에 대해 말해보자.
4. 수의사의 어려운 점과 근로 환경 개선을 위한 방안을 토의해 보자.

진로활동 #무엇을 해 볼까

1. 자신의 주변 동물을 관찰하고, 관심 있는 동물의 특성에 대해 알아보자.
2. 반려동물이 있는 친구와 같이 동물병원에 방문하여 동물이 진료받는 과정과 동물에 대한 수의사의 태도 등을 기록해서 함께 나눠 보자.

I3. 심장병동 506호실

도서정보	박윤아 / 지식과감성 / 2022년 / I55쪽 / I3,000원	
진로정보	의학 - 심장내과 의사	
교과정보	과학	동물과 에너지 - 순환

도서소개 #어떤 책일까?

안지는 부정맥과 서맥, 심방 심실 협착증 등의 심장병을 가지고 태어났다. 어지럽고 기운이 없어 학교도 가지 못하고 심장 병동에 입원한 안지는 인공 심장박동기를 몸속에 삽입하는 수술을 하면 정상적인 생활이 가능하지만 가슴에 생길 흉터와 몇 년에 한 번씩 배터리를 갈아주는 수술을 해야 하는 상황이 싫어 수술을 거부한다. 심장 병동 506호실에서 심장에 심각한 병증을 가지고 수술도 하기 어려운 어린 아기들을 보며 심장 수술을 하기로 결심한다. 수술 후 병실에서 병으로 죽어가는 아이들을 보며 자신만 힘든 것이 아니었음을 깨닫는다.

이 책은 중학생 안지가 자신의 병으로 인해 불행하다고 생각했지만 자신보다 더 아프고 힘든 아이들을 통해 용기를 내고 삶의 힘을 내는 이야기다.

진로탐색 #무엇을 더 볼까

관련매체 : MBC [기분 좋은 날] 심장의 경고 <부정맥>, 돌연사를 막는 치료법은?
https://www.youtube.com/watch?v=mMVtYMT_IoM
관련도서 : 『너의 눈을 내 심장과 바꿀 수 있기를』 (최미경, 달아실)

진로토론 #무엇을 이야기해 볼까

1. 수술하면 건강해질 수 있는데 안지가 수술을 거부한 이유를 말해보자.
2. 책 속에 나오는 심장병 환자들의 증상을 말해보자.
3. 병원에 입원하거나 수술을 받아본 경험을 나누며 안지가 수술 전에 느끼는 공포와 걱정에 대해 공감해 보자.
4. 책 속에 나오는 부정맥, 서맥, 심방 심실 협착증의 증상에 대해 알아보자.
5. 만약 몸속에 기계를 넣고 평생 살아야 한다면 어떤 기분이 들지 말해보자.

진로활동 #무엇을 해 볼까

1. 심장의 구조와 역할에 대해 찾아보고 심장을 그려보자.
2. 심장이 좋지 않을 때 나타나는 증상들을 찾아 정리해 보자.
3. 심장전문의가 되기 위해 어떤 노력이 필요한지 알아보자.

14. 약의 과학

도서정보	크리스티네 기터(유영미) / 초사흘달 / 2021년 / 284쪽 / 15,000원	
진로정보	의학 - 약사	
교과정보	과학	물질의 특성

도서소개 #어떤 책일까?

　　약 한 번 안 먹어본 사람은 없을 것이다. 그러면서도 약에 대해 속 시원하게 알고 복용하거나 바르는 사람도 거의 없을 것이다. 이 책은 약에 대한 기본적인 상식을 소개해준다.

　　약을 쪼개어 먹어도 되는지, 물 이외의 음료로 약을 먹어도 되는지, 기침약은 어떤 원리로 기침을 막는지 등 평소 궁금했지만 따로 누구에게 물어보지 않았던 다양한 궁금증을 해결해 준다. 약에 관해 관심 있는 학생이라면 더욱 재미있게 읽을 수 있을 것이다.

진로탐색 #무엇을 더 볼까

관련도서 : 『브레인 케미스트리』(지니 스미스, 위즈덤하우스)

　　　　　『세계사를 바꾼 10가지 약』(사토 겐타로, 사람과나무사이)

진로토론 #무엇을 이야기해 볼까

1. 증상이 나아지면 처방받은 약은 그만 먹는 것이 몸에 좋다. (찬반토론)
2. 열이 나면 해열제를 먹지 않은 상태에서 병원에 가야 하는 것일까?
3. 편의점에서 약을 팔 수 있는 법은 약을 팔지 못하게 하는 것으로 바뀌어야 한다. (찬반토론)
4. 비타민이나 건강보조식품을 챙겨먹는 습관은 중요하다. (찬반토론)

진로활동 #무엇을 해 볼까

1. 집에 있는 상비약을 꺼내어 확인한 후, 사용 일자가 지난 것, 더 필요한 것 등을 확인하여 정비해 보자.
2. 나에게 맞는 진통제는 무엇인지 책을 참고하여 결정해 보자.
3. 약을 먹을 때 주의해야 하는 것들에 대해 마인드맵으로 정리해 보자.

15. 왕진 가방 속의 페미니즘

도서정보	추혜인 / 심플라이프 / 2020년 /336쪽 / 16,000원	
진로정보	의학 - 의학 전문가	
교과정보	사회	인간과 사회생활

도서소개 #어떤 책일까?

　『왕진 가방 속의 페미니즘』은 국내 최초 여성주의 병원 '살림의료복지사회적협동조합'의 여성주의 의료 실천가이자 의사 추혜인 원장의 작품이다.

　자전거 타고 왕진 가는 동네 주치의로서의 20여 년의 경험과 철학, 함께한 사람들의 이야기가 담겨있다. 가장 인간적이고, 가장 안전한 의료 시스템을 향한 열정과 살림 의원을 만들게 된 과정, 페미니스트로 살아오며 맞닥뜨린 의료 현장의 문제점, 이웃과 환자들의 다정하고 따뜻한 사람 이야기, 우리가 몰랐던 의료계의 여러 방면 등 다양한 이야기가 실려 있다.

　이 책을 통해서 의학계에 관심 있는 학생들은 몰랐던 의료계 상황도 파악할 수 있고, 의료 사각지대에 있는 소수자들의 사정도 이해하는 의미 있는 경험을 하게 될 것이다.

진로탐색 #무엇을 더 볼까

관련매체 : 살림의료복지 사회적 협동조합 다큐
관련도서 : 『아픔이 길이 되려면』(김승섭, 동아시아)

진로토론 #무엇을 이야기해 볼까

1. 평소 자주 가는 병원의 주치의가 있는가?
2. 작가가 공대에서 의대로 진로를 바꾼 계기가 된 말은?
3. 작가가 말한 가장 인간적이고 가장 안전한 의료 시스템'은 어떤 특징이 있는가?
4. 의료 민영화에 찬성한다. (찬반토론)
5. 의료 사각지대에 있는 소수자들의 예를 들어보자.

진로활동 #무엇을 해 볼까

1. 뜻이 맞는 사람들과 건강하고 행복한 마을 공동체를 만든다면, 자신은 어떤 마을 공동체를 구성하고 싶은지 구상해 보자.
2. 지금까지 의료 서비스를 받으면서 느꼈던 문제점과 개선 방안을 포함한 간단한 프레젠테이션을 발표해 보자.

16. 외모 대여점

도서정보	이시카와 히로시카(양지윤) / 마시멜로 / 2022년 / 288쪽 / 15,000원	
진로정보	의학 - 성형외과 의사	
교과정보	과학	생물의 구성과 다양성

도서소개 #어떤 책일까?

외딴 마을 변두리에 '무엇이든 대여점 변신 가면'이라는 특별한 대여점이 문을 연다. 어떤 외모라도 하루 동안 자유롭게 대여할 수 있는 이 대여점은 온라인으로 상담하고 '범죄에 이용하지 말 것', '혼이 뒤바뀐 상태에서는 서로 가까이 있을 것'이라는 두 가지 원칙을 지키면 대여할 수 있다. 대여점에는 각자의 사연을 가진 10명의 손님이 방문하고 자신이 원하는 외모를 대여한다.

이 책은 단순히 예뻐지기 위해서 외모를 빌리는 것이 아닌 상대방을 이해하기 위해, 또는 상대방을 돕기 위해 빌리는 등 다양한 사연을 담고 있어 읽으면서 따뜻한 마음을 느낄 수 있고, 외모에 대한 관점을 바꿀 수 있다.

진로탐색 #무엇을 더 볼까

관련매체 : 영화 『뷰티 인 사이드』
관련도서 : 『까칠한 재석이가 달라졌다』 (고정욱, 애플북스)

진로토론 #무엇을 이야기해 볼까

1. 사쓰키가 미소녀의 외모 대여 후 깨달은 점을 말해보자.
2. 집에 방치되어 있던 초등학교 5학년 유리가 도움을 요청하기 위해 어른의 외모를 대여한 까닭을 말해보자
3. 외모가 사람들의 판단에 미치는 영향을 토론해 보자
4. 외모에서 얼굴 생김새 외에 중요한 것이 무엇인지 토의해 보자.

진로활동 #무엇을 해 볼까

1. 미용의 목적이 아닌 성형이 꼭 필요한 상황을 조사해 보자
2. 만약 나라면 어떤 외모를 빌리고 싶은지, 왜 빌리고 싶은지 적어 보자.

17. 운동화 신은 뇌

도서정보	존 레이티 외 l(이상헌) / 녹색지팡이 / 2023년 / 352쪽 / 16,000원	
진로정보	의학 – 스포츠의학자, 스포츠과학자	
교과정보	체육	스포츠 – 스포츠과학

도서소개 #어떤 책일까?

　　이 책은 뇌의 기능을 향상시키는 방법이 기존의 두뇌 계발과 같은 인지적 프로그램보다도 신체를 움직이는 운동이 더욱더 효과적이라고 주장하면서 통념을 깨뜨리고 있다.

　　미국의 한 고등학교에서 0교시 체육 수업을 통해 거둔 놀라운 성과를 소개하면서 학습 능력을 위해 뇌세포를 키우려면 결국 스트레스를 해소할 수 있는 운동의 중요성을 강조한다. 또한 각종 불안과 우울증 등의 심리적 문제를 해소하기 위해서도, 각종 중독문제를 예방하면서 신체 나이가 드는 과정에서 자연스럽게 건강을 지키기 위해서도 운동이 필요함을 역설하고 있다. 독자는 책을 읽고 운동과 뇌 건강의 과학적 인과 관계를 깨달으면서 스포츠 과학의 한 단면을 엿볼 수 있을 것이다.

진로탐색 #무엇을 더 볼까

관련매체 : 생로병사의 비밀 300회 https://youtu.be/Yjis18pzu3A?si=ExSORFyniV2uZRZS

관련도서 : 『운동의 뇌과학』(제니퍼 헤이스, 현대지성)

진로토론 #무엇을 이야기해 볼까

1. 운동을 통해 덕을 본 사람들의 사례에는 무엇이 있을까?
2. 뇌를 계발하기 위해서 운동을 얼마나 더 늘려야 할까?
3. 모든 사람에게 아침 운동이 효과가 있을까?
4. 0교시 체육 수업이 몸을 더 피로하게 만든다는 주장에 동의하나?
5. 국가에서는 모든 학교에서 0교시에 체육 수업을 하도록 법제화해야 한다.

진로활동 #무엇을 해 볼까

1. 뇌와 스포츠의 상관관계를 설명하는 책을 더 찾아서 읽어보자.
2. 스포츠 과학자 또는 의학자가 되기 위한 준비 과정을 조사해 보자.
3. 정기적인 운동으로 뇌를 단련하는 습관을 키우기 위해 무엇을 할지 생각한 후 실천해 보자.

18. 유괴의 날

도서정보	정해연 / 시공사 / 2019년 / 420쪽 / 17,000원	
진로정보	의학 – 의사	
교과정보	도덕	사회·공동체와의 관계 – 과학기술의 바람직한 활용

도서소개 #어떤 책일까?

　　이 책은 장편 스릴러 장르에서 많은 성공을 거둔 '정해연' 작가가 쓴 스릴러 소설이다. 기존의 유괴물과 다르게, 유괴범이 매우 어수룩하고 유괴 피해자가 도리어 유괴범을 주도하는 소설이다. 또한 유괴에서 그치지 않고 인체 실험 문제를 다루고 있어서 철학적인 논쟁을 던져주는 소설이다.

　　따라서 이 책은 스릴러 장르를 좋아하는 청소년이나, 유전 공학이나 인체 실험 등에 관심이 있는 청소년에게 추천할 만한 책이다.

진로탐색 #무엇을 더 볼까

관련매체 : tvN <벌거벗은 세계사> 중 '다윈 진화론이 낳은 돌연변이, 우생학!'
　　　　　　(2023년 5월 2일 방영)
관련도서 : 『악의 유전학』 (임야비, 쌤앤파커스)

진로토론 #무엇을 이야기해 볼까

1. '박철원'은 '최동억' 원장의 의료 과실 때문에 자신의 아내가 죽자, '최동억' 원장을 공격한다. '박철원'의 행동은 정당한 것일까?
2. 인류에게 공헌했던 실험 중에는 인체 실험도 존재한다. 인간의 지능을 높이기 위해 인간의 뇌를 실험하는 것이 반드시 나쁘다고만 할 수 있을까?
3. '이명준'은 결과와 과정이 선했어도 유괴의 의도와 목적이 있었기 때문에 징역형을 선고 받는다. 이에 대해 어떻게 생각하는가?
4. 아이를 학대하는 아버지, 아이를 돈으로만 취급하는 친척들, 아이를 소중히 여겨주는 유괴범 중 어떤 사람이 아이에게 필요할까?

진로활동 #무엇을 해 볼까

1. 인체 실험의 역사를 조사해 보자.
2. 유전 공학이 마주한 딜레마 문제에 대하여 자기 생각을 정리해 보자.

19. 이토록 재미있는 의학 이야기

도서정보	김은중 / 반니 / 2022년 / 488쪽 / 24,000원	
진로정보	의학 - 의사	
교과정보	과학	과학과 인류의 지속 가능한 삶

도서소개 #어떤 책일까?

　　의학은 인간이 존재한 이후 내내 발전했다. 그 과정에서 많은 혁명적 사고의 전환과 의학적 발견이 있었다. 저자는 의학의 발전을 귀여운 삽화와 함께 재밌게 소개한다.
　　의학 발전사가, 혹은 의학자들의 활약이 궁금하다면 읽으면 큰 도움이 될 것이다. 지금은 맞는다고 생각하는 치료법이 미래에는 그렇지 않을 수도 있음을 알게 될 것이다.

진로탐색 #무엇을 더 볼까

관련도서 : 『까면서 보는 해부학 만화』 (압듈라, 한빛비즈)
　　　　　『하리하라의 청소년을 위한 의학 이야기』 (이은희, 살림Friends)

진로토론 #무엇을 이야기해 볼까

1. 새로운 치료법을 검증하려면 환자를 설득해서 실험해야 한다. (찬반토론)
2. 환자가 특정 종교를 믿어서 받기를 거부하는 치료가 있다면 시행하지 않아야 한다.
　 (찬반토론)
3. 의사에게 필요한 가장 중요한 역량은 무엇이라고 생각하는가?
4. 책에서 가장 흥미롭게 느낀 내용은 무엇인가?

진로활동 #무엇을 해 볼까

1. 심각하지 않지만 완전히 정복되지 않은 질병에는 무엇이 있는지 알아보자.
2. 같은 질병이지만 체질에 따라 증상이 다르게 나타나는 것을 조사하여 발표해 보자.
3. 동양 의학과 서양 의학은 서로 다르게 발전했다. 동양 의학 중 한의학의 발전 과정에 대해서 조사해 보자.

20. 전염병 치료제를 내가 만든다면

도서정보	예병일 / 다른 / 2020년 / 208쪽 / 14,000원	
진로정보	의학 - 약사	
교과정보	과학	생물의 구성과 다양성, 생식과 유전

도서소개   #어떤 책일까?

　　전염병의 정의는 무엇일까, 전염병을 막는 직업에는 무엇이 있을까 궁금하다면 읽어보아야 할 책이다. 전염병의 전파 단계부터 원인균이나 물질, 전염병의 종류, 해결 방법까지 다루고 있다.

　　이 책의 좋은 점은 각 장의 마지막에 관련 직업 안내 코너가 있는 것이다. 이름도 잘 몰랐던 보건·의료 분야 직업까지 알게 되어 진로에 대한 눈이 넓어지게 될 것이다.

진로탐색   #무엇을 더 볼까

관련도서 : 『세계사를 바꾼 10가지 감염병』 (조지무쇼, 사람과나무사이)
　　　　　『약의 과학』 (크리스티네 기터, 초사흘달)

진로토론   #무엇을 이야기해 볼까

1. 책을 읽고 처음 알게 된 전염병은 무엇인가?
2. 책에서 가장 인상 깊었던 내용은 무엇인가?
3. 충치도 전염병이다. (찬반토론)
4. 손은 살균 능력이 있는 세제로 깨끗이 자주 씻는 것이 좋다. (찬반토론)
5. 약을 개발하는 과정에서 임상 실험은 반드시 해야 한다. (찬반토론)

진로활동   #무엇을 해 볼까

1. 코로나-19 사태 이후 알려지거나 생겨난 직업을 조사해 보자.
2. 전염병 관련 분야에서 일한다면 어떤 직업에 종사하고 싶은지 생각해 보자.
3. "롤모델 찾기"에 나오는 분 중 가장 닮고 싶은 사람은 누군지 살펴보고 그
　분의 업적을 알아보자.

21. 청소년을 위한 정신의학 에세이

도서정보	하지현 / 해냄 / 2012년 / 276쪽 / 15,800원	
진로정보	의학 - 정신건강의학과 의사	
교과정보	과학	자극과 반응

도서소개 #어떤 책일까?

　　현대인의 삶은 점점 더 복잡해지고 변화의 속도도 빨라서 적응하기가 쉽지 않다. 넘쳐나는 정보의 홍수 속에 삶은 더 바빠지고 관계는 약해졌으며 해결해야 할 많은 문제 속에서 현대인들은 스트레스에서 벗어날 수가 없다. 작가는 이런 복잡한 세상에 대처하는데 정신의학의 기본이 유용하다고 말한다.

　　이 책은 정신의학의 기본에 대해 청소년들이 이해할 수 있도록 쉽게 풀어 쓴 책이다. 정상과 비정상의 기준부터 정신분석의 대가 프로이트의 이론과 뇌의 기능에 관해 설명하고, 우울증과 망상, 중독, 공황장애 등 현대인이 겪고 있는 다양한 증상들에 관해 이야기한다. 정신건강의학과 의사가 되고 싶은 친구라면 부록을 살펴봐도 좋을 것이다.

진로탐색 #무엇을 더 볼까

관련매체 : [CS]고릴라 실험 https://www.youtube.com/watch?v=kSv6jn2bUNA
관련도서 : 『어쩌다 정신과 의사』 (김지용, 심심)

진로토론 #무엇을 이야기해 볼까

1. 비정상이라고 생각했던 행동들을 나누고, 정상과 비정상의 개념을 정리하자.
2. 세 가지 방어기제 중에서 자신이 사용하는 방어기제를 말해보자.
3. 뇌에 대해 잘못 알고 있었던 상식이 무엇인지 말해보자.
4. 정신의학과 심리학의 차이를 설명해 보자.
5. 정신 건강에 영향을 주는 요인 중 유전과 환경의 영향을 토론해 보자.

진로활동 #무엇을 해 볼까

1. 중독, 우울감 등 정신의학과 관련된 내용을 조사하여 발표해 보자.
2. 정신건강의학과 의사가 되는 과정에 대해 알아보자.
3. 정신의학과 관련한 다양한 실험을 찾아 정리해 보자.

22. 허준의 후손은 고3 수험생

도서정보	이윤진 / KMD / 2022년 / 232쪽 / 14,000원	
진로정보	의학 – 한의사	
교과정보	과학	자극과 반응

도서소개 #어떤 책일까?

　　한의사인 작가는 자신이 알고 있는 다년간의 임상경험과 한의학의 기본 개념을 청소년들에게 친숙한 판타지 형식의 소설로 풀어 써 한의학에 대한 지식을 좀 더 쉽고 재미있게 전하려고 하였다. 주인공 고3 수험생 준호는 갑자기 쓰러져 의식불명으로 입원한 아버지에게 가져갈 물건을 챙기던 중 우연히 오래된 침을 발견하고, 집안의 수호령 허준과 만나게 된다. 준호는 허준의 도움을 받아 아빠의 12경락과 임맥·독맥을 치료하고, 학교폭력 피해자였던 자신의 트라우마도 극복하게 된다. 이 책은 허준과 동의보감은 알지만 평소 아프면 병원을 찾는 서양 의학에 친숙한 청소년들에게 한의학의 기본 개념을 재미있게 알려주어 생소하고 낯설게 느껴졌던 한의학에 대한 편견을 깨고 관심을 가지게 한다.

진로탐색 #무엇을 더 볼까

관련매체 : 몸이보내는신호(49) 배수혈
　　　　　https://www.youtube.com/watch?v=e2HNtLCLXyE
관련도서 : 『사계절의 한의학』 (고광석, 일상출판)

진로토론 #무엇을 이야기해 볼까

1. '통즉불통 불통즉통'이란 무슨 뜻인지 말해보자.
2. 기, 혈, 정, 습, 허화, 담음, 어혈의 개념을 설명해 보자.
3. 준호가 기가 되어 아버지를 치료하며 흘러간 12경락의 순서를 말해보자.
4. 같은 질병에 대해 한의학과 서양 의학에서 바라보는 관점을 토론해 보자.

진로활동 #무엇을 해 볼까

1. 한의학의 치료 방법에 대해 정리해 보자.
2. '비위가 좋다.' 등 우리말에 남아 있는 한의학의 표현을 알아보자.
3. 한방과 양방의 치료를 병행하는 병원의 치료 방법을 조사해 보자.

중학교 진로독서 가이드북

제7장
예체능

◈ 예체능 영역 소개 ◈

#예체능의 정의

　예체능 계열은 미적 작품을 형성시키는 인간의 창조 활동인 예술과 건강한 신체와 운동 능력의 육성을 목표로 하는 활동인 체육 등을 포함한다. 예술은 인류 문화를 발달시킨 미의 창작 수단이자 표현 수단이며 현재에 와서는 음악, 미술과 같은 분야를 포함해 대중 미디어 매체를 바탕으로 한 영상 예술, 전통 민속놀이, 무용 또는 연극과 같은 범주까지 포함하고 있다. 체육 활동은 학교 교육과정에 따른 교육적 목표로 하는 학교 체육과 학교 이외의 신체활동에 참여한 구성원의 체력 및 건강의 유지와 여가 시간의 활동에 목적을 두는 사회체육으로 나뉜다. 현대사회의 기술이 발전되고 문명화될수록 인간의 삶을 건강하고 풍요롭게 하는 예체능 문화를 즐기려는 사람들의 수요는 점차 증가하고 있으며, 4차산업혁명 시대의 인공지능과는 차별화된 인간만의 예체능 활동이 앞으로 더욱 각광받을 것으로 전망된다.

#예체능의 종류

　예체능은 특성에 따라 분야가 다양하다. 교육부와 한국직업능력개발원에서 발간한 진로 선택을 위한 대학 전공 선택 도움서(2020)는 디자인, 응용예술, 무용 및 체육, 미술 및 조형, 연극 및 영화, 음악 등 7가지로 대분류를 나누고 있다. 또한 대분류에서 소분류로 세밀하게 나눠 보자면, 디자인은 디자인 일반, 산업디자인, 시각디자인, 패션디자인, 기타 디자인으로, 응용예술은 공예, 사진 및 만화, 영상 예술로, 무용 및 체육은 무용과 체육으로, 미술 및 조형은 순수미술, 응용미술, 조형미술로, 연극 및 영화는 연극과 영화로, 음악은 음악학, 국악, 기악, 성악, 작곡, 기타 음악 등으로 나누고 있다.

#예체능 종사자가 되기 위한 공부 분야

　예체능 분야의 종사자가 되기 위해서는 관심 있는 분야와 연관된 학교 교과목인 음악, 미술, 체육 등의 공부하면서 그 분야에 대한 예체능 체험을 많이 하는 것이 중요하다. 또한 관심 분야의 특성을 잘 파악하며 신체를 주로 쓰는 경우 운동 역량을 향상하기 위해 노력해야 하며 사람의 신체에 관한 관심을 두고 공부해야 한다. 또한 창의적인 활동을 주로 해야 하는 경우 인문학적 상상력을 바탕으로 예술적 안목을 결합해야 한다. 이를 위해서는 평상시에 관련된 책을 접하면서 인문학적 소양을 키우는 것이 필요하다.

◈ 예체능 도서 목록 ◈

순	영역	진로정보	교과정보	도서명	집필자	비고
1	예체능	대중음악 평론가	음악	대중음악 히치 하이킹하기	박태성	대표
2	예체능	미술 평론가	미술	예술에 대한 여덟 가지 답변의 역사	박태성	대표
3	예체능	스포츠 평론가	체육	10대와 통하는 스포츠 이야기	박태성	
4	예체능	평론가/예술가/화가	미술	10대와 통하는 영화 이야기	박소유	
5	예체능	PD/연출가/작가	음악	교실에서 뮤지컬해요	박소유	
6	예체능	연기자/연출자	연극	굿 캐스팅	박태성	
7	예체능	사진작가	미술	꿈꾸는 카메라	박태성	
8	예체능	바리스타	도덕	단지 커피일 뿐이야	조아라	
9	예체능	대중음악 평론가	음악	랩으로 인문학하기	박태성	
10	예체능	애니메이션 크리에이터	미술	미야자키, 상상을 현실로 만들어	박태성	
11	예체능	화가	미술	서촌 오후 4시	박태성	
12	예체능	스포츠 트레이너	체육	스포츠 트레이너 어떻게 되었을까?	박태성	
13	예체능	배우	연극	쓸 만한 인간	박태성	
14	예체능	악기연주자/기악단원	음악	안녕?! 오케스트라	박태성	
15	예체능	웹툰 작가	미술	웹툰의 시대	박태성	
16	예체능	스포츠 평론가	체육	인공지능이 스포츠 심판이라면	유복순	
17	예체능	야구감독	체육	인생은 순간이다	박태성	
18	예체능	만화가	미술	젊은 만화가에게 묻다	박태성	
19	예체능	패션 디자이너/봉제의복 제조업	기술가정	조선 시대 우리옷 한복이야기	목진덕	
20	예체능	스포츠 전문가	도덕	축구를 하며 생각한 것들	조아라	
21	예체능	작곡가	음악	케이팝의 시간	박소유	
22	예체능	영화감독	영화	학교에서 영화 찍자	박태성	
23	예체능	가수	음악	힙하게 잇다 조선 판소리	박소유	

I. 대중음악 히치하이킹하기

도서정보	권석정 외 4 / 탐 / 2015년 / 264쪽 / 15,000원	
진로정보	예체능 – 대중음악 평론가	
교과정보	음악	감상 – 대중음악 문화

도서소개 #어떤 책일까?

　　이 책은 대중음악의 다양한 갈래가 기반하고 있는 다섯 가지 장르에 대해 다루고 있다. 각 장르를 소개는 필자들은 해당 분야의 전문가들로서 누구보다도 더 깊고 진지하게 음악의 세계를 탐구해 온 사람들이다.

　　음악 전문 기자인 권석정 작가는 블루스 음악을, 음악 큐레이션 단체인 '뮤직앤피플'의 대표이자 음악 큐레이터인 백병철 작가는 록 음악을, 한국대중음악상 선정위원이자 대중음악웹진의 기획위원인 서정민갑 작가는 포크 음악을, 작곡작이자 음반제작자이며 기타리스트이기도 한 김상원 작가는 흑인 음악을, 스페인 마드리드의 한국 문화원 연구원인 이수정 작가는 댄스 음악을 소개하면서 각 장르의 매력을 여실히 보여준다. 독자는 이 책을 통해 대중음악의 특징을 이해하고 자신만의 취향을 확고히 하며 음악 세계를 조망하는 안목을 얻을 수 있다.

진로탐색 #무엇을 더 볼까

관련매체 : EBS초대석 대중음악발전사

관련도서 :『여기는 18세기, 음악이 하고 싶어요』(조현영, 다른)

진로토론 #무엇을 이야기해 볼까

1. 책에서 다룬 다섯 가지 음악 장르 중 내가 가장 관심이 가는 장르는?
2. 각 장르의 공통점과 차이점을 정리해 보자면?
3. 책에서 소개하는 장르에서 등장하는 뮤지션 중에 어떤 뮤지션의 작품을 들어보고 싶나?
4. 각 음악 장르의 가치는 절대적인 걸까, 상대적인 걸까?
5. 현재 한국 대중음악이 아이돌 그룹 중심으로 흘러가는 것은 바람직한 현상일까?

진로활동 #무엇을 해 볼까

1. 내가 들었던 대중음악 중 나에게 가장 깊이 영향을 끼쳤던 작품을 발표해 보자.
2. 음악 평론가가 되기 위해 준비해야 할 것을 조사해 보자.
3. 한국의 대중음악이 더욱 다양하게 발전할 방법을 제도적, 사회적으로 찾아보자.

◈ 책 이야기 ◈

1. 가장 인상 깊게 읽은 내용을 찾아 옮겨 보고, 이유를 말해보자.

2. 책에서 소개한 다섯 가지 대표 장르의 특징을 요약해 보자.

3. 각 장르 중 내가 가장 관심이 가는 장르는 무엇인지 이유와 함께 적어 보자.

4. 책에서 소개하는 여러 뮤지션 중 내가 들어보고 싶은 뮤지션은 누구인지 설명해 보자.

◈ 질문하고 토론하고 ◈

* 영상자료를 통해 알게 된 내용들을 질문에 따라 정리해 주세요.
* 주어진 질문 외 새로운 질문을 만들 수 있다.

[영상자료] 립싱크했다가 비난 휩싸인 대세 걸그룹 KBS News 제공 (2023.01.05.) (1:33)

1. 위 자료를 보고 느낀 점을 말해보자.

2. 책과 자료를 보고 궁금한 것을 질문해 보자.

3. 립싱크하는 가수는 진짜 가수라고 할 수 없는가?

4. 현재 한국 대중음악이 아이돌 중심으로 흘러가는 현상은 바람직한가?

◈ 진로 이야기 ◈

1. 음악 평론가가 되기 위해 준비해야 할 것을 조사해 보자.

2. 음악 평론가로서 롤모델로 삼을 수 있는 사람을 찾아 소개해 보자.

3. 내가 들었던 대중음악 중 나에게 영향을 깊게 미쳤던 작품을 소개해 보자.

4. 한국의 대중음악이 다양하게 발전하기 위해서는 제도적으로, 사회적으로, 문화적으로 어떤 것이 필요할지 정리해 보자.

5. 나의 학교생활기록부에 기록하고 싶은 내용을 적어 보자.

2. 예술에 대한 여덟 가지 답변의 역사

도서정보	김진엽 / 우리학교 / 2020년 / 232쪽 / 17,000원	
진로정보	예체능 - 미술평론가	
교과정보	미술	감상 - 예술작품 감상관점

도서소개 #어떤 책일까?

　　이 책은 어려운 예술 용어를 지양하고 쉬운 용어와 구체적인 작가 또는 작품 사례를 제시하면서 예술에 대한 다양한 생각과 의문을 재치 있게 설명하고 있다. 저자는 예술을 바라보는 관점을 8가지로 요약하여 독자들이 난해하게 생각하는 예술을 더 손쉽게 이해하도록 돕는다.

　　예술작품에 대한 논란이 있는 사례들을 제시하여 흥미를 불러일으킨 후, 모방론, 표현론, 형식론, 예술 정의 불가론, 제도론, 다원론, 진화심리학과 예술, 경험으로서의 예술 등이 차근차근 제시된다. 예술을 잘 모르는 독자라 할지라도 이 책을 통해 예술을 어떤 눈으로 바라봐야 하며, 자신의 주변에 의식하지 못한 예술 작품이 얼마나 많은지를 알게 될 것이다.

진로탐색 #무엇을 더 볼까

관련매체 : EBS평생학교 김진엽 편

관련도서 : 『생각하는 십대를 위한 토론 콘서트 예술』(김진엽, 꿈결)

진로토론 #무엇을 이야기해 볼까

1. 내가 살아오면서 가장 인상 깊었던 예술과 관련된 경험을 떠올려 보자.
2. 예술 정의 불가론이 말하는 예술 이론의 의의는 무엇일까?
3. 혐오감을 주는 대상을 표현한 예술은 예술이라고 볼 수 있을까?
4. 인간이 아닌 동물이나 인공지능이 창작한 작품은 예술일까?
5. 훌륭한 예술작품을 위해 표현의 자유를 최대한 보장해야 한다. (찬반토론)

진로활동 #무엇을 해 볼까

1. 다양한 예술 분야 중 내가 더욱 관심이 가는 분야를 조사해 보자.
2. 예술가로서 롤모델로 삼을 수 있는 인물을 찾아 닮고 싶은 점을 정리해 보자.
3. 예술과 관련하여 종사할 수 있는 직업에는 무엇이 있는지 찾아보고, 그중 마음에 드는 것을 하나 선택하여 어떤 과정을 준비해야 하는지 조사해 보자.

◈ 책 이야기 ◈

I. 내가 살아오면서 가장 인상 깊었던 예술과 관련된 경험을 떠올려 보자.

2. 저자가 설명하는 8가지 관점의 정의를 간단하게 요약해 보자.

3. 8가지 관점 중 가장 인상 깊었던 관점은 무엇인지 이유와 함께 이야기해 보자.

4. 현대 사회에서 예술작품으로 인정을 받으려면 어떤 요소가 중요할지 우선순위를 매겨보자.

◈ 질문하고 토론하고 ◈

* 영상자료를 통해 알게 된 내용들을 질문에 따라 정리해 보자.
* 주어진 질문 외 새로운 질문을 만들 수 있다.

[영상자료] [알쓸인잽] "예술이란 무엇인가" 전시불가 판정 받은 작품에 뒤샹이 던진 질문과 대답 샾잉 제공(2023.01.07.)

1. 위 자료를 보고 느낀 점을 말해보자.

2. 책과 자료를 보고 궁금한 것을 질문해 보자.

3. 당신이 판단하기에 뒤샹의 '샘'은 예술작품이라고 할 수 있을까?

4. 뒤샹의 '샘'처럼 기존의 예술작품에 대한 편견을 깬 작품들이 더 있는지 조사해 보자.

◈ 진로 이야기 ◈

1. 예술과 관련하여 종사할 수 있는 직업에는 무엇이 있는지 찾아보자.

2. 위에서 조사한 직업 중 내가 가장 관심이 가는 직업을 선택하여 그 직업을 갖기 위해 어떤 준비를 해야 하는지 조사해 보자.

3. 다양한 예술 분야 중 나는 어떤 영역에 더욱 관심이 많은가?

4. 예술가로서 롤모델로 삼을 수 있는 인물을 찾아 닮고 싶은 점을 정리해 보자.

5. 나의 학교생활기록부에 기록하고 싶은 내용을 적어 보자.

3. 10대와 통하는 스포츠 이야기

도서정보	탁민혁 외	/ 철수와영희 / 2019년 / 232쪽 / 13,000원	
진로정보	예체능 - 스포츠 평론가	
교과정보	체육	스포츠

도서소개 #어떤 책일까?

이 책은 겉으로만 봐서는 알 수 없는 스포츠계의 다양한 속사정을 흥미진진하게 풀어 나가고 있다. 올림픽의 이모저모와 함께 금메달에만 관심을 쏟는 사람들의 모습, 스노보드에 출전했던 선수들의 이야기를 유쾌하게 설명하였고, 특정 스포츠가 한 국가를 뛰어넘어 전 세계인이 즐기는 것으로 자리 잡은 사례를 제시한다. 이외에도 국가대표팀의 무게와 선수들의 의지, 스포츠 속의 불평등과 저항의 역사, 운동선수와 관계자들의 연관성, 여성 선수에 대한 편견, 방송과 광고의 영향력 등 스포츠 내부와 외부의 여러 이야기들을 알기 쉽게 해설한다. 독자는 책을 읽으면서 피상적으로 바라보던 스포츠를 더욱 세밀하게 관찰하는 안목을 키울 수 있다.

진로탐색 #무엇을 더 볼까

관련매체 : EBS 올림픽의 역사와 정신
　　　　　https://youtu.be/2CWDGAYlphY?si=-Kpg8HPR0EUnsWTU
관련도서 : 『스포츠로 만나는 지리』(최재희, 휴머니스트)

진로토론 #무엇을 이야기해 볼까

1. 책을 읽으면서 새롭게 알게 된 스포츠 문화를 발표해 보자.
2. 국민의례나 시상식에서 선수는 개인의 정치적 견해를 밝히지 말아야 한다. (찬반토론)
3. 국가대표의 경쟁력을 높이기 위해 외국 선수들의 귀화를 적극적으로 받아들여야 할까?
4. 금메달을 많이 획득하는 것과 국가의 스포츠 문화 확대는 관련성이 있을까?
5. 금지된 약물을 사용한 선수는 선수 자격을 영원히 정지시켜야 할까?

진로활동 #무엇을 해 볼까

1. 스포츠 평론가가 될 방법을 조사해 보자.
2. 스포츠와 관계된 국제단체에는 무엇이 있고, 해당 단체에서 일을 하려면 어떤 것을 준비해야 하는지 조사해 보자.
3. 국내 스포츠 문화 저변을 확대하기 위해 실행할 수 있는 정책은 무엇이 있을지 발표해 보자.

4. 10대와 통하는 영화 이야기

도서정보	이지현 / 철수와영희 / 2023년 / 244쪽 / 15,000원	
진로정보	예체능 - 평론가, 예술가, 화가	
교과정보	미술	표현 - 미술과 다양한 분야

도서소개 #어떤 책일까?

영화는 소통이고 예술이고 과학이며 산업이고 상상력이고 치유이다. 이지현 작가는 그렇게 생각하고 있다. 누군가는 영화를 예술적으로 탐구하고, 누군가는 과학을 반영하며, 누군가는 영화산업을 발전시키는 등 영화로서 다양하게 자아를 실현한다. 하지만 결국 모든 영화가 삶을 더 풍성하게 만들어 준다는 공통점으로 귀결된다. 이 책은 정보화 시대에 발맞추어 OTT 서비스 기반의 영화 소개나 영화산업의 현재 모습, 미래 등 시의성 있는 주제가 다루어진다. 영화와 관련된 진로에 관심이 있거나 영화에 대해 조금 더 알고 싶다면, 이 책을 통해 시작해 보자.

진로탐색 #무엇을 더 볼까

관련매체 : 신인 감독 11명에게 영화가 세상을 바꿀 수 있을지 물었다
　　　　　　https://www.youtube.com/watch?v=55Kxoe7b-CE

관련도서 : 『10대와 통하는 법과 재판 이야기』(이지현, 철수와영희)

진로토론 #무엇을 이야기해 볼까

1. 좋은 영화란 무엇인가?
2. 영화감독은 어떤 역량을 지니고 있어야 하는가?
3. 자신이 감독이라면 어떤 장르의 영화를 만들고, 그 이야기와 메시지를 어떻게 전달할 것인가?
4. 영화 속 인상 깊은 대사를 선정하고, 그 대사가 주제와 어떤 연관성을 가지는지 토론해 보자.

진로활동 #무엇을 해 볼까

1. 자신이 좋아하는 영화 한 편을 선택하고, 그 영화의 주제와 메시지를 말해보자.
2. 존경하는 영화감독과 배우를 선정하고, 소개하는 발표를 해 보자.

5. 교실에서 뮤지컬해요

도서정보	홍진표 / 평사리 / 2021년 / 216쪽 / 15,000원	
진로정보	예체능 - PD, 연출가, 작가	
교과정보	음악	창작 - 음악적 의도와 특징

도서소개　#어떤 책일까?

　　이 책은 교실에서 뮤지컬을 기획하고 준비하는 과정을 다루고 있다. 학생들과 함께 뮤지컬을 만들어 보고 싶은 교사나 학생들에게 유용한 가이드가 될 수 있다. 뮤지컬에 대한 기본 개념과 이해, 뮤지컬 기획과 스토리 작성, 뮤지컬 곡과 안무의 선택 및 해석, 뮤지컬 공연과 리허설까지의 과정을 담고 있으며 교실에서 뮤지컬을 기획하고 실제로 공연을 진행하는 데 도움이 된다. 뮤지컬을 통해 학생들은 창의성과 예술적 감성을 발휘하며 협업 능력과 자기 표현력을 향상할 수 있다.

진로탐색　#무엇을 더 볼까

관련매체 : 북트레일러 https://youtu.be/OoKDpSuSEAk?si=AtIBpuivkODYHrVZ
관련도서 :『뮤지컬 익스프레스 슈퍼스타』(황정후, 초록비책공방)

진로토론　#무엇을 이야기해 볼까

1. 뮤지컬 배우의 역할은 무엇인가?
2. 뮤지컬 연출가의 역할은 무엇인가?
3. 뮤지컬을 통해 사회적 메시지를 어떻게 전달할 수 있을까?
4. 뮤지컬 교육의 필요성과 효과에는 어떤 것이 있을까?
5. 뮤지컬 산업의 경제적 가치와 영향력은 어느 정도인가?

진로활동　#무엇을 해 볼까

1. 학교 뮤지컬에 참여해서 연기, 노래, 춤 등을 배우고 표현해 보자.
2. 뮤지컬 관련 동아리에 참가하여 활동해 보자.
3. 지역 뮤지컬 공연에 참관하고 후기를 작성해 보자.

6. 굿 캐스팅

도서정보	안지은 / 한권의책 / 2014년 / 368쪽 / 18,000원	
진로정보	예체능 - 연기자, 연출자	
교과정보	창의적 체험활동 (동아리 활동-연극)	연기와 예술

도서소개　#어떤 책일까?

　　19년 이상 배우들의 연기 스승으로서 많은 배우와 함께한 저자가 그동안 연기를 코칭하면서 깨달은 방법들을 다양한 영역으로 세밀하게 알려주는 책이다.

　　저자는 연기 관련 영역을 총 7단계로 구분하여 1단계 대본과 만나기부터 2단계 대본 리딩(발성), 3단계 감정표현, 4단계 외적연기, 5단계 내면연기, 6단계 오디션, 7단계 촬영까지 연기자 지망생이라면 꼭 필요한 구체적인 정보를 제시한다. 그리고 현직 배우들이 지망생들을 격려하는 글과 함께 저자의 실제 경험담을 따스한 목소리고 실어 놓았다. 연기에 대해 관심 많은 독자에게는 필수적인 배경지식을 얻을 수 있고, 연기 분야의 진로를 모색하는데 큰 도움이 될 책이다.

진로탐색　#무엇을 더 볼까

관련매체 : 다큐 잇it-오늘도 무대에서 기다립니다
　　　　　　https://youtu.be/h6EbupSgrXI?si=TCuC28Ro3nKK-JvV

관련도서 : 『연기하지 않는 연기』(해럴드 거스킨, 도레미엔터테인먼트)

진로토론　#무엇을 이야기해 볼까

1. 좋은 연기자가 되기 위해서 갖춰야 할 덕목은 무엇일까?
2. 연기자는 연기만 잘하면 될까?
3. 영화와 드라마, 연극 등 다양한 연기와 관련한 매체의 특징은 무엇일까?
4. 연기자로서 촬영 현장에서 고려해야 할 것에는 무엇이 있을까?
5. 나는 주로 어떤 성향이나 내용의 작품을 하고 싶은가?

진로활동　#무엇을 해 볼까

1. 연기자가 되기 위한 과정을 조사해 보자.
2. 연기자로서 나는 어떤 무대에서 주로 활동하고 싶은지 생각해 보자.
3. 국내 연극 무대와 영화나 드라마와 같은 미디어 무대의 실태를 조사해 보자.

7. 꿈꾸는 카메라

도서정보	고현주 / 흔들의자 / 2017년 / 268쪽 / 18,000원	
진로정보	예체능 - 사진작가	
교과정보	미술	표현 - 사진과 예술

도서소개 #어떤 책일까?

　　사진작가로서 다양한 개인전과 초대전 및 기획전을 해왔던 저자가 각종 소년원이나 학교 부적응 학생들, 국가폭력으로 인해 심리적 어려움을 겪는 사람들과 사진으로 소통하는 과정에서 느꼈던 마음이 담겨있는 책이다.

　　사진의 대상을 피사체로만 보지 않고 소통해야 할 대상으로 바라보는 저자의 따스한 시선은 우리가 많은 것을 질문하게 한다. 또한 사회 적응에 어려움을 겪는 사람들에 대해 어떤 자세로 다가가야 하는지를 독자가 깨닫게 한다. 저자의 사진 활동은 사진작가를 꿈꾸는 독자들에게 사진작가란 단순히 카메라로 사진을 잘 찍는 일을 하는 사람이 아니라 사진을 통해 관계를 형성하면서 서로 공감하게 하는 가치를 부여하는 사람임을 일깨운다.

진로탐색 #무엇을 더 볼까

관련매체 : 기억의 목소리 https://youtu.be/9CwKz4dQKzM?si=WcDYejFzst8gqYfL

관련도서 : 『청소년을 위한 사진 공부』 (홍상표, 지노)

진로토론 #무엇을 이야기해 볼까

1. 좋은 사진작가가 갖춰야 할 덕목에는 무엇이 있을까?
2. 좋은 사진을 찍기 위해서는 어떤 것에 신경을 써야 할까?
3. 사진을 통해 다른 사람을 돕는 일에는 어떤 것들이 있을까?
4. 눈앞에 긴급 상황이 펼쳐졌을 때는 사진을 찍어야 할까, 아니면 직접 도와줘야 할까?

진로활동 #무엇을 해 볼까

1. 사진작가가 되기 위한 과정을 조사해 보자.
2. 내가 주로 찍고 싶은 대상은 무엇인지 생각해 보자.
3. 사진을 통해 세상과 소통한다고 할 때 당신은 사람들과 함께 사진을 통해 어떤 것을 소통하고 싶은가?

8. 단지 커피일 뿐이야

도서정보	이선주 / 자음과모음 / 2023년 / 188쪽 / 14,500원
진로정보	예체능 - 바리스타
교과정보	도덕	타인과의 관계 - 가정에서의 갈등 해결

도서소개 #어떤 책일까?

　이 책은 주인공의 아버지가 교통사고로 돌아가시고, 얼마 안 되어 어머니가 다른 남자와 재혼하여 그에 반항하는 마음으로 주인공이 여러 가지 방황을 하는 내용의 청소년 소설이다.

　"산이가 고통을 겪지 않기를 바라기보다는, 고통을 이겨낼 수 있는 용기를 갖길 바라는 마음으로 글을 썼다."라는 작가의 말처럼, 이 책은 단지 재혼 가정에 있는 청소년뿐만 아니라, 삶의 고통에 처해있는 청소년들이 읽으면 위로가 되고 힘을 얻을 수 있는 소설이다.

진로탐색 #무엇을 더 볼까

관련매체 : 드라마 <커피 한잔 할까요?>
관련도서 : 『바리스타는 어떻게 일할까?』(김현섭, 메쉬커피)

진로토론 #무엇을 이야기해 볼까

1. 나에게도 주인공의 '커피'와 같은 존재가 있는지, 있다면 어떤 것인지 이야기해 보자.
2. 주인공이 엄마의 재혼에 반발하여 가출하고 음주한 것에 대하여 어떻게 생각하는가?
3. 주인공이 한 고민 "만약에 내 이상형이 눈앞에 나타났는데 재범이와 동시에 그 사람을 좋아하게 된다면?"에 대한 나의 답변을 말해보자.
4. 익명이기만 하면 남의 가정사를 인터넷에 올리는 것을 표현의 자유라고 인정할 수 있을까?

진로활동 #무엇을 해 볼까

1. "예가체프, 케냐 AA" 등 다양한 원두와 커피 종류를 직접 맛보고, 그것들을 정리한 영상이나 포스팅을 업로드해 보자. 예) 테이스팅 비교, 추천할 사람, 음식 궁합
2. 미래에 내가 창업할 카페 이름과 간판을 미리 정해 보자.

9. 랩으로 인문학하기

도서정보	박하재홍 / 슬로비 / 2017년 / 232쪽 / 16,000원	
진로정보	예체능 - 대중음악 평론가	
교과정보	음악	감상 - 대중음악 문화

도서소개 #어떤 책일까?

　　아름다운 가게의 점원이자 거리의 래퍼였던 저자는 동물 보호나 환경 문제와 관련한 다양한 단체에서도 활동해 왔다. 이러한 경험을 바탕으로 본인이 좋아하는 힙합 음악에 녹아 있는 사회 문제를 끄집어내었다.

　　이 책은 힙합의 역사를 간단히 소개하면서부터 시작된다. 그리고 유명한 노래들의 랩에 담겨있는 학생들의 공부나 방황, 심리적 열등감이나 불만 및 도전의식, 역사와 사회 및 환경 문제, 자유와 순수를 지향하는 마음 등 다양한 인문학적 주제를 선별하여 흥미롭게 설명한다. 힙합을 좋아하는 독자들은 음악 속에서 발견되는 삶의 이야기로 인해 노래의 가치를 재발견하게 하고, 특히 힙합 가수를 꿈꾸는 청소년에게는 하고 싶은 음악에 대한 영감을 제공할 것이다.

진로탐색 #무엇을 더 볼까

관련매체 : 박하재홍 작가와의 만남
　　　　　 https://youtu.be/4WpmDASVyWY?si=T263pd6hViT1Biob
관련도서 : 『힙합 청소년 정치학』 (강제명, 이론과실천)

진로토론 #무엇을 이야기해 볼까

1. 좋은 힙합 음악이란 어떤 것일까?
2. 힙합 음악을 바탕으로 사회적 문제에 영향을 끼친 사례에는 무엇이 있을까?
3. 많은 청소년이 힙합 음악에 열광하는 이유는 무엇일까?
4. 힙합 가수들이 각종 욕설과 같은 비속어로 가사를 쓰는 것은 바람직한가?
5. 서로를 공격하는 힙합 가수들의 오디션 프로그램은 폐지해야 한다.

진로활동 #무엇을 해 볼까

1. 책에서 설명된 힙합의 역사 중 가장 인상 깊은 힙합 가수를 선정해 그들의 삶을 구체적으로 조사해 보자.
2. 힙합 가수가 되기 위해서 어떤 것을 준비해야 하는지 조사해 보자.
3. 내가 평소 관심 있던 문제에 대해 감정을 표현하는 힙합 가사를 만들어 보자.

10. 미야자키, 상상을 현실로 만들어

도서정보	장하경 / 탐 / 2014년 / 216쪽 / 13,000원	
진로정보	예체능 – 애니메이션 크리에이터	
교과정보	미술	표현 – 미술 직업세계

도서소개 #어떤 책일까?

　　지브리 스튜디오로 유명한 미야자키 하야오는 전 세계적으로 일본의 애니메이션을 대중화시킨 거장 중의 거장이다. 저자는 미야자키의 어린 시절부터 인정받는 애니메이터가 되기까지의 일생을 요약하여 서술한다.

　　이 책은 전쟁으로 황폐해진 사회적 배경 속에서 자신의 꿈을 포기하지 않고 많은 이에게 평화와 위로의 메시지를 전하기 위해 고민하고 노력하는 미야자키의 여러 일화가 다채롭게 담겨있다. 부록 형태로 영화감독의 역할과 준비 과정과 관련한 여러 정보가 수록되어 있어 해당 분야에 관심 있는 독자에게는 많은 도움이 될 것이다.

진로탐색 #무엇을 더 볼까

관련매체 : 지브리 스튜디오 홈페이지 https://www.ghibli.jp/
관련도서 : 『지브리의 천재들』 (스즈키 도시오, 포레스트북스)

진로토론 #무엇을 이야기해 볼까

1. 애니메이션을 제작할 때 나는 어떤 요소를 가장 중요하게 생각하나?
2. 좋은 애니메이터가 되는 데 필요한 덕목은 무엇일까?
3. 미야자키 하야오가 만든 작품 중 자신의 애니메이션 철학과 가장 비슷하거나 상반되는 작품을 골라 보자.
4. 애니메이션을 제작할 때 정치적인 요소는 배제해야 한다. (찬반토론)
5. 한국적이면서도 세계적인 애니메이션은 어떤 것들이 있어야 할까?

진로활동 #무엇을 해 볼까

1. 국내에서 애니메이터가 되기 위한 과정을 조사해 보자.
2. 내가 만들고 싶은 애니메이션은 어떤 것이지 떠올려 보자.
3. 국내 애니메이션 산업과 일본 애니메이션 산업의 규모와 성장 가능성을 조사한 후 비교해 보자. 그리고 어떤 곳이 나에게 더 맞을지 추론해 보자.

II. 서촌 오후 4시

도서정보	김미경 / 마음산책 / 2015년 / 204쪽 / 14,500원	
진로정보	예체능 – 화가	
교과정보	미술	표현 – 미술 직업세계

도서소개 #어떤 책일까?

　　미술과는 전혀 상관없던 공부와 직업에도 불구하고 자신이 하고 싶은 일을 하기로 선택한 저자가 옥상에서 서촌 풍경을 화폭에 담아내면서 경험하고 느꼈던 소회를 실은 책이다.

　　확고하게 자리 잡았던 직장을 박차고 나와 세상의 원리와는 반대의 삶을 살아가는 저자의 삶이 인상 깊게 펼쳐진다. 그림을 그리고 싶어 하는 참자아를 이해하고, 이웃과 동네의 풍경을 따스하게 그려내는 저자의 모습은 각박한 세상 속에서도 따스한 온기를 느끼게 한다. 전공자가 아니어서 괄시를 받는 고난과 여러 역경도 대수롭지 않게 여기는 저자의 용기는 하고 싶은 일을 하려다가 현실적 조건 때문에 주저 않는 우리에게 다시 시작할 수 있는 힘을 준다. 덤으로 저자가 펜으로 직접 그린 세밀화는 이 책이 화가의 삶을 다루는 책임을 다시 한 번 증명한다.

진로탐색 #무엇을 더 볼까

관련매체 : TV책방 북소리 53회 김미경편 https://youtu.be/YS0-P5CtkAI?si=tpLp9jsL5i9uq7Ba
관련도서 : 『고양이처럼 나는 혼자였다』 (이경미, 샘터사)

진로토론 #무엇을 이야기해 볼까

1. 화가로 사는 데 있어서 갖춰야 할 중요한 덕목은 무엇일까?
2. 공공장소에서 지나가는 사람의 모습을 허락 없이 그려도 괜찮을까?
3. 당신이 지금 살고 있는 곳의 풍경을 그린다면 어떤 것을 그리고 싶나?
4. 하고 싶지는 않아도 잘할 수 있는 일과 잘 못할 것 같아도 하고 싶은 일 중 어떤 것을 하며 살아야 하는가?

진로활동 #무엇을 해 볼까

1. 화가가 되기 위해서는 어떤 준비 과정을 밟아야 하는지 조사해 보자.
2. 화가로서 나는 어떤 그림을 그리고 싶은지 생각해 보자.
3. 국내에 대표적인 미술 전시관에는 어떤 것들이 있는지 조사해 보자.

12. 스포츠 트레이너 어떻게 되었을까?

도서정보	이가은 / 캠퍼스멘토 / 2020년 / 199쪽 / 15,000원	
진로정보	예체능 - 스포츠 트레이너	
교과정보	체육	스포츠 - 스포츠 직업세계

도서소개 #어떤 책일까?

이 책은 스포츠의 다양한 영역에서 트레이너로 활동하는 6인의 경험담과 노하우와 함께 스포츠 트레이너의 특징 및 준비 과정과 방법에 대한 소개를 담고 있다. 특정 영역에 편중되지 않고 다양한 분야에서 스포츠 트레이너로 활동하는 모습을 확인할 수 있기에 독자는 더 넓은 안목을 바탕으로 스포츠 트레이너에 대한 이해도를 높일 수 있다.

SK 와이번스의 김기태 컨디셔닝 코치, 루지 국가대표팀 김한나 의무 트레이너, 부산시 장애인체육회 안치훈 장애인생활체육지도자, 박은성 퍼스널 트레이너, 하모니 트레이닝 센터 최윤경 메디컬 트레이너, 우리카드 위비 배구단 윤병재 트레이너 등의 생생한 직업 현장 이야기는 스포츠 트레이너에 관심 있는 사람들에게 진로 준비에 필요한 것이 무엇인지를 잘 알려준다.

진로탐색 #무엇을 더 볼까

관련매체 : 축구국가대표팀 의무트레이너 https://youtu.be/rlKAhIe1Z2w?si=P0AkU841RwwzOvcB
관련도서 : 『선수트레이너가 알아야 할 모든 것』(백형진, 예방의학사)

진로토론 #무엇을 이야기해 볼까

1. 좋은 스포츠 트레이너가 갖춰야 할 역량과 소양은 무엇일까?
2. 트레이너로서의 의견을 무시하는 선수를 위해서 어떤 방법을 쓸 수 있을까?
3. 선수들을 잘 지원하기 트레이너는 무엇에 신경을 많이 써야 할까?
4. 스포츠 트레이너로서 운동을 잘 하는 것과 관련된 배경지식을 많이 아는 것 중 어떤 것이 더 중요할까?
5. 무자격증으로 일하는 스포츠 트레이너는 법적 처벌을 더욱 강화해야 한다.

진로활동 #무엇을 해 볼까

1. 스포츠 트레이너가 되기 위한 자격 조건과 배워야 할 것을 정리해 보자.
2. 내가 활동하고 싶은 스포츠 영역을 정한 후, 그 분야에서 롤모델로 삼을 만한 인물을 찾아보자.
3. 스포츠 트레이너를 준비하기 위해 신체 단련 계획을 세워서 실천해 보자.

I3. 쓸 만한 인간

도서정보	박정민 / 상상출판 / 20l9년 / 3l2쪽 / l4,200원	
진로정보	예체능 - 배우	
교과정보	창의적 체험활동 (동아리 활동-연극)	연극영화 직업세계

도서소개 #어떤 책일까?

　영화 〈파수꾼〉, 〈동주〉, 〈그것만이 내 세상〉 등 다양한 영화와 드라마에 출연했던 배우 박정민의 자전적 에세이들을 실은 책이다. 배우 이전에 같은 인간으로 희로애락을 느끼는 저자의 삶이 진솔하게 담겨있다.

　영화배우로서 작품을 준비할 때, 그리고 상을 받았던 순간, 그 이전 배우의 길을 준비하는 과정과 일상에서 가족과 지인에게 느끼는 감정들이 꾸밈없는 목소리와 위트 넘치는 표현으로 따스하게 드러난다. 자기 삶을 겸손하면서도 묵직한 존중으로 대하는 그의 태도는 독자가 스스로 가치를 평가절하하고 있지는 않은지 돌아보게 한다.

진로탐색 #무엇을 더 볼까

관련매체 : 배우연구소 박정민편
　　　　　　https://youtu.be/L0UWV44_SpU?si=pORCI-GQD7v0RBqL
관련도서 : 『배우의 방』(정시우, 휴머니스트)

진로토론 #무엇을 이야기해 볼까

1. 배우로서 좋은 연기를 하려면 무엇을 고려해야 할까?
2. 영화배우와 드라마 배우의 차이점은 무엇일까?
3. 내가 영화배우라면 겹치는 영화와 드라마 촬영 제의가 들어왔을 때 어떤 것을 선택할까?
4. 배우와 같은 연예인들도 공인으로 봐야 한다.
5. 배우와 같은 연예인들도 같은 사람이기 때문에 프라이버스를 지켜줘야 하므로 파파라치는 법적으로 금지해야 한다.

진로활동 #무엇을 해 볼까

1. 영화배우 중 롤모델로 삼을 만한 인물을 찾아보자.
2. 평생 영화배우로 살기 위해서는 어떤 마음가짐으로 살아야 할지 생각해 보자.

14. 안녕?! 오케스트라

도서정보	이보영 / 이담북스 / 2013년 / 328쪽 / 13,000원	
진로정보	예체능 - 악기연주자, 기악단원	
교과정보	음악	연주 - 오케스트라의 특징과 가치

도서소개 #어떤 책일까?

『안녕?! 오케스트라』는 MBC 대기획 "안녕?!! 오케스트라"의 기획 및 진행을 담은 책이다. 세계적인 비올리스트 리처드 용재 오닐과 다양한 국적의 문화를 배경으로 한 아이들이 만나 오케스트라를 결성하고, 단원을 선발하는 과정과 함께 아름다운 하모니가 인상적인 공연을 올리기까지 다양한 이야기들이 진솔하게 펼쳐진다.

저자는 이 프로그램을 기획한 사람으로 한발 물러서서 리처드 용재 오닐과 아이들을 바라본다. 그들을 통해 음악이 어떤 힘을 갖고 있으며 특별히 오케스트라라는 방법으로 사람들이 서로 어떻게 하나가 되어 가는지를 있는 그대로 조명한다. 독자는 이를 통해 오케스트라에 대한 소양과 가치를 배우고 문화적 차이를 뛰어넘어 사람이 사람을 만나는 순간의 감동을 느낄 수 있다.

진로탐색 #무엇을 더 볼까

관련매체 : MBC 안녕오케스트라 다시보기 사이트 https://program.imbc.com/orchestra
관련도서 : 『오케스트라 좋아하세요?』 (미츠토미 도시로, 열대림)

진로토론 #무엇을 이야기해 볼까

1. 내가 오케스트라의 단원이 된다면 연주하고 싶은 악기는?
2. 자꾸 불협화음을 내는 단원이 있다면 어떻게 해야 할까?
3. 지휘자가 요구하는 것과 다르게 표현하고 싶다면 어떻게 해야 할까?
4. 오케스트라에서 최상의 하모니를 내려면 어떻게 해야 할까?
5. 당신이 오케스트라의 지휘자라면 어떤 곡을 가장 먼저 연주하고 싶나?

진로활동 #무엇을 해 볼까

1. 오케스트라에 사용되는 악기의 종류를 조사해 보자.
2. 오케스트라를 지휘하는 지휘자가 되기 위해서는 어떤 과정을 밟아야 하는지 조사해 보자.
3. 국내에서 활동하고 있는 오케스트라단을 조사해 보자.

15. 웹툰의 시대

도서정보	위근우 / 알에이치코리아 / 2015년 / 272쪽 / 18,000원	
진로정보	예체능 – 웹툰 작가	
교과정보	미술	표현 – 대중예술로서의 웹툰

도서소개　#어떤 책일까?

　　대한민국은 웹툰이라는 문화 속에 빠져 있다고 해도 과언이 아니다. 그만큼 웹툰으로 발생하는 경제적 규모도 크고 산업과 관련한 종사자들도 무척 많아졌다. 이 책은 이러한 웹툰의 전성시대를 이끄는 24명의 작가를 만나 인터뷰한 내용을 담고 있다.

　　저자는 하일권, 이윤창, 미티, 정다정, 무적핑크, 조석, 이말년, 가스파드, 기안84, 이현민, 박용제, 김진, 이동건, 유승진, 이종범, 손제호/이광수, 시니/혀노, 외눈박이/시현, 김칸비, 황준호 등의 작가가 창작에서 중요하게 생각하는 지점을 집중력, 형식, 유머, 본능, 열혈, 공감, 취재, 협업, 장르 측면에서 풀어낸다. 독자는 이를 통해 웹툰 작가들의 창작 현실과 창작의 고뇌를 이해하게 된다.

진로탐색　#무엇을 더 볼까

관련매체 : 웹툰 제국의 탄생 https://youtu.be/Da0Qk7iccV8?si=KQqQF97Mjyzo2bGa

관련도서 : 『우리 시대 웹툰작가들의 생존기』 (박인찬, 다할미디어)

진로토론　#무엇을 이야기해 볼까

1. 좋은 웹툰 작가가 갖춰야 할 소양에는 무엇이 있을까?
2. 책에서 나오는 여러 작가 중 내가 가장 인상 깊게 본 작가는?
3. 웹툰을 그릴 때 작화와 아이디어 중 어떤 게 더 중요할까?
4. 웹툰에서 간혹 발견되는 여러 차별적 언행이나 비속어 등의 요소도 표현의 자유로 인정해야 할까?
5. 웹툰 연재 작가와 연재하는 플랫폼 사이의 수익 구조는 어떻게 배분하는 게 합리적일까?

진로활동　#무엇을 해 볼까

1. 웹툰 작가가 되는 과정을 조사해 보자.
2. 내가 롤모델로 삼을 수 있는 사람을 찾아서 주요 특징을 정리해 보자.
3. 웹툰 작가의 작업 구조와 노동환경을 조사해서 발표해 보자.

16. 인공지능이 스포츠 심판이라면

도서정보	스포츠문화연구소 / 다른 / 2020년 / 224쪽 / 14,000원	
진로정보	예체능 - 스포츠 평론가	
교과정보	체육	스포츠 - 스포츠의 다양한 규칙

도서소개 #어떤 책일까?

오심과 편파 판정은 스포츠계에서 골칫거리이다. 사실 스포츠 선수는 공정한 규칙에 따라 경기를 해야 하고, 관중도 규칙을 알고 있어야 경기를 즐길 수 있는데도 말이다.

스포츠 관련 진로를 꿈꾸는 청소년뿐 아니라 책을 읽는 모든 사람은 스포츠에 더 많은 관심이 생길 것이다. 총 4장으로 구성되어 있으며, 다양한 실사와 삽화가 수록되어 있다. 스포츠 규칙의 변화 과정과 스포츠 정신 그리고 과학기술로 생긴 최근 이슈까지 꼼꼼하고 다양하게 소개되어 있다.

스포츠 평론가뿐 아니라 기록분석 연구원, 스포츠 마케터, 스포츠에이전트, 스포츠기자 등 다양한 진로가 소개되어 있고, 특히 아나운서, 야구단장 등 롤모델이 소개되어 있어 꿈을 그리는 데 실질적인 도움을 줄 수 있다.

진로탐색 #무엇을 더 볼까

관련매체 : 테니스에서 심판을 대체하고 있는 호크아이 시스템
　　　　　 https://www.youtube.com/watch?v=s6N3KMbeD9s
관련도서 : 『세상에 대하여 우리가 더 잘 알아야 할 교양 60』 (양서윤, 내인생의책)

진로토론 #무엇을 이야기해 볼까

1. 최근에 논란이 심했던 오심과 편파 판정 사례에 대해 이야기해 보자.
2. e스포츠는 올림픽 정식종목으로 채택되어야 한다. (찬반토론)
3. 가장 감동 깊은 스포츠 경기는 무엇인지 각자 말해보자.
4. 운동 경기에서 첨단 스포츠 장비를 사용해도 된다. (찬반토론)
5. 방송사는 중계권을 선점하기 위해 경쟁하고 있고 몇몇 방송사가 중계권을 독점한 적이 있다. 스포츠 단독중계 막아야 한다. (찬반토론)

진로활동 #무엇을 해 볼까

1. e스포츠는 올림픽 시범종목에서 정식종목이 되기 위해 제기되는 문제점을 알아보고, 그 해결 방안을 e스포츠 선수의 입장으로 IOC(국제올림픽위원회)에 제안해 보자.
2. 스포츠 관련 진로를 조사해 보고, 영역별 마인드맵을 작성해 보자.

17. 인생은 순간이다

도서정보	김성근 / 다산북스 / 2023년 / 300쪽 / 18,000원	
진로정보	예체능 - 야구 감독	
교과정보	체육	스포츠 - 스포츠 직업세계

도서소개 #어떤 책일까?

　　국내 다수의 프로야구팀을 맡아 우승을 포함한 놀라운 성적을 거두었고, 80대의 나이에도 야구장에서 현역으로 선수들을 지도하는 저자의 파란만장한 야구사를 바탕으로 한 인생 이야기가 담겨있는 책이다.

　　이 시대를 살아가는 많은 후배에게 저자는 감독 시절의 경험을 바탕으로 이겨내기 위한 의식, 비관적인 낙천주의자, 개척자 정신, 이름을 걸로 산다는 것, 비정함 속에 담은 애정, 자타동일의 정신 등에 관해 설명한다. 독자는 추상적인 위로와 조언이 아닌, 인생을 오래 산 노선배의 실제적 경험을 바탕으로 한 냉철하고도 힘이 되는 교훈을 통해 삶에 대한 동기를 되짚을 수 있을 것이다. 특별히 야구에 관심이 있는 독자에게는 야구 감독이 어떤 것을 고민하며 사는지 간접적으로 체험할 수 있다.

진로탐색 #무엇을 더 볼까

관련매체 : 김성근 북콘서트 https://youtu.be/_Y_2RfuLuYY?si=7ZiV_ShjRPrv0x49

관련도서 :『긍정의 야구』(오효주, 브레인스토어)

진로토론 #무엇을 이야기해 볼까

1. 좋은 야구 감독이 되기 위해서 갖춰야 할 덕목을 우선순위로 매겨보자.
2. 야구 지도자가 되기 위해서는 선수 경험이 필수일까?
3. 인화 중심의 리더십과 기강 중심의 리더십 중 어디에 비중을 둬야 할까?
4. 잘하던 선수가 슬럼프를 겪으면서 성적이 저조하면 계속 기회를 줘야 할까?
5. 팀의 에이스가 감독에게 항명하면 선수를 바꿔야 할까, 감독을 바꿔야 할까?

진로활동 #무엇을 해 볼까

1. 야구 분야에서 종사할 수 있는 직업에는 무엇이 있는지 조사해 보자.
2. 야구 지도자로서 내가 롤모델로 삼을 수 있는 인물을 찾아 특징을 정리해 보자.
3. 야구 감독으로 취임한다면 현재 프로팀 중 어떤 팀을 맡고 싶은지, 또는 어떤 팀을 새롭게 만들고 싶은지 생각해 보자.

18. 젊은 만화가에게 묻다

도서정보	위근우 / 남해의봄날 / 2017년 / 220쪽 / 15,000원	
진로정보	예체능 - 만화가	
교과정보	미술	표현 - 디자인 창작

도서소개 #어떤 책일까?

이 책은 시대를 대표할 수 있는 5명의 젊은 만화가를 선정하여 그들이 만화가로 자리 잡기까지의 과정과 각자의 만화 철학과 삶에 대한 고민을 담고 있다.

<어쿠스틱 라이프>의 난다 작가, <닥터 프로스트>의 이종범 작가, <생각보다 많은>의 한지원 작가, <혼자를 기르는 법>의 김정연 작가, <유미의 세포들>의 이동건 작가와의 인터뷰를 바탕으로 저자는 일반 만화, 웹툰, 애니메이션의 각 영역에서 작가들이 집중하고 있는 기법 상의 문제나 만화가가 갖춰야 할 덕목을 드러내고 있다. <미생>의 윤태호 작가에 대한 글은 만화의 세계를 꿈꾸는 사람들에게 따스한 위로와 진지한 성찰을 건넨다. 독자는 이를 통해 만화가의 삶을 간접적으로 체험하면서 자신만의 만화에 대한 가치관을 정립하게 된다.

진로탐색 #무엇을 더 볼까

관련매체 : 화제의 인물 윤태호편 https://youtu.be/KchTIsAc_ms?si=fkNs79wuGrBro0V2
관련도서 : 『만화 그리는 법』(소복이, 유유)

진로토론 #무엇을 이야기해 볼까

1. 좋은 만화가는 어떤 역량과 내면적 성품을 갖춰야 할까?
2. 대중들에게 좋은 만화란 어떤 만화일까?
3. 나의 작품 세계와 대중의 기호가 맞지 않는 부분이 생기면 어느 쪽을 더 중요하게 생각해야 할까?
4. 내가 만화가라면 어떤 만화를 그리면 좋을지 구상해 보자.
5. 만화라는 장르가 가질 수 있는 가치를 정리해 보자.

진로활동 #무엇을 해 볼까

1. 만화가가 되기 위한 과정을 조사해 보자.
2. 만화를 기반으로 하는 다양한 영역을 조사해 보고, 나는 어떤 영역에서 종사할지 생각해 보자.
3. 만화가로서 롤모델로 삼을 수 있는 인물을 찾아서 특징을 정리해 보자.

19. 조선 시대 우리옷 한복이야기

도서정보	글림자 / 혜지원 / 2018년 / 168쪽 / 17,000원	
진로정보	예체능 - 패션디자이너, 봉제의복 제조업	
교과정보	기술·가정	생활환경과 지속가능한 선택

도서소개 #어떤 책일까?

조선시대 전기부터 후기까지(1400년대~1800년대) 우리의 미의식이자 생활의 일부였던 한복 문화를 생생하게 보고 읽을 수 있다.

이 책은 한복의 기본 정보나 배경지식을 쌓고자 하는 초심자를 위한 책이다.

한복을 이야기하듯이 정보를 풀어 나가는 방식으로 한복의 기본 구조, 다양한 형태의 옷과 치레 거리, 궁중 복식과 예복 일습 등 체계적으로 정리했다.

진로탐색 #무엇을 더 볼까

관련매체 : 커리어넷 직업백과

　　　　　 https://www.career.go.kr/cnet/front/base/job/jobView.do?SEQ=344

관련도서 : 『일러스트로 보는 유럽 복식 문화와 역사 2 바로크부터 아르누보까지』

　　　　　 (글림자, 혜지원)

진로토론 #무엇을 이야기해 볼까

1. 옷은 편한 것과 아름다운 것 중, 어느 것이 우선일까?
2. 전통 복식에 관한 연구는 필요가 없을까? (찬반토론)
3. 패션 산업은 부가가치는 어떤 것이 있을까?
4. 유통의 개선을 통한 저렴한 가격의 옷이 필요할까?
5. 의류에 액세서리(단추, 비즈 등)이 포함이 되는 것일까?

진로활동 #무엇을 해 볼까

1. 옷의 가격에 대한 내 생각을 글로 써 보자.
2. 패션을 기후 위기와 연결 지어 생각하는 글을 써 보자.
3. 의류 유통에 대한 구조를 조사하고 설명해 보자.

20. 축구를 하며 생각한 것들

도서정보	손흥민 / 브레인스토어 / 2020년 / 312쪽 / 18,000원	
진로정보	예체능 - 스포츠 전문가	
교과정보	도덕	자신과의 관계 - 직업의 의미와 가치

도서소개 #어떤 책일까?

　　이 책은 대한민국을 대표하는 축구 선수인 '손흥민' 선수가 직접 쓴 에세이집이다. 제목이 '축구를 하며 생각한 것들'인 것처럼 이 책은 한 축구 선수에게 일어났던 일들에 집중하기보다는, 그 과정에서 그 사람이 느끼고 생각한 것들을 위주로 서술되어 있다.

　　따라서 이 책은 축구 관련 직종에 관심이 있는 청소년에게 추천하는 바이다. 제도권 축구와 거리가 멀었던 아버지에게 교육받고, 고등학교 자퇴를 거쳐 함부르크 구단으로 간 손흥민 선수인 만큼, 비주류의 인생길을 걷고 있는 청소년이 읽기에도 좋다. 마지막으로 월드클래스인 손흥민의 인생에 대한 태도를 배우고 싶은 청소년에게도 추천하는 책이다.

진로탐색 #무엇을 더 볼까
관련매체 : 넷플릭스 다큐멘터리 <베컴>
관련도서 : 『메시, 축구는 키로 하는 게 아니야』 (이형석, 탐)

진로토론 #무엇을 이야기해 볼까
1. 축구 실력을 좌우하는 것은 타고난 재능일까? 아니면 후천적인 노력일까?
2. 축구 경기를 보는 관중의 큰 관심은 축구 선수에게 독일까? 혹은 약일까?
3. 손흥민이 자신을 처음으로 유럽으로 데려가 준 구단을 떠나서 더 높은 연봉을 주는 구단으로 옮겨간 선택에 대해서 어떻게 생각하는가?
4. 손흥민의 성공 비결 중 가장 중요한 1가지만 꼽자면 무엇을 선택하겠는가?

진로활동 #무엇을 해 볼까
1. 이 책에 나오는 손흥민의 축구 인생을 보며, 손흥민에게 배울 수 있는 축구에 대한 태도를 찾아보고, 지금의 나에게 적용할 수 있는 방법을 떠올려 보자.
2. 이 책의 구절 중에서 꼭 기억하고 싶은 구절을 찾고, 그 구절과 어울리는 그림이나 사진을 넣어서 멋진 배경 화면을 만들어 보자.
3. 나의 진로를 상상하면서 가상 자서전을 써 보자.

21. 케이팝의 시간

도서정보	태양비 / 지노 / 2023년 / 236쪽 / 16,000원	
진로정보	예체능 - 작곡가	
교과정보	음악	감상 - 음악의 시대별 특징

도서소개 #어떤 책일까?

　　이 책은 케이팝의 형성과 성장 과정, 그리고 케이팝이 전 세계적으로 인기를 얻는 과정을 알기 쉽게 풀어내고 있다. 지노 작가는 자기 경험과 조사를 토대로 케이팝의 다양한 장르, 아티스트, 음악 비하인드 스토리 등을 소개하며, 케이팝 팬들과 음악에 대한 공감과 이해를 공유하고자 한다. 케이팝에 대한 이해를 넓히고자 하는 사람들에게도 유익한 자료가 될 것이다. 케이팝의 매력과 역사에 관심이 있는 사람에게도 추천할 만한 책이다.

진로탐색 #무엇을 더 볼까

관련매체 : 한 교시 안에 끝내는 한국 대중음악의 역사 (한국대중음악역사 풀버전)
　　　　　https://youtu.be/uX69Ct58-c0?si=JEkqM6ouj5eKK8cB
관련도서 : 『케이팝 시대를 항해하는 콘서트 연출기』 (김상욱, 달)

진로토론 #무엇을 이야기해 볼까

1. 케이팝 아티스트의 역할은 무엇일까?
2. 케이팝의 글로벌 영향력은 어느 정도이며, 해외 진출은 어떻게 이루어지고 있을까?
3. 케이팝을 통한 문화 교류는 어떤 형태로 이루어질까?
4. 케이팝과 음악 교육의 관계는 어떻게 될까?
5. 케이팝과 제이팝, 외국 팝송의 차이점은 무엇일까?

진로활동 #무엇을 해 볼까

1. 지역에서 개최되는 케이팝 축제나 공연에 참여하여 보자.
2. 케이팝 아티스트의 팬으로써 팬 커뮤니티에 참여하고 소통하는 경험을 가져 보자.
3. 케이팝 커버 영상을 제작해서 SNS 및 온라인 플랫폼에 공유하여 보자.

22. 학교에서 영화 찍자

도서정보	안슬기 / 다른 / 2013년 / 300쪽 / 15,000원	
진로정보	예체능 – 영화감독	
교과정보	창의적 체험활동 (동아리 활동-영화)	연극영화 직업세계

도서소개 #어떤 책일까?

　　공립학교의 수학 교사이자 영화감독인 저자가 영화감독을 꿈꾸는 학생들을 위한 실제적인 팁을 담아 놓은 책이다.

　　영화 분야의 배고픔과 고달픔을 영화감독 꿈나무인 학생들에게 직시하게 하면서도 포기하지 않을 이들을 위해 여러 조언을 먼저 건네는 모습에서 저자의 따스한 마음을 느낄 수 있다. 또한 시나리오 제작 과정, 촬영 준비를 위한 콘티 및 캐스팅의 원칙과 카메라 세팅, 촬영 현장에서 발생할 수 있는 현실적 문제들, 효과적인 편집 방법과 윤리적 의식, 촬영 간 감독이 가져야 할 마음가짐 등 매우 구체적인 조언들이 제시되어 있다. 특별히 영화 분야를 진로로 고민하는 학생에게는 현장을 간접적으로 체험하는 데 도움을 주는 내용으로 가득 차 있다.

진로탐색 #무엇을 더 볼까

관련매체 : 수도권 인물탐구-안슬기 편 https://youtu.be/JJCp64cQfb0?si=l_dmAo2G2OHN6k9I

관련도서 : 『내 인생의 주인공으로 산다는 것』 (원은정, 착한책가게)

진로토론 #무엇을 이야기해 볼까

1. 좋은 영화감독이 갖춰야 할 덕목은 무엇일까?
2. 내가 생각했을 때 가장 좋은 영화로 추천할 만한 작품은 무엇일까?
3. 영화 촬영 시 주연 배우가 감독의 뜻과는 다르게 연기하려고 하면 어떻게 해야 할까?
4. 촬영 현장에서 일부 스텝이 받는 불합리한 대우를 어떻게 개선해야 할까?
5. 국내 영화산업 보호를 위해 스크린 쿼터 제도를 폐지해야 한다. (찬반토론)

진로활동 #무엇을 해 볼까

1. 영화감독이 되기 위한 과정을 조사해 보자.
2. 영화감독이 된다면 어떤 영화를 만들고 싶은지 생각해 보자.
3. 롤모델로 삼을 수 있는 영화감독들을 찾아보고 그들의 특징을 요약해 보자.

23. 힙하게 잇다 조선 판소리

도서정보	김희재 / 초록비책공방 / 2021년 / 316쪽 / 18,000원	
진로정보	예체능 - 가수	
교과정보	음악	감상 - 음악의 시대별 특징

도서소개 #어떤 책일까?

　　일반인에게 판소리는 낯설고 거리감 있는 장르로 여겨진다. 그런 편견을 깨 주는 책. 이 책은 조선시대의 전통 예술인 '판소리'를 현대적으로 다루고 설명한다. 판소리의 기원과 역사, 다양한 장르와 이야기, 그리고 판소리 연주자들의 이야기도 알려 준다. 김희재 작가는 판소리 연구에 관심이 많으며 이 책에서 그 지식을 공유하고 있다.

　　조선 판소리에 대해 더 알고 싶거나 관심이 있는 사람들에게 유용한 책이다. 김희재 작가의 깊은 연구와 흥미로운 이야기가 함께 담겨있으며, 판소리에 대한 이해도 넓히고 흥미로운 시간을 보낼 수 있다.

진로탐색 #무엇을 더 볼까

관련매체 : 소리꾼 김희재 저자 인터뷰

　　　　　　https://youtu.be/cozUewV-ee0?si=bSu78ngiHpDzbKzW

관련도서 : 『다정한 클래식』 (클래식 읽어주는 남자, 초록비책공방)

진로토론 #무엇을 이야기해 볼까

1. 판소리의 역사적 의미와 현대적 가치는 무엇일까?
2. 판소리의 지역적 차이는 무엇일까?
3. 현대에 와서 판소리는 어떻게 변화 및 발전했을까?
4. 판소리가 나아가야 할 방향은 무엇일까?
5. 판소리의 예술적 특징을 오페라, 뮤지컬의 특징과 비교해 보자.

진로활동 #무엇을 해 볼까

1. 판소리를 매체 자료를 통해 관람하고 감상을 나누어 보자.
2. 판소리의 원작을 살펴보고, 판소리와 공통점/차이점을 분석해 보자.
3. SNS 및 블로그를 통하여 판소리 홍보 및 기록 활동을 해 보자.

삶을 가꾸는 중학교
진로독서 가이드북

초판 1쇄 2024년 3월 20일

글쓴이 임영규 박정애 김희진 강민정 강인진 김유미 목진덕
　　　 박소유 박여울 박은영 박태성 유복순 유연숙 이혜숙
　　　 임희종 정종호 조아라 최창준 황초희
펴낸이 조영진
펴낸곳 고래가숨쉬는도서관
출판등록 제406-2006-000090호
주소 경기도 파주시 회동길 329 2층
전화 031-955-9680~1 팩스 031-955-9682
홈페이지 www.goraebook.com
이메일 goraebook@naver.com
편집 이진희

ISBN 979-11-92817-35-4 04020
　　　 979-11-92817-33-0 04020(세트)

* 선정 도서는 제23회 대한민국 독서대회 신청도서와 회원들의 추천도서에서 선정하였습니다.